GOTTFRIED AMANN · KERFE DES WALDES

KERFE DES WALDES

TASCHENBILDBUCH

der beachtenswertesten Käfer, Schmetterlinge
und sonstigen Kerfe des mitteleuropäischen Waldes,
ihrer Entwicklungsstufen und Fraßbilder
mit Textteil über Bau und Leben

von

PROF. DR. GOTTFRIED AMANN

Ministerialrat a. D.

NATUR VERLAG

Die 600 farbigen und 100 Schwarz-Weiß-Vorlagen für den Bildteil schuf
Kunstmaler Paul Richter
größtenteils gemeinsam mit Kunstmaler Rolf Witschel

CIP-Titelaufnahme der Deutschen Bibliothek
Amann, Gottfried:
Kerfe des Waldes: Taschenbildbuch der beachtenswertesten Käfer, Schmetterlinge und sonstigen Kerfe des mitteleuropäischen Waldes, ihrer Entwicklungsstufen und Fraßbilder; mit Textteil über Bau und Leben / von Gottfried Amann. [Die 600 farb. u. 100 Schwarz-Weiß-Vorlagen schuf Paul Richter größtenteils gemeinsam mit Rolf Witschel]. – 10., von Claudia Summerer komplett überarb. Aufl. –
Augsburg: Natur-Verl., 1990

ISBN 3-89440-599-6

NE: Summerer, Claudia
[Bearb.]

Von Diplom-Forstwirtin Claudia Summerer vollständig überarbeitete 10. Auflage.

Das Werk, insbesondere die Art der Tafelgestaltung, ist urheberrechtlich geschützt.

Alle Rechte, vor allem die der Übersetzung, des Nachdruckes, der Verwendung von Abbildungen, der Funk- und Fernsehübertragung, der fotomechanischen Wiedergabe oder der Kopie auf anderem Wege sowie der Speicherung in Datenverarbeitungsanlagen, bleiben, auch bei teilweiser Verwertung, vorbehalten. Bei Vervielfältigungsstücken nach § 54 UrhG ist an den Verlag die entsprechende Vergütung zu entrichten.

Natur Verlag, Augsburg
© Weltbild Verlag GmbH, 1990
Umschlaggestaltung: Paul Richter
Satz: Silber Druck, 3501 Niestetal
Gesamtherstellung: Silber Druck, 3501 Niestetal
ISBN: 3-89440-599-6

Vorworte

Das vorliegende Taschenbildbuch möchte auf besonders leichte und schnelle Art dem Forstmann wie dem Laien und auch dem Schulkind ermöglichen, die beachtenswertesten Kerfe im Wald zu bestimmen und kennenzulernen. Kunstmaler Paul Richter schuf großzügig Bilderteil und Schutzumschlag, während die Feinarbeit Kunstmaler Rolf Witschel ausführte. Mit Anschauungsmaterial versorgt, aber auch stets freundlich beraten, wurde ich durch Herrn Universitätsprof. Dr. Wilhelm Zwölfer (München) und dessen Mitarbeiter Herrn Dr. Max Postner, sowie durch die Zool. Staatssammlung in München. Außer meiner stets fleißig und aufopfernd mitschaffenden Frau Elisabeth halfen bei der Manuskriptfertigung nicht genannt sein wollende Freunde. Keine Mühe scheuten die mit der schwierigen Herstellung des Buches befaßten Firmen. Herzlichst sei an dieser Stelle allen Helfern gedankt! –
Von den Geheimnissen, die der Wald birgt, ist seine Kerbtierwelt eines der tiefsten. Märchenhaft ist ihr Formen- und Farbenreichtum, bewundernswert ihre Daseinsbehauptung. Für viele der kleinen Wesen hat der Volksmund keinen Namen, weil sie unbemerkt nur im Stillen und Verborgenen leben und wirken. Einige sind arge Peiniger des Wildes, andere können bei Massenauftreten ganze Wälder zum Absterben bringen. Die Mehrzahl des in ungeheurer Fülle den Wald belebenden und verschönernden Völkleins ist aber harmlos und sollte vom Menschen nicht behelligt, vielmehr mit warmem Herzen als köstliche Naturgabe begriffen, bewundert und geschützt werden.

München, Weihnachten 1959   Gottfried Amann

Mit dem Titel „Kerfe des Waldes" erschien vor fast 50 Jahren der erste der 5 Amann-Bände als schmales, damals noch wesentlich einfacher gestaltetes Büchlein, das sich 18 Jahre später völlig neu und reicher bebildert präsentierte und bis heute einen festen Platz in der Bibliothek vieler Forstleute und so mancher Naturfreunde erworben hat.
Nach 10jähriger Zusammenarbeit übertrug mir mein Großonkel, Prof. Amann, die Aufgabe die Buchreihe selbständig weiter zu betreuen. Mit großer Verehrung für ihn und tiefem Respekt vor seinem Lebenswerk habe ich die „Kerfe des Waldes" für die 10. Auflage vollständig überarbeitet. Aktualisiert und durch eine systematische Übersicht erweitert soll das Werk in bewährter Form auch künftig den Ansprüchen der Amannbuchfreunde gerecht werden.

Im Juni 1990   Claudia Summerer

Vorbemerkung

♂ Männchen, männlich

♀ Weibchen, weiblich

☿ Arbeiterin,
nicht sich fortpflanzendes Weibchen (Ameisen, Bienen)

Die Abbildungen geben, von erläuternden Strichzeichnungen abgesehen, grundsätzlich die natürliche Größe wieder. Wo Abweichungen erforderlich waren, wurde dies besonders vermerkt. Die Abbildungen sind im Bilderteil so angeordnet, daß beim Aufschlagen der eigenartig ausgeformten Lagen mit Hilfe der Daumenmarken die beachtenswertesten Erscheinungsformen vergleichbar überblickt werden können.

Die Namen der wichtigsten Forstschädlinge (46) sind durch doppeltes, die der nächstwichtigen (33) durch einfaches Unterstreichen hervorgehoben.

Die wissenschaftlichen Bezeichnungen, die sog. lateinischen Namen, sind schräg gedruckt und im Textteil zur Erleichterung der Aussprache mit Akzent versehen; bei den Umlauten, z. B. ä, gedruckt *ae*, liegt der Akzent auf *e*. Neben den derzeit gebräuchlichen wissenschaftlichen Namen sind im Textteil alte, gut eingeführte, in Klammern beigefügt. Von den lateinischen Doppelnamen bezeichnet das 1. Wort (Hauptwort) die Gattung, das 2. Wort (Beiwort) die Art; hinzu kommt der Name des Beschreibers (Autors).

Klammerzahlen sind Seitenhinweise.

Die Kerfe wurden, soweit möglich, im Anhalt an bekannte einschlägige Standardwerke gruppiert. Eine systematische Übersicht findet sich vor dem Register.

Das Sammeln

von Kerfen, vor allem das als Hobby betriebene, soll aufgrund des starken Rückganges vieler, zum Teil noch vor wenigen Jahren zahlreich vorhandener Arten ganz unterbleiben. Der wahre Naturfreund erfreut sich an der Begegnung mit dem lebenden Tier und begnügt sich mit unaufdringlicher Beobachtung.

EINLEITUNG

Die Kerfe (Kerbtiere, Insekten) bilden neben den Krebstieren, den Spinnen und den Tausendfüßlern die formenreichste Klasse der Gliederfüßler *(Arthropoden)*. Ihr Körper, aus einzelnen hintereinander gelagerten Ringen *(Segmenten)* bestehend, gliedert sich in 3 Hauptabschnitte, von denen der Kopf 2 Fühler, die Augen und die Mundwerkzeuge, die Brust *(Thorax)* 6 Beine und meist auch 4 oder 2 Flügel trägt, während der Hinterleib *(Abdomen)* im allgemeinen gliedmaßenlos, bei den ♀♀ am Ende zu einem Legeapparat, häufig auch zu einem Giftstachel umgebildet ist.

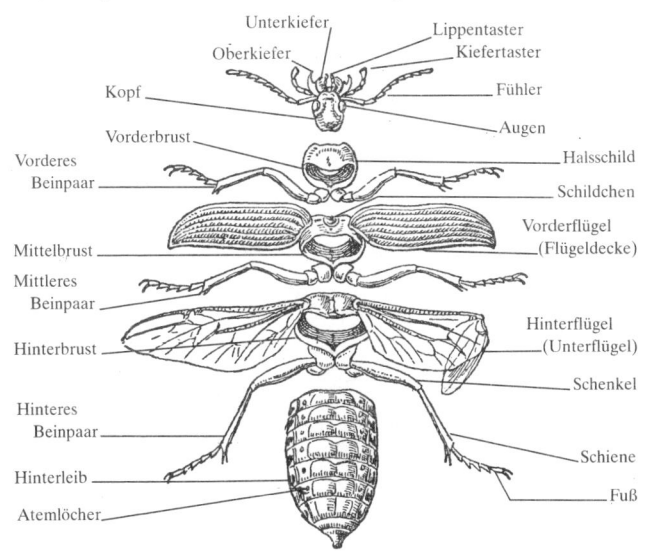

<the figure labels (left side, top to bottom): Kopf, Vorderbrust, Vorderes Beinpaar, Mittelbrust, Mittleres Beinpaar, Hinterbrust, Hinteres Beinpaar, Hinterleib, Atemlöcher; (top): Unterkiefer, Oberkiefer, Lippentaster, Kiefertaster; (right side): Fühler, Augen, Halsschild, Schildchen, Vorderflügel (Flügeldecke), Hinterflügel (Unterflügel), Schenkel, Schiene, Fuß>

Ihr Körper ist von einer mehr oder weniger starren, hornähnlichen, sehr widerstandsfähigen Chitinhülle umgeben. Sie atmen durch meist seitlich liegende Atemlöcher *(Stigmen)* und durch Luftröhren *(Tracheen)*, die in reicher Verzweigung den ganzen Körper durchziehen. Die Blutflüssigkeit *(Hämolymphe)* ist farblos oder verschieden gefärbt und wird durch ein schlauchartiges, am Rücken gelegenes Herz frei im Körper umhergetrieben. Verdauungsorgane sind Speiseröhre, Magen und Darm, meist in Verbindung mit Anhangsdrüsen. Das Nervensystem liegt bauchseits und besteht aus paarigen Nervenknoten *(Ganglien)*, die durch Nervenstränge strickleiterartig verbunden sind. Hochentwickelt ist der Geruchsinn.

Die meisten Kerfe, z. B. Käfer, Schmetterlinge, Fliegen und Wespen, machen, ehe sie fortpflanzungsfähig werden, eine **vollkommene Verwandlung** *(Metamorphose)* durch, indem sie in Aussehen und Lebensweise gänzlich verschiedene Entwicklungsstufen durchlaufen. Aus dem

Maikäfereier

Eireihe der Gem. Kiefernbuschhornblattwespe

Nonneneier unter Borkenschuppen

Ei, das vom Mutterkerf in kleinerer oder größerer Anzahl mit bewundernswertem Brutinstinkt an den für die Junglarven geeignetsten Plätzen untergebracht wird, schlüpft früher oder später die

Larve, so genannt wegen ihres dem späteren Vollkerf völlig unähnlichen Aussehens. Die kopf- und beinlosen Larven der Fliegen heißen Maden, die Larven der Schmetterlinge Raupen, die der Blattwespen wegen ihrer Ähnlichkeit mit den Schmetterlingsraupen Afterraupen, die Maikäferlarven heißen Engerlinge, die Schnellkäferlarven Drahtwürmer. Manche Larven sondern ein Sekret ab, das an der Luft zu einem Spinnfaden erhärtet, an dem sich die junge Larve herabläßt und den die alte zu einem bald lockeren, bald festen Gehäuse, dem Kokon (siehe Seite 9) verspinnt. Die Larve frißt meist unermüdlich, häutet sich im Verlauf ihres Wachstums 3 bis 4 mal, bei einigen Arten öfter, und wird schließlich zur

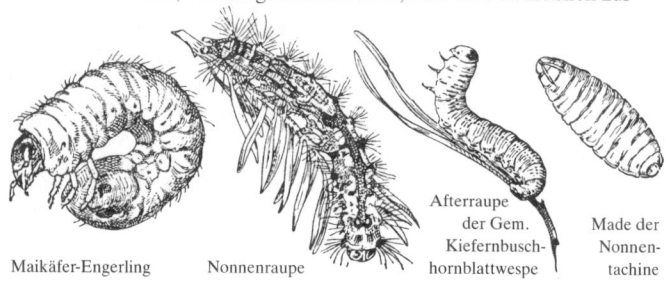

Maikäfer-Engerling   Nonnenraupe   Afterraupe der Gem. Kiefernbuschhornblattwespe   Made der Nonnentachine

Puppe. Diese nimmt keinerlei Nahrung zu sich und ist meist der Ortsbewegung nicht fähig. Käfer und Hautflügler haben freie („gemeißelte") Puppen, deren Gliedmaßen dem Rumpf frei anliegen und deshalb genau zu erkennen sind; Schmetterlinge haben bedeckte oder „Mumienpuppen", welche die Umrisse des Falters nur schwach andeuten. Die Puppen vieler Kerfe ruhen im Kokon

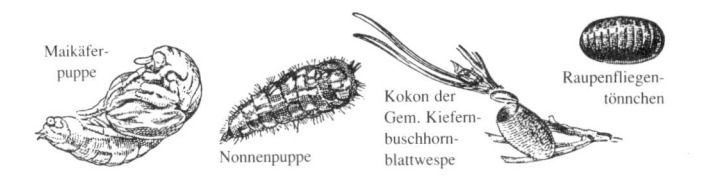

Maikäferpuppe

Nonnenpuppe

Kokon der Gem. Kiefernbuschhornblattwespe

Raupenfliegentönnchen

(siehe Seite 8). Bei zahlreichen Fliegenarten bildet die letzte Larvenhaut ein deutlich segmentiertes, die Puppe umhüllendes Tönnchen. – Im Puppenstadium findet die Umwandlung der Larve zum

Vollkerf *(Imago)* statt, der nach kürzerer oder längerer Puppenruhe schlüpft, nicht mehr wächst, fortpflanzungsfähig und meist geflügelt ist. ♂ und ♀ sind oft in Größe, Färbung, Fühlerbildung usw. stark verschieden (Hirschkäfer, Schwammspinner, Frostspanner). Bei Bienen und Ameisen kommen zusätzlich verkümmerte ♀♀, sog. Arbeiterinnen (♀♀), vor. – Die Vollkerfe, vielfach ohne Nah-

Gem. Kiefernbuschhornblattwespe

Maikäfer

Nonne

Raupenfliege

Larve
und
Vollkerf
des Grünen Heupferdes

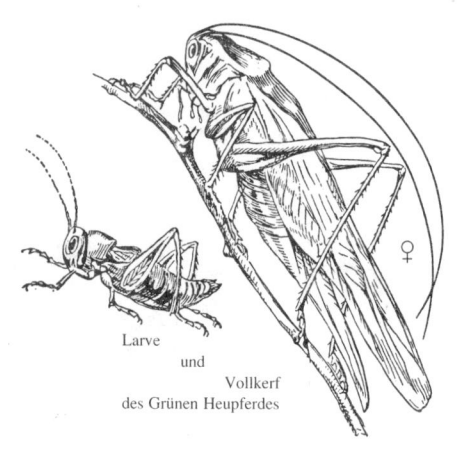

rungsaufnahme oder nur von Säften lebend, dienen vor allem der meist während der sogenannten Flug- oder Schwärmzeit ausgeübten Fortpflanzung. Sie werden meist wenige Wochen, einige, z. B. Rüssel- und Borkenkäfer, auch Jahre alt.

Eine nur **unvollkommene Verwandlung** machen beispielsweise Heuschrecken, Grillen und Schnabelkerfe durch, bei denen das Puppenstadium fehlt, und die aus dem Ei schlüpfende Larve dem Vollkerf bereits ähnlich sieht und mit jeder Häutung diesem noch ähnlicher wird, jedoch kleiner, ohne ausgebildete Flügel und nicht fortpflanzungsfähig ist.

Bei manchen Kerfen, z. B. Blattläusen, kommt Jungfernzeugung *(Parthenogenese)* vor, d. h. ♀♀ pflanzen sich fort, ohne daß ♂♂ auftreten.

Bei vielen Kerfen dauert die Entwicklung vom Ei zum Vollkerf 1 Jahr, d. h. sie haben einjährige oder einfache Generation. Doppelt ist die Generation mancher Borkenkäfer und Blattwespen, die somit zweimal innerhalb eines Jahres die Entwicklung vom Ei zum Vollkerf durchlaufen. Zu mehrfachen Generationen bringen es Blattläuse. Zweijährige Generation haben, d. h. 2 Jahre zur Entwicklung brauchen viele Bockkäfer. Meist vierjährig, im Süden dreijährig, im Osten auch fünfjährig ist die Generation der Maikäfer. – Ein Kerf „liegt über", wenn sich seine Entwicklung weit über die Normaldauer hinaus erstreckt.

Die Kerfe sind teils *monophag,* indem sie nur an einer Nährpflanze leben, wie etwa die nur Kiefernnadeln verzehrende Kiefernspinnerraupe; teils sind sie *polyphag,* indem sie verschiedene Nahrung zu sich nehmen, wie etwa die von den Blattorganen fast aller Nadel- und Laubhölzer sich nährende Nonnenraupe.

Viele der im Wald lebenden Kerfe werden durch Befressen der Nadeln, Blätter, Früchte, Samen, Wurzeln, der Rinde und des Holzes schädlich, einige peinigen das im Wald lebende Wild. Vielfach wird nur die Larve (Kiefernspinner), manchmal nur der Vollkerf (Großer Brauner Rüsselkäfer), nicht selten werden Larve und Vollkerf (Maikäfer) schädlich. Teils schaden sie physiologisch, indem sie den Gesundheitszustand der Pflanze beeinträchtigen (Großer Brauner Rüsselkäfer), teils technisch, indem sie das Holz für gewisse Verwendungszwecke entwerten (Nadelnutzholzbohrer, Eichenbock). Je nachdem sie gesunde oder bereits kränkelnde Pflanzen heimsuchen, werden sie *primär* (Maikäfer) oder *sekundär* (Buchdrucker) schädlich. Besonders gefährdet sind kränkelnde, nicht standortgerechte und schlechtwüchsige Bäume. „Naschfraß" verursacht nur geringen Nadel- oder Blattverlust; bei „Lichtfraß" werden die Bäume zwar nicht kahl, aber doch stark befressen; der „Kahlfraß" beraubt den Baum aller oder fast aller Nadeln oder Blätter und ist am gefährlichsten, wenn er im Frühjahr die noch jungen Blattorgane trifft. Verschwenderisch ist der Fraß der Nonnenraupe, die große Nadelstücke abbeißt und ungefressen zu Boden fallen läßt. Manche Kerfe neigen zur Massenvermehrung und werden, vor allem durch warme und trockene Witterung begünstigt, zu Kulturverderbern (Großer Brauner Rüsselkäfer) oder zu Bestandsverderbern (Buchdrucker, Nonne).

Den Schädlingen gegenüber gibt es eine große Anzahl forstnützlicher Kerfe, die räuberisch anderen Kerfen nachstellen (Laufkäfer) oder als Schmarotzer vom Körper vor allem forstschädlicher Raupen leben (Schlupfwespen, Raupenfliegen). Viele Kerfe sind für den Wald weder nützlich noch schädlich, wie etwa der nur im Mulm alter Eichen sich entwickelnde Hirschkäfer. Als „täuschende" Kerfe bezeichnet man solche, die wegen ihres zuweilen häufigen Auftretens für schädlich gehalten werden, jedoch zu Unrecht, wie etwa die nur von Baumflechten lebende Flechtenspinnerraupe.

Die zur Massenvermehrung neigenden, in geringer Zahl stets vorhandenen Forstschädlinge werden in ihrem Vorkommen überwacht durch Beobachten abgefallener Nadeln und Blätter, sich lichtender und verfärbender Baumkronen, austretenden Bohrmehls am stehenden und liegenden Stamm, durch Probezählen der Eier, durch Probesammeln von Puppen in der Bodenstreu und ähnliche Kontrollmaßnahmen. Der Entstehung von Insektenkalamitäten im Wald wird vorgebeugt u. a. durch Aushieb kränkelnder Stämme, Entrinden vor allem des Nadelholzes bald nach der Fällung, rechtzeitige Abfuhr des gefällten Holzes aus dem Wald, insbesondere aber durch Begründung und Erhaltung naturgemäßer Mischwälder mit entsprechend reicher Fauna. Auch werden die Feinde der forstschädlichen Kerfe möglichst geschont und begünstigt durch Vogelhege und Ameisenpflege (Rote Waldameise), durch Schutz der Spitzmäuse, des Igels, der Fledermäuse, des Dachses und anderer Insektenfresser. – Trotz geübter Vorsicht können sich Massenvermehrungen forstschädlicher Kerfe anbahnen, die Bekämpfungsmaßnahmen erfordern.

KÄFER

Coleóptera

Die Käfer haben kauende Mundteile, eine freie, nicht verwachsene Vorderbrust, deren Rückenplatte Halsschild genannt wird, und zu Decken *(Elytren)* umgewandelte Vorderflügel. Ihre Larven besitzen einen hornigen Kopf und kauende Mundwerkzeuge und sind entweder sechsbeinig oder beinlos. Bei der Puppe sind die einzelnen Teile des späteren Käfers bereits erkennbar.
Die Käfer durchlaufen eine vollkommene Verwandlung. Ihre Larven führen meist ein verstecktes Leben.

Die Sandläufer, Sandlaufkäfer

Cicindélidae

Käfer zierlich, meist schlankbeinig, Kopf mit vorquellenden Augen, Flügeldecken nur flach gewölbt, grün, grau oder braun mit weißgelblicher Fleckenzeichnung; Unterseite metallisch glänzend grün oder erzbraun. Larven auf der Rückenseite des 5. Hinterleibsringes höckerig mit 2 kräftigen, beweglichen Dornen.
Die Käfer lieben sandige, sonnige Lagen, insbesondere breite, sandige Wege in Kiefernwäldern. Bei hellem Sonnenschein werden sie munter, laufen hurtig und fliegen in kurzen Absätzen ihrer Beute nach, die sie mit Verdauungssaft bespeien und anschließend zersetzt aufsaugen. Zu ihrer Verteidigung verspritzen sie einen nicht unangenehm duftenden Wehrsaft. – Die Larven überfallen ihre Opfer ähnlich wie der Ameisenlöwe aus dem Hinterhalt. Sie graben in sandigem Boden meist 10 bis 50 cm tiefe, federkielstarke Röhren, an deren Eingang sie auf kleine vorbeilaufende Kerfe lauern, die sie in die Höhle ziehen und aussaugen.

Feldsandläufer

Cicindéla campéstris Linné

(25) Käfer: Mittelgroß, Oberseite matt grasgrün, Flügeldecken ohne Querbinden, mit meist 5 ziemlich veränderlichen, weißlichen Fleckchen am Seitenrand und einem größeren, schwarzgesäumten Punkt hinter der Mitte.
(60) Larve: Kopf und Vorderbrustring dunkel metallglänzend.

Ab April auf sandigen Gras- und Heideplätzen, Feld- und Waldwegen, in Ebene und Gebirge; manchmal häufig.

Kupferbrauner Sandläufer
Cicindéla hýbrida Linné

(25) Käfer: Oberseite kupferbraun, seltener grünlich; Flügeldecken: 1 halbmondförmiger Fleck an der Schulter und an der Spitze und 1 wellige Querbinde etwas hinter der Mitte weißlich.

An sandigen Orten der Ebene und des Berglandes vorkommend. Die Larven legen ihre Erdröhren oft dicht beieinander, den Eingang nach Süden gerichtet, an.

Waldsandläufer
Cicindéla silvática Linné

(25) Käfer: Oberseite bronzeschwarz, seidenglänzend; weißgelbliche Zeichnung auf Flügeldecken besteht meist aus 1 unterbrochenen, halbmondförmigen Schulterfleck, 1 schrägen, welligen Querbinde hinter der Mitte und 1 rundlichen Fleck vor der Spitze.

Liebt sandige Nadelwälder und Heideflächen in Ebene und Gebirge. Weniger häufig als Feldsandläufer und Kupferbrauner Sandläufer.

Die Laufkäfer

Carábidae

Käfer gestreckt, mit langen, schlanken Laufbeinen. Größere Arten z. T. flugunfähig. Halsschild und Flügeldecken meist ziemlich eintönig, schwärzlich, grün, blau, kupferrot oder bronzebraun gefärbt. Auf der Oberseite der Flügeldecken häufig vertiefte Längsrinnen und Reihen von Punkten oder Grübchen. – Larven gestreckt, sehr beweglich, meist dunkel gefärbt, mit 6 gut ausgebildeten Beinen. Halsschild verhornt *(chitinisiert),* die übrigen Brust- und die 9 Hinterleibsringe mit Chitinplatten. Am Ende mit 2 Anhängen.

Die schnellfüßigen Käfer streichen einzeln, die meisten zur Nachtzeit oder in der Dämmerung, umher. Bei Tag hält sich die Mehrzahl unter Steinen oder in ähnlichen Schlupfwinkeln verborgen. Viele geben, frisch eingefangen, aus dem Mund einen übelriechenden, bräunlichen Saft von sich; auch spritzen sie ihren Feinden aus dem Hinterleib einen beißenden, oft eigenartig riechenden Saft entgegen. Die meisten Arten, besonders die größeren und kräftigeren, fressen Fleisch von lebenden Kerfen in allen Entwicklungsstadien, auch von Schnecken und Würmern, über die sie ihren Verdauungssaft speien, einige gehen auch an Aas oder nehmen mit Pflanzenkost vorlieb. Die Eier werden vom ♀ einzeln in selbstgefertigten kleinen Erdhöhlen abgelegt. Die flinken Larven stimmen in der Lebensweise mit den späteren Käfern überein. Gegen Ende des 3. Larvenstadiums baut jede für sich eine Puppenwiege im Erdboden, um sich dort zur Puppe zu häuten.

Als eifrige Vertilger von Kerfen und Schnecken sind die Laufkäfer, insbesondere die Kletterlaufkäfer, forstlich nützlich, jedoch werden einige kleinere Erdlaufkäfer gelegentlich als Pflanzenfresser, besonders in Saatbeeten, schädlich.

Puppenräuber

Calosóma sycophánta Linné

(25) Käfer: Groß, schwarzblau; Flügeldecken breit, goldgrün, am Außenrand rotgolden; Halsschild violett, breiter als lang.

(60) Larve: Vorn und hinten verschmälert, mit schwarzen, in der Mitte gefurchten Rückenschildern bedeckt.

Der in Nadel- und Laubwäldern am Boden und in den Kronen lebende Käfer, meist nur vereinzelt, in Raupenjahren früher in größerer Menge vorkommend, läuft bei hellem Sonnenschein geschäftig an Baumstämmen und Ästen umher. Er kann gut fliegen, wird 2 bis 3 Jahre alt und stellt ebenso wie die lebhafte Larve mit Vorliebe Großschädlingsraupen (Nonne, Kiefernspinner, Forleule, Prozessionsspinner) sowie Puppen nach. – Gehört zu den schönsten und nützlichsten Käfern im Wald.

Kleiner Kletterlaufkäfer

Calosóma inquisítor Linné

(25) Käfer: Kleiner als Puppenräuber, meist dunkelbronzebraun.

Guter Flieger. Käfer und Larve stellen vorwiegend im jüngeren Laubwald, auch an Buschwerk und Sträuchern, den Frostspanner- und Eichenwicklerraupen nach. – Forstlich nützlich.

Lederlaufkäfer
Cárabus coriáceus Linné

(25) Käfer: Groß, Oberseite stark gewölbt, mattschwarz, lederartig gerunzelt. Flügeldecken an der Naht zusammengewachsen.

Vereinzelt in Wäldern der Ebene und Vorgebirge, vor allem Eichen- und Buchenwäldern, unter Steinen und Laub. Führt hauptsächlich eine nächtliche Lebensweise. Nährt sich gern von Schnecken. Fliegt nicht.

Goldglänzender Laufkäfer
Cárabus auronítens Fabricius

(25) Käfer: Flügeldecken gewölbt, prächtig goldgrün, mit schwarzen, erhabenen Längsrippen.
(60) Larve: Gestreckt, dunkel.

Ausgesprochener Waldbewohner. Liebt den Sonnenschein. Vor allem in Gebirgswaldungen, unter Steinen und Laub, in alten Baumstümpfen.

Gekörnter Laufkäfer
Cárabus granulátus Linné

(25) Käfer: Oberseite bronzefarben, Flügeldecken mit Längsrippen und Kettenpunkten.

Überall in Ebene und Gebirge, auf Feldern, Wiesen und im Wald. Überwintert gesellig hinter loser Rinde von Baumstümpfen. Flugfähig.

Goldleiste
Cárabus violáceus Linné

(25) Käfer: Oberseite mattschwarz, Außenrand der Flügeldecken und meist auch des Halsschildes goldigpurpurn, violett, blau oder grün schimmernd.

In Wäldern und auf Wiesen der Ebene und des Gebirges, unter Steinen, Laub, in Baumstümpfen. Gelegentlich auch an Pilzen und Aas.

Hohlpunkt, Gartenlaufkäfer

Cárabus horténsis Linné

(25) Käfer: Oberseits schwarz, Halsschild und Flügeldecken mit braunem oder grünlichem Bronzeschimmer; Flügeldecken mit je 3 Reihen meist kupfergoldiger Grübchen.

In Wäldern der Ebene und niederer Gebirge, unter Steinen, Moos, in Baumstümpfen. Nährt sich nachts von anderen Kerfen, auch von Aas.

Behaarter Schnelläufer

Hárpalus pubéscens Müller

(25) Käfer: Braunschwarz, Fühler und Beine gelbrot; Flügeldecken gefurcht, anliegend graugelb behaart.

An sandigen, auch an lehmigen Orten, unter Holz, Steinen und Erdschollen. Feuchtigkeitsliebend. Fliegt nachts umher. Fleisch- und Pflanzenfresser. Jagt in der obersten Bodenschicht, nagt auch an Laub- und Nadelholzsamen und beißt Keimpflanzen, vor allem der Fichte, über dem Boden ab. – Gelegentlich Forstschädling.

Die Kurzflügler

Staphylínidae

Käfer schmal, meist klein bis sehr klein, nur einige Arten von ansehnlicher Größe. Kopf hinten halsartig eingeschnürt. Sehr kurze, den Hinterleib größtenteils freilassende Flügeldecken, unter denen die häutigen Flügel liegen. Beine kräftig entwickelt. Larven den Käfern ähnlich.

Die Kurzflügler halten sich vorzugsweise am Boden unter Laub, Moos, Steinen, aber auch hinter Baumrinde auf. Sie sind sehr behende, schnellaufende Tiere und vermögen ihren Hinterleib nach verschiedenen Richtungen zu drehen oder emporzukrümmen („Drohstellung"). Käfer und Larven ernähren sich von verwesenden Tier- und Pflanzenteilen oder räuberisch von lebender Beute. Insbesondere die großen Arten greifen andere Kerfe, Schnecken usw. an, während kleinere, besonders als Larven, Borkenkäfern in deren Gängen nachstellen. – Forstlich überwiegend nützlich.

Großer Kurzflügler

Staphylínus caesáreus Cederhjelm

(21) Käfer: Vorherrschend schwarz, Flügeldecken und Beine rötlich gelbbraun, auf der Oberseite des Hinterleibs goldgelbe Haarflecken.

In Wäldern, unter Moos und Steinen, auf Wegen; manchmal häufig.

Die Aaskäfer

Sílphidae

Käfer meist schwärzlich, vereinzelt gelb und rot gefärbt. Flügeldecken bedecken meist den ganzen Hinterleib; bei einigen Gattungen sind sie verkürzt und lassen die letzten Hinterleibsringe frei. Larven teils engerlingartig (Totengräber), teils asselförmig (Aaskäfer). Leben vorzugsweise von Aas, auch von Pilzen und faulenden, vereinzelt von grünen Pflanzen; einige Arten stellen räuberisch lebenden Kerfen nach. Eiablage an Tierleichen und verwesenden Pflanzenstoffen.

Totengräber

Necróphorus vespíllo Linné

(21) Käfer: Schwarz, Vorderrand des Halsschilds goldgelb behaart; Fühlerknopf und die beiden zackigen Querbinden auf den abgestutzten, die letzten Leibesringe unbedeckt lassenden Flügeldecken gelblichrot.

Larve: Kopf klein, rostgelb, wie der Halsschild in größerer Ausdehnung verhornt; die übrigen Körperringe tragen nur vorn hornige, mit meist 4 kurzen Dornen besetzte Rückenschilder.

Die vorwiegend nächtlich aktiven Käfer treiben aufwendige Brutfürsorge, sind flugkräftig, können zirpende Töne erzeugen und haben ein feines Witterungsvermögen. Sie nähren ihre Brut mit dem Aas kleiner Tiere, die sie bis etwa Maulwurfgröße mit vereinten Kräften in lockerem Boden bis 30 cm und tiefer vergraben und mit Verdauungssäften versetzt zu einer Kugel formen. Das ♀ legt seine Eier in einem dicht danebenliegenden, waagrechten Gang ab und füttert die nach wenigen Tagen schlüpfenden Larven. Verpuppung tief im Boden. – Die Totengräber stellen eine Art Gesundheitspolizei im Wald dar.

Vierpunkt-Aaskäfer

Xylódrepa quadripunctáta Linné

(21) Käfer: Flachgewölbt, Flügeldecken bräunlich-gelb mit je 2 kleinen, runden, schwarzen Flecken; Halsschild in der Mitte schwarz, an den Rändern gelb; Unterseite und Beine schwarz.

(60) Larve: Asselförmig.

Der vorwiegend in Eichenwäldern der Ebene vorkommende Käfer klettert auf niederes Laubholz und stellt dort kleinen Spanner- und anderen Raupen nach. Die Larve frißt auch frisch abgestorbene Insektenlarven in der Erde. – Forstnützlich.

Die Blatthornkäferverwandten

Scarabaeoidea

Käfer meist von ansehnlicher Größe und kräftigem Bau; Fühler gekniet, in einer 3- bis 7gliedrigen Blätterkeule endigend, daher Name; die Keulenglieder sind entweder kammartig gestellt und unbeweglich (Hirschkäfer, Schröter) oder sie können fächerartig auseinander- und zusammengeklappt werden (z. B. Maikäfer). – Die Larven, die sog. Engerlinge, sind weich, weißlich, bauchwärts gekrümmt, mit hornigem, bräunlichem, augenlosem, fühlertragendem Kopf und 6 Beinen; Hinterleibsende meist sackartig verdickt und oft etwas durchsichtig, so daß der Darminhalt dunkel durchschimmert. – Puppen meist mit 2 hornigen Spitzen am Hinterende. Die Larven leben im Verborgenen, im Mulm, in der Erde, im Mist usw.

Hirschkäfer

Lucánus cérvus Linné

(27) Käfer: Meist sehr groß, matt braunschwarz, die letzten 4 Fühlerglieder kammartig gestellt und unbeweglich; ♂ mit großem, sehr breitem Kopf und stark verlängerten, geweihartigen Oberkiefern, letztere sowie Flügeldecken dunkel kastanienbraun; ♀ kleiner, geweihlos.

Die in den meisten Gegenden ziemlich selten gewordenen Hirschkäfer leben Ende Mai bis Juli in Eichenwäldern und nähren sich leckend von ausfließenden Baumsäften. Mit ihren Geweihzangen verteidigen und bekämpfen sich die Männchen „erbittert", jedoch un-
(58) blutig. Eiablage im Mulm alter, anbrüchiger Eichen und Eichen-
(61) stöcke, seltener anderer Laubhölzer, wo sich die Larven entwickeln.

(70) Verpuppung meist im 5. Sommer in einem gänseeigroßen, festen Gehäuse im Erdreich. Im darauffolgenden Sommer erscheinen die Käfer, also mindestens fünfjährige Generation. – Größter mitteleuropäischer Käfer; forstlich harmlos.

Balkenschröter, Zwerghirschkäfer
Dórcus parallelopípedus Linné

(27) Käfer: Körper plump, gleichbreit, flach gewölbt, mattschwarz; Oberkiefer beim ♂ schwach verlängert, etwas geweihartig; ♀ geweihlos.

Der Käfer lebt in Eichen- und Buchenwäldern und fliegt im Mai/Juni in der Dämmerung. Er nährt sich von ausfließenden Baumsäften, seine Larve entwickelt sich in faulendem Holz verschiedener Laubbäume. – Unschädlich.

Rehschröter
Platýcerus (Systenócerus) caraboídes Linné

(27) Käfer: Flach gewölbt, Oberseite metallisch grün oder blau, seltener violett oder bronzefarbig, glänzend; Unterseite dunkler.

Der Käfer fliegt bei Tag, ernährt sich von Baumsäften und befrißt im Frühjahr aufbrechende Knospen in den Kronen der Eichen, auch Aspen und anderer Bäume. Die Larve lebt in anbrüchigem oder abgestorbenem Holz verschiedener Laubbäume, auch von Kiefern. – Schaden nur gering.

Kopfhornschröter, Baumschröter
Sinodéndron cylíndricum Linné

(27) Käfer: Walzenförmig, glänzend schwarz, dicht narbig punktiert, Flügeldecken oft bräunlichschwarz. Kopf klein, beim ♂ mit deutlichem, beim ♀ mit kurzem, knopfartigem Horn. Halsschild beim ♂ vorn schräg abgestutzt, fünfzähnig, beim ♀ vorn nur eingedrückt und schwach gezähnt.

Käfer im Mai/Juni an verschiedenen Laubbäumen. Die Larve lebt in faulenden Baumstämmen, besonders der Buche. Verpuppung im Holz. – Generation 3jährig. Forstlich unschädlich.

Waldmistkäfer

Geotrúpes stercorósus Scriba

(27) Käfer: Gewölbt, Oberseite glänzend schwarz mit blauem Seitenrand oder ganz blauschwarz oder grünlich schimmernd, Unterseite blau oder grün.
Engerling: Schieferfarbig.

Der Käfer, tagsüber sich verborgen haltend oder langsam und schwerfällig am Boden einherkrabbelnd, findet sich im Wald unter jederlei Dung, der seine wichtigste Nahrung bildet, auch an Pilzen, faulenden Pflanzen, Aas und am Saft gefällter Baumstämme. Er kann zirpen und schwärmt hauptsächlich an windstillen Abenden mit schwerem, summendem, niedrigem Flug. Für seine Brut gräbt er unter frisch gefallenem Dung einen über ½ m langen Hauptgang mit Seitengängen, die er mit Mist füllt und mit je 1 Ei belegt. Der eingebrachte Mist dient den Larven als Nahrung. – Als Bodenverbesserer nützlich.

Dungkäfer

Aphódius

Käfer: Walzenförmig, schwarz, Flügeldecken rot oder gelb, mit oder ohne schwarze Zeichnung, selten ganz schwarz.

Die ziemlich flinken, an schönen Frühlings- und Sommertagen im Sonnenschein umherfliegenden Käfer leben meist im Dung. Dort legen die ♀♀ ihre Eier ab und fressen die ausschlüpfenden Larven
(27) kleine Höhlungen aus. – Im Wald häufig ist der Dungkäfer *Aphódius fimetárius* Linné.

Feldmaikäfer, Gemeiner Maikäfer

Melolóntha melolóntha Linné (= *M. vulgáris* Fabricius)

und

Waldmaikäfer, Roßkastanienmaikäfer

Melolóntha hippocástani Fabricius

(27) Käfer: Flügeldecken braun, Halsschild meist schwarz oder rot, Hinterleib seitlich mit kreideweißen, dreieckigen Flecken und in einen abwärts gebogenen Griffel endigend; Fühler beim ♂ siebenblätterig, beim ♀ kleiner und sechsblätterig. – Waldmaikäfer im Durchschnitt kleiner und durch Behaarung matter in der Färbung, Griffel an der Spitze knopfähnlich.
(58) Eier: Hanfkorngroß, weißlich.

(60) Engerling: Hinterstes Beinpaar am längsten.
(71) Puppe: Bräunlichgelb, mit zweispitzigem Hinterende.

Die schwerfälligen, plumpen Käfer erscheinen im Frühjahr, meist im Mai. Vor dem Auffliegen „zählen" sie, indem sie im Takt Leib und Fühler auf und nieder bewegen, um sich Luft einzupumpen. An warmen, windstillen Abenden schwärmen sie, oft massenweise, mit surrendem Geräusch. Sie besuchen vorzugsweise Waldränder und kleinere Baumgruppen und meiden im allgemeinen geschlossene Bestände. Im Gegensatz zum Waldmaikäfer halten sich die Feldmaikäfer dabei an bestimmte Flugbahnen, wodurch es zu wahren Massenansammlungen von Käfern an den Schwärmbäumen kommt. Sie fressen, meist nachts, in verschwenderischer Manier die Blätter von Laubhölzern, am liebsten der Eiche, und von den Nadelhölzern besonders die Nadeln der Lärche. Eiablage im Boden. Nach etwa 5 Wochen, zwischen Juni und August, schlüpfen die Engerlinge aus.
(74) Diese fressen ausschließlich Pflanzenwurzeln, und zwar Faserwurzeln meist vollständig, während sie stärkere Wurzeln oft völlig ihrer Rinde berauben, so daß sie wie geschabte Rüben aussehen. Am Ende des 3. Larvenstadiums Verpuppung im Sommer vor dem Flugjahr. Einige Wochen später, etwa im September, ist der neue Käfer fertig, verläßt aber erst im darauffolgenden Frühjahr durch ein kreisrundes, wie von einem Stock gestoßenes Loch den Boden. – Generation meist 4-, in wärmeren Gegenden 3-, in rauhem Klima auch 5jährig, dementsprechend auch die Maikäferflugjahre. (Es verlängert sich hier jeweils nur die Larvendauer um 1 oder 2 Jahre.) Entwicklungsdauer beim Feldmaikäfer in der Regel ein Jahr kürzer als beim Waldmaikäfer.

Der Maikäfer gehört, insbesondere wegen des Wurzelfraßes der Engerlinge, die ganze Laub- und Nadelholzkulturen vom Sämlings- bis zum Stangenholzalter vernichten können, zu den schlimmsten Forstschädlingen. Die befressenen Pflanzen welken und lassen sich leicht aus der Erde ziehen. Seine natürlichen Feinde sind vor allem Vögel (Krähen, Stare, Möwen), Schwarzwild, Dachs, Maulwurf, Spitzmäuse und Igel.

Aufgrund seiner langen Entwicklungszeit und der dem Käfer eigenen Populationsdynamik (mehr oder weniger regelmäßige Schwankung in der Bestandsdichte) kommt es meist nur in großen Zeitabständen zu Massenvermehrungen. Früher hat man die Käfer in den frühen Morgenstunden, wenn sie noch steif sind, über Tüchern abgeschüttelt, gesammelt, mit kochendem Wasser überbrüht und an Schweine, Hühner und Fische (Karpfen) verfüttert oder als Düngemittel verwertet.

Walker
Polyphýlla fúllo Linné

(27) Käfer: Dunkler oder heller braun, Halsschild und Flügeldecken weißfleckig marmoriert. Unterseite filzig behaart. Fühlerkeule beim ♂ sehr groß.

Liebt sandige Gegenden, besonders Dünen. Kann laut zirpen. Frißt im Juni, Juli, vorzugsweise nachts, besonders an Kiefernnadeln, außerdem aber auch an allerlei Laubhölzern. Schwärmt nach Maikäferart bei mildem, warmem Wetter in der Abenddämmerung um die Bäume. Eiablage im Boden. Der Engerling befrißt die Wurzeln der Dünengräser und junger Kulturpflanzen, besonders gerne von Birken, Eichen und Kiefern. – Generation 3jährig.

Junikäfer, Sonnwendkäfer, Brachkäfer
Amphimállon solstitiále Linné

(27) Käfer: Maikäferähnlich, jedoch kleiner, braungelb; Halsschild, Brust und Bauch gelbbraun behaart.

(60) Liebt sandige, spärlich mit Baumwuchs bestandene Gegenden, trockene Wiesen, Brachland, Getreidefelder und Forstkulturen. Erscheint um die Sommersonnenwende und befrißt bis etwa Mitte Juli Laubblätter, zuweilen auch die Nadeln junger Kiefern. Schwärmt, besonders gegen Sonnenuntergang, nicht selten in Massen. Eiablage am Boden. Die Engerlinge fressen Gras- und andere Wurzeln und können Kiefernpflänzchen zum Absterben bringen. – Generation 2jährig.

Gartenlaubkäfer, Kleiner Rosenkäfer
Phyllopérta hortícola Linné

(27) Käfer: Klein, Kopf und Halsschild grün oder grünlichblau, Flügeldecken rötlich gelbbraun, auch metallisch schwarz; Unterseite metallisch grün, blau oder schwarz.

Der sehr verbreitete, von Ende Mai bis Anfang Juli bisweilen massenhaft auftretende Käfer liebt sandige Böden, befrißt das Laub und benagt die Blüten von Rosen, Obstbäumen und anderen Laubholzpflanzen. Schwärmt nur an warmen sonnigen Tagen, gern in der Mittagssonne, knapp über dem Boden. Der Engerling frißt an Wurzeln der verschiedensten Gewächse, vor allem von Gras und Getreidepflanzen. – Generation 1jährig. An jungen Laubholzpflanzen bei massenhaftem Auftreten gelegentlich schädlich.

Julikäfer

Anómala dúbia Scopoli (= *A. aénea* de Geer)

(27) Käfer: Metallisch gefärbt, Unterseite blaugrün, Flügeldecken meist grünlichgelb; auch ganz grün oder dunkelblau.

Der Käfer befrißt das Laub von Bäumen und Sträuchern aller Art. Er schwärmt Ende Juni bis Anfang August, besonders mittags bei heißem Sonnenschein. – Generation 2jährig.

Gemeiner Goldkäfer, Rosenkäfer

Cetónia auráta Linné

(27) Käfer: Breit, oberseits flach gewölbt, goldgrün, Flügeldecken mit einzelnen weißen Querstrichen.

Der schwerfällig wirkende Käfer ist an heißen Sommertagen auf blühenden Sträuchern und Stauden oder an ausfließenden Baumsäften anzutreffen. Fliegt mit geschlossenen Flügeldecken. Die Larve lebt im Mulm alter Laubholzstöcke, auch in Ameisenhaufen.

Prachtvoll metallisch goldgrün ohne Zeichnung funkelt in alten
(27) Eichenbeständen der vereinzelt vorkommende **Große Goldkäfer,** *Potósia speciosíssima* Linné.

Die Weichkäferverwandten

Cantharoidea

Käfer meist mittelgroß, schlank, mit schmalen, weichen, pergamentartigen Flügeldecken, Oberseite schwarz, braun, gelb, oder metallisch; Halsschild oft rot oder wenigstens heller; ♀♀ einiger Arten ungeflügelt, wie Larven aussehend. – Larven länglich, großenteils behaart, 6beinig, in Form und Aussehen sehr verschieden.

Die stellenweise sehr häufigen Käfer halten sich auf Sträuchern, Gräsern, Kräutern und am Boden auf und leben ebenso wie ihre Larven größtenteils vom Raub anderer Kerfe oder von Schnecken. Manche Weichkäfer können leuchten. – Generation einfach. – Im allgemeinen nützlich mit Ausnahme einiger Arten, die auch Pflanzen befressen.

Gemeiner Weichkäfer, „Schneider"

Cántharis fúsca Linné

(21) Käfer: Flügeldecken samtschwarz; Halsschild gelbrot, meist mit schwarzem Fleck am Vorderrand.
Larve: Samtschwarz.

Der von Mai bis Juli sehr häufig an Waldrändern, auf Schirmblüten, Getreide usw. anzutreffende Käfer lebt vorzugsweise vom Raub kleiner Kerfe, nagt gelegentlich aber auch an Maitrieben von Laub- und Nadelhölzern, besonders von jungen Eichen. Die gleichfalls räuberisch lebenden Larven überwintern unter Moos und Wurzeln und erscheinen bisweilen in großer Zahl auf dem Schnee („Schneewürmer").

Großer Leuchtkäfer

Lampýris noctilúca Linné

(21) Käfer: ♂ länglich, gleichbreit, flach, bräunlichgelb, Halsschildmitte und die lederartig weichen, hinten etwas klaffenden Flügeldecken braun. ♀ ungeflügelt, larvenartig aussehend, sog. „Johannis- oder Glühwürmchen", etwas samtig, graubraun, am Hinterleib mit helleren Rändern; unterseits am 5. und 6. Hinterleibsring je eine große Leuchtplatte.
Larve: Mattschwarz, mit schmaler gelber Rückenlinie und orangefarbenen Flecken in den Hinterecken der Leibesringe, das Hinterleibsende mit einer aus 7 bis 8 Borsten bestehenden Bürste ausgestattet.

Liebt baumbewachsene, etwas feuchte Orte und ist an Waldrändern Mitte Mai bis Juli fast überall anzutreffen. In warmen Nächten strahlen die schwärmenden ♂♂ und noch viel mehr die flügellosen, auf dem Boden zwischen Moos und Gras sich aufhaltenden ♀♀ ein helles Licht aus, um sich im Dunkeln zu finden („Glühwürmchen"). Die ebenfalls leuchtfähigen Larven leben als nächtliche Räuber vorwiegend von Schnecken, während die Käfer keine Nahrung aufnehmen.

Die Buntkäfer

Clerídae

Käfer meist hübsch gezeichnet und reich an bunten Farbenzusammenstellungen. Larven langgestreckt, meist rosarot.
Käfer auf Blumen, an Baumstämmen und gefälltem Holz, einige auch an trockenen tierischen Resten. Leben wie ihre Larven meist räuberisch von anderen Kerfen.

Ameisenbuntkäfer

Thanásimus formicárius Linné

(21) Käfer: Kopf und Flügeldecken schwarz, diese mit roten Schulterflecken und 2 weißen, gebuchteten Querbinden; Halsschild überwiegend und Unterseite ganz rot. Fühler gegen die Spitze verdickt.

(60) Larve: Rosarot, langgestreckt, kurzbeinig; Hinterleibsende hornig gegabelt.

Der in Nadelwäldern sehr häufige Käfer läuft von Frühjahr bis Herbst an kränkelnden, absterbenden oder gefällten Kiefern emsig wie eine Ameise auf und ab. Er stellt ebenso wie seine unter locker gewordener Rinde versteckt lebende Larve eifrig Borkenkäfern in allen Entwicklungsstufen, vor allem dem „Großen Waldgärtner" nach. – Nützlich.

Die Schnellkäfer, „Schmiede"

Elateridae

Käfer schmal-oval, meist einfarbig düsterbraun bis schwarz, auch rot, gelb oder dunkel metallisch. Halsschild stark gewölbt, hinten breit und meist in zwei Spitzen ausgezogen. Kurze, schwache Laufbeine. – Larven, wegen ihrer harten Beschaffenheit und glatten
(60) Oberfläche „Drahtwürmer" genannt, langgestreckt, walzenförmig oder etwas abgeplattet, meist bräunlichgelb, mit 6 kurzen Beinen; den Mehlwürmern ähnlich, jedoch Kopf flachgedrückt.

Die fluglustigen Käfer, meist Tagtiere, treiben sich vom zeitigen Frühjahr bis zum Herbst auf Wiesen, Feldern und in Wäldern, auf Blumen, Sträuchern und Bäumen umher. Mit Hilfe eines bauchseitigen Sprungmechanismus können sie sich, wenn sie auf dem Rücken liegen, in die Höhe schnellen, um mit einer Drehung wieder auf den Beinen zu landen (daher Name). Sie leben von pflanzlicher und tierischer Kost, wobei einige die grüne, saftige Rinde junger Laub- und Nadelholztriebe, besonders der Eiche und Fichte, auch Knospen benagen. – Die Larven leben in der Waldstreu und in humosem Boden oder in alten, faulen Stöcken. Sie nähren sich zumeist von pflanzlichen Stoffen, wobei einige Arten im Boden liegende oder keimende Sämereien, besonders Eicheln und Bucheln, aber auch Nadelholzsamen, sowie die Wurzeln vor allem junger Nadelholzpflanzen befressen. Andererseits verschmähen sie auch tierische Kost nicht und werden dabei durch Vertilgung von Puppen oder Blattwespenkokons nützlich. – Generation mehrjährig.

Die Drahtwürmer einiger Arten können in Saatbeeten sehr schädlich werden.

Roter Schnellkäfer
Ámpedus sanguíneus Linné

(23) Käfer: Schwarz, Flügeldecken einfarbig rot.

Käfer gern auf Blüten. Die Larve lebt vorwiegend in alten, modrigen Kiefernstöcken, unter Rinde und in Gängen anderer Insekten; mitunter in Saatkämpen. – Generation 4- bis 5jährig.

Mausgrauer Schnellkäfer
Adelócera murína Linné

(23) Käfer: Schwarz oder pechbraun, mit grauen und braunen haarförmigen, feinen Schüppchen scheckig bedeckt.

(60) Auf humosem Ackerboden häufig, stellenweise im Laubwald. Die Larve vertilgt Insektenlarven und befrißt gelegentlich Wurzeln und Sämereien. – Generation 5jährig.

Erzschnellkäfer
Selatosómus aéneus Linné

(23) Käfer: Sehr veränderlich metallisch gefärbt, grün, blau, violett, kupferig oder schwarz.

Larve in sandigen Acker- und Wiesenböden ebenso häufig wie in trockenem Waldboden. – Generation 5- bis 6jährig.

Saatschnellkäfer
Agriótes lineátus Linné

(23) Käfer: Braunschwarz bis rötlichgelbbraun.

Larve benagt außer Kartoffelknollen, zarten Gras- und Getreidewurzeln in Wiesen- und Ackerböden gelegentlich auch Saateicheln im Wald. – Generation 5jährig.

Die Prachtkäfer
Buprestídae

Käfer äußerlich den Schnellkäfern ähnlich, jedoch meist farbenprächtig metallisch glänzend (Name!). Larven weich, weißlich, augen- und fußlos, der erste Brustring bei vielen stark verbreitert und platt (Kochlöffelform des *Buprestis*-Typs), bei manchen ist die Ge-

stalt mehr walzig-rund und das Hinterleibsende mit 2 hornigen Spitzen besetzt (*Agrilus*-Typ).
Man trifft die Käfer, die sich gern an lichten Hängen und Waldrändern aufhalten, an Holzstößen, Baumstämmen und an Blüten, deren Pollen sie verzehren, oder auf Blättern, in die sie Löcher nagen. Sie lieben den heißen Sonnenschein, der sie beweglich und flüchtig macht. Bei Beunruhigung lassen sie sich mit angezogenen Beinen zu Boden fallen oder fliegen rasch davon. Sie schwärmen im Sommer. Eiablage meist in die Rindenrisse kränkelnder, auch gesunder Stämme. – Die Larven leben teils in jüngeren Laubholzheistern, teils in den Ästen und Stämmen älterer Bäume. Sie fressen, meist zwischen Rinde und Holz, flache, stark geschlängelte, ineinander verschlungene, scharfkantige, mit Bohrmehl in oft „wolkiger" Anordnung fest verstopfte Gänge. Verpuppung in einem Hakengang im Splint in geringer Tiefe. Da sich die walzig-runde Larve des *Agrilus*-Typs im Gegensatz zu der des *Bupréstis*-Typs in der Puppenwiege nicht umzudrehen vermag, kann der Jungkäfer hier nicht durch die Eingangsöffnung ins Freie gelangen, sondern muß den Gang fortsetzen, um sich einen Ausgang nach draußen zu bohren. Die Jungkäfer nagen sich durch die Rinde meist schrägliegende, scharfrandige, ovale oder elliptische (wobei die Oberseite flacher gewölbt ist) Fluglöcher. – Generation meist 2- bis 3jährig.
Die Käfer selbst sind forstlich unschädlich, doch können die Larven einiger Arten das Absterben der befallenen Baumteile bewirken. Kränkelnde, mit Brut besetzte Heister und Stämme bis spätestens Anfang Mai heraushauen und verbrennen!

Großer Kiefernprachtkäfer
Chalcóphora mariána Linné

(23) Käfer: Langoval, mäßig gewölbt, Oberseite erzbraun, die vertieften Stellen kupferig mit Messingglanz; Halsschild mit länglichen Unebenheiten; Flügeldecken längsgerippt, mit flachen Eindrücken. Unterseite kupferglänzend.

Unser größter Prachtkäfer fliegt von Mitte Juli bis Mitte August in Kiefernwäldern. Die Larve frißt in abgestorbenem Kiefernholz, vor allem in alten Kiefernstöcken. – Forstlich belanglos.

Hauptsächlich geschwächte und kränkelnde Kiefern, selten andere Nadelholzarten befällt der bedeutend kleinere **Blaue Kiefernprachtkäfer,** *Phaénops cyánea* Fabricius. Richtet bisweilen in schlechtwüchsigen Kiefernbeständen einigen Schaden an.

Vierpunktprachtkäfer

Antháxia quadripunctáta Linné

(23) Käfer: Klein, flach, breit, schwärzlich, wenig glänzend, Halsschild mit einer Querreihe von 4 Grübchen.

Larve: Mit sehr breitem erstem Brustring.

Der im Juni/Juli fliegende Käfer befällt vornehmlich jüngere Kiefern, daneben auch Fichten, besonders auch schon aufbereitetes Material wie Zaunpfähle und Bretterschwarten. Die Larve frißt ei-
(75) nen unregelmäßig geschlängelten, 5 bis 8 cm langen, allmählich breiter werdenden Gang zwischen Bast und Splint. Verpuppung im Mai/Juni des dritten Jahres im Holz. Ende Juni/Juli schlüpft der Jungkäfer aus.

Lindenprachtkäfer

Lámpra rútilans Fabricius

(23) Käfer: Smaragdgrün, an den Außenrändern kupferrot, Flügeldecken grobgestreift und mit schwarzen Fleckchen besät; Rücken des Hinterleibs stahlblau.

Der nicht häufige Käfer fliegt im Juni/Juli. Die Larve frißt ausschließlich an Linden in Rinde und Splint besonders der südseitigen Äste älterer Bäume, aber auch des Stammes flache, lange Gänge. Die Rinde über den Fraßstellen stirbt ab und fällt vor allem an den besonnten Seiten zu Boden. – Generation mindestens 2jährig.

Goldgrubenprachtkäfer

Chrysobóthris affínis Fabricius

(23) Käfer: Flügeldecken kupferbraun, metallisch glänzend, mit je 3 Goldgrübchen, hiervon eines nahe der Wurzel.

Der Käfer fliegt Juni/Juli und legt seine Eier meist dicht über dem
(60) Wurzelanlauf stärkerer Eichenheister ab. Die Larve frißt unregelmäßig geschlängelte, sehr flache Gänge im Bast. Der Jungkäfer nagt sich durch ein querelliptisches, oft etwas schräggestelltes Flugloch nach außen. – Generation mindestens 2jährig. – Kann schädlich werden.

Zweibindiger Eichenprachtkäfer

Coroébus bifasciátus Olivier

(23) Käfer: Erzgrün und glänzend, das letzte Drittel der Flügeldecken blau schimmernd mit 2 glänzenden, messingfarbenen, feinbehaarten, zackigen Querbinden.

Larve: Mit einem bräunlichen, durch 2 parallele Längsfurchen charakterisierten Chitinschild auf dem 1. Brustring.

Der Käfer fliegt Juni/Juli und legt seine Eier an den Trieben meist
(75) junger Eichen ab. Die Larve frißt ringelförmige bis spiralige Gänge im Bast abwärts, welche die Saftzufuhr unterbinden, wodurch Stamm- und Astpartien über der Ringelstelle zum Absterben gebracht werden. Verpuppung im Splint. Der Jungkäfer verläßt den Hakengang durch ein fast rundes Flugloch und befrißt Eichenblätter (Reifefraß). – Erheblich schädlich.

Zweipunktiger Eichenprachtkäfer

Agrílus biguttátus Fabricius

(23) Käfer: Schmal, langgestreckt, blaugrün oder goldgrün; die Flügeldecken tragen in der Nähe der Naht je 1 weißlichen Haarfleck.

Der Käfer fliegt im Juni und legt seine Eier vorzugsweise an der Südseite im unteren Stammbereich alter, geschwächter Eichen ab. Die Larven fressen unter der Borke überwiegend horizontale, an Breite zunehmende Gänge, was den Baum rasch zum Absterben bringt. Puppenwiege ganz in der Rinde. Flugloch am oberen Rand flach, unten stark gewölbt.

Laubholzprachtkäfer, Buchenprachtkäfer

Agrílus víridis Linné

(23) Käfer: Langgestreckt, schmal, variiert stark in der Färbung, meist olivgrün, aber auch blau oder kupferig; Unterseite schwarz.
(60) Larve: Am Hinterleibsende 2 gezähnte Zangen.

Der überwiegend im Juni/Juli fliegende Käfer befällt vorzugsweise Buchenheister, gelegentlich auch andere junge Laubhölzer, besonders wenn sie kümmern oder noch unter Pflanzungsschock stehen, aber auch Altbuchen in geschwächten Beständen. Eiablage auf der Rinde in kleinen Häufchen, die durch einen weißlichen Schutzüberzug wie Kalkflecke aussehen, mit Vorliebe am Grund der südseitigen Äste. Die im August erscheinenden Larven bohren sich durch die Rinde bis auf den Splint und fressen hier je einen scharfgerandeten, zickzackförmig verlaufenden (daher auch die Bezeichnung
(74) „Zickzack-Wurm"), allmählich sich verbreiternden Gang, über dem sich die Rinde wölbt und an mehreren Stellen sogar durchbrochen wird. Verpuppung im April/Mai des 3. Jahres in der Fraßpflanze. Der im darauffolgenden Juni ausschlüpfende Jungkäfer bohrt sich

in die Rinde ein querovales Ausflugloch und befrißt zu seiner Reifung schartenartig die Blätter von Buchen. – Generation meist 2jährig.

Ringsum verlaufende Larvengänge bringen die Stämmchen zum Absterben. Mit Brut besetzte Heister spätestens Mai, Anfang Juni aushauen und verbrennen!

Die Werftkäfer

Lymexylonídae

Käfer langgestreckt, schmal, fast walzenförmig; Flügeldecken weich, am Ende etwas klaffend; ♀♀ deutlich größer als ♂♂; Kiefertaster beim ♂ mit quastenartigen Anhängen. Larven langgestreckt, walzenförmig, weich, weißlich, 6beinig, mit stark gebuckelter, kapuzenförmiger Vorderbrust. Larven und Käfer leben in Stöcken, in anbrüchigen stehenden Bäumen und in gefälltem Holz. Werden durch ihre Gänge technisch schädlich. – Generation 1- bis mehrjährig.

Bohrkäfer

Hylecoétus dermestoídes Linné

(23) Käfer: ♂ sehr veränderlich, schwarz oder braungelb, Kiefertaster mit großem, quastenförmigem Anhang. ♀ größer, gelbbraun.
(60) Larve: Weißlich, Kopf bernsteingelb; ausgewachsen mit langem Stachelschwanz.

Der Käfer schwärmt April/Mai im warmen Sonnenschein und legt seine Eier, die er mit Pilzsporen beschmiert, meist in Rinden- und kleinen Holzrissen ab. Er befällt sämtliche Laub- und Nadelhölzer, besonders frische, stärkere Stöcke von Buche, Eiche, Fichte, aber auch anbrüchige Stämme und vor allem im Wald lagernde Nutzholzstämme mit und ohne Rinde. Die nach etwa 10 bis 14 Tagen ausschlüpfenden, mit Pilzsporen behafteten Larven fertigen 18 bis 26 cm lange unregelmäßige und unverzweigte, zum Teil tief in das
(74) Stamminnere dringende Gänge und ernähren sich von den Pilzrasen, die die Gänge auskleiden und später schwärzen. Das Bohrmehl wird mit Hilfe des Schwanzfortsatzes ausgestoßen, so daß die Gänge bohrmehlfrei sind; es findet sich oft in großen Massen bei befallenen Stämmen und Stöcken. Bei unentrindetem Holz zeigt sich beim
(74) Entfernen der Rinde, daß die runden Mündungen der Larvengänge von weißen Bohrmehlhöfen umgeben sind. Verpuppung nahe der

Eingangsöffnung. – Generation je nach Witterung und Klima 1- bis 3jährig.

Forstliche Bedeutung im allgemeinen gering, doch kann Nutzholz durch die Larvengänge vollkommen entwertet werden. Gefährdete Stämme vor der Flugzeit (April) aus dem Wald bringen!

Schiffswerftkäfer

Lyméxylon nauále Linné

(23) Käfer: Beim ♂ Flügeldecken nach den Seiten zu schwarz, Hinterleib und Beine gelbbraun, Kiefertaster mit quastenförmigem Anhang. ♀ gelbbraun; Kopf, Rand und Spitzen der Flügeldecken schwärzlich; letztere bedecken den Hinterleib nicht ganz.

(60) Larve: Weißlich mit einem fleischigen Zapfen auf dem letzten Ring.

Der in der heißen Nachmittagssonne ab Ende Mai bis in den Juli schwärmende Käfer legt seine Eier ausschließlich an Eichen ab, und zwar an starken, anbrüchigen Stöcken oder in Trockenrissen alter, entrindeter, stehender oder liegender Stämme, sowie an beschädigten, berindeten Stämmen und in Einbohrlöchern anderer Schädlinge; auch an bereits zu Rohware verarbeitetem Holz, sofern es noch nicht zu trocken ist. Die Larven nähren sich von Holzsubstanz und fressen daher sehr lange, insgesamt maximal 2 m messende, hori-
(74) zontale, tief in das Kernholz dringende Gänge, die schnurgerade, wie mit einem Lineal gezogen erscheinen und oft fast parallel zu dem nach innenwärts gerichteten Gang zurück in Richtung Einbohrloch führen, wo sich die Larve verpuppt. Bisweilen zweigen von den horizontalen Hauptgängen senkrecht nach oben und unten kurze, blind endende, sekundäre Ernährungsgänge ab. Die Gänge schwärzen sich nicht, das Bohrmehl wird mit dem blasig verdickten Hinterende festgepreßt und verbleibt in den Gängen, so daß frischer Befall äußerlich nicht wahrzunehmen ist. – Generation meist 1jährig.

Der Schiffswerftkäfer kann auf Lagerplätzen von Eichenholz zuweilen erheblichen Schaden verursachen.

Die Nagekäfer

Anobiídae

Käfer klein, walzenförmig, unansehnlich, dunkel gefärbt, äußerlich den Borkenkäfern ähnlich. Larven stark gekrümmt, querfaltig, weißlich, deutlich behaart, sechsbeinig, engerlingartig aussehend. Puppen weißlich. Käfer und Larven leben meist versteckt in abgestorbenem Holz, teils in anbrüchigen Stämmen und Ästen, in Zapfen, auch in Kieferntrieben, teils im Gebälk alter Häuser und in Möbeln, auch in Schwämmen. Einige Arten „ticken", indem die Käfer mit dem Kopf gegen das Holz pochen, um sich anzulocken. Man hat die Anobiiden deshalb früher auch als Klopfkäfer bezeichnet. Bei Beunruhigung stellen sie sich tot. Die Eier werden mit Vorliebe an bereits befallene Holzstücke oder Möbel abgelegt. Die Larven („Holzwürmer") fressen unter Schonung der Oberfläche unregelmäßige Gänge im Innern aus. Verpuppung am Fraßort. Die Jungkäfer schlüpfen durch kleine, kreisrunde Fluglöcher ins Freie. An diesen schrotschußartigen Fluglöchern und dem herabgerieselten Bohrmehl ist der Befall äußerlich zu erkennen. – Generation oft mehrjährig. Schädlich ist nur der Larvenfraß. Forstliche Bedeutung gering, hingegen können die im verarbeiteten Holz nagenden Arten durch Wurmstichigwerden von alten Möbeln und Holzschnitzereien, Balken und ähnlichem Holzwerk sehr schädlich werden.

Trotzkopf, Totenuhr

Dendróbium pértinax Linné

(23) Käfer: Schwarz oder schwarzbraun, Flügeldecken gestreift punktiert; Kopf „trotzig" unter den Halsschild gezogen.

(60) Larve: Weißlich.

(75) Die Larven bohren vorwiegend in verbautem, von Pilzen befallenem Nadel-, aber auch Laubholz, meist in Gebäuden mit entsprechend hoher Luftfeuchtigkeit, besonders im Dachgebälk alter Häuser, sowie historischer Sakral- und Profanbauwerke. Besonders nachteilig wirkt sich die Ortstreue der Käfer aus, da sie ein und dasselbe Holz solange mit Eiern belegen bis die Holzsubstanz weitgehend verzehrt ist.

Der wunderliche Name „Totenuhr" rührt daher, daß einige Nagekäferarten, z. B. der **Bunte Nagekäfer,** *Xestóbium rufovillósum* de

Geer, im Holz beharrlich und besonders nachts deutlich vernehmbar „ticken", was im Aberglauben als Anzeichen eines bevorstehenden Todesfalles gedeutet wurde.

Die Glanzkäfer

Nitidulídae

Käfer klein, mehr oder weniger gestreckt.
Man findet sie auf Blumen, hinter Baumrinde, an ausfließenden Baumsäften, in Pilzen, an getrockneten Früchten und tierischen Leichen. Vielfach stellen sie als Käfer und Larven unter Baumrinde den Borkenkäfern in deren Gängen nach.

Vierpunktiger Rindenglanzkäfer

Glischrochílus quadripunctátus Linné

(23) Käfer: Etwas abgeflacht, glänzend schwarz, Fühler keulenförmig, auf jeder Flügeldecke 2 gelbrote Flecke.

Kriecht gern unter Kiefernrinde in die Gänge von Borkenkäfern und stellt deren Brut nach.

Die Marienkäfer

Coccinellídae

Käfer klein, annähernd halbkugelig, auf der gewölbten Rückenseite meist mit roten oder gelben Farben geschmückt. Larven sechsbeinig, oft bunt gefärbt, auf dem Rücken meist mit Dornen und Zakken besetzt.
Die bekannten und beliebten Käferchen leben ebenso wie ihre Larven oberflächlich auf Pflanzen und vertilgen meist, besonders als Larven, mit großer Gefräßigkeit Blatt- und Schildläuse, auch Milben. Die Käfer sind ziemlich langlebig (bis 14 Monate), schwärmen im Frühjahr und legen ihre gelben Eier meist gruppenweise an Gewächse. Die Larven sind sehr beweglich, leben frei auf Blättern und verpuppen sich im Juli/August, mit der Hinterleibspitze an Blättern, Früchten oder Zweigen hängend. Nach etwa 2 Wochen schlüpft der Jungkäfer aus. Dieser überwintert unter Laub, Baumrinde, in Holzritzen. – Generation meist doppelt. – Wichtige Nützlinge.

Siebenpunkt-Marienkäfer

Coccinélla septempunctáta Linné

(21) Käfer: Klein, annähernd halbkugelig; Halsschild schwarz, weißgelb gefleckt; Flügeldecken rot oder gelbrot mit zusammen 7 schwarzen Punkten.

Eier: Langoval, gelb.

(60) Larve: Langoval, bläulichschiefergrau mit roten Zeichnungen an Seiten und Rücken, mit 6 kräftigen Laufbeinen.

(71) Puppe: Schwarz und rot, gekerbt erscheinend, frei an Blättern hängend.

Das Käferchen erscheint nach der Überwinterung schon im ersten Frühjahr auf Stauden, Sträuchern und Bäumen. Es kann fliegen, stellt sich bei Berührung tot und gibt zu seiner Verteidigung einen ätzenden, übelriechenden Saft von sich. Ernährt sich ebenso wie seine Larve vor allem von Blattläusen. Eiablage im Frühjahr, meist an der Unterseite von Blättern. – Sehr nützlich.

Die Dunkelkäfer, Schwarzkäfer

Tenebrionídae

Käfer verschieden gestaltet, im allgemeinen plump, meist eintönig düster schwarz oder schwarzbraun. Larven langgestreckt, schmal, walzenförmig, gelb-bräunlich, sechsbeinig, meist von harter Körperbeschaffenheit; den Drahtwürmern ähnlich.

Die meisten Dunkelkäfer sind nächtliche Tiere, die sich tagsüber in Schlupfwinkeln unter Steinen, Laub und dgl. aufhalten. Manche leben in faulem Holz und unter Baumrinde. Einige Arten beschädigen gelegentlich einjährige Kiefern, besonders in Sandgebieten.

Sandstaubkäfer

Opátrum sabulósum Linné

(23) Käfer: Flachgewölbt, gleichbreit; oberseits schwarz oder grauschwarz, matt, dicht körnig punktiert, Flügeldecken mit erhabenen Streifen.

An trockenen, sandigen Orten, besonders in den Dünenstrichen der Nord- und Ostsee. Die bis in den Herbst an sonnigen Plätzen anzutreffenden Käfer erscheinen Ende April und beginnen kurz darauf mit der Eiablage im Boden. Die Larven nähren sich hauptsächlich von abgestorbenem Pflanzenmaterial. Der Käfer befrißt zuweilen Keimlinge und Jungpflanzen in Pflanzgärten.

Die Pflasterkäfer, Ölkäfer

Meloídae

Käfer weichhäutig, meist bunt gefärbt, Flügeldecken oft hinten klaffend oder die Hinterleibspitze nicht erreichend, Körper hinten häufig etwas verbreitert. Besonderer Entwicklungsgang: Larven in 3 verschiedenen Formen auftretend, von denen die erste klein, gefärbt, sechsbeinig, die letzte dick, walzig, weich und weiß ist. Die Käfer schmarotzen meist bei Bienen und anderen Hautflüglern. Sie enthalten ein blasenziehendes Gift *(Cantharidin)*. Abweichend von der bei Käfern sonst überall normalen Entwicklung machen sie eine sog. *Hypermetamorphose* mit mehreren ganz verschiedenen Larven- und Puppenformen durch.

Spanische Fliege

Lýtta vesicatória Linné

(21) Käfer: Gestreckt, schön smaragdgrün; Flügeldecken weich, am Ende abgerundet, nicht klaffend.
Larve: Schwarzbraun (1. Form), weiß (2. Form).

Der Käfer tritt, sonst jahrelang selten, bisweilen massenhaft an Esche, auch an anderen Laubhölzern auf, deren Blätter er bis auf die stärkeren Rippen frißt. Er besitzt einen eigentümlichen, oft schon auf größere Entfernung wahrnehmbaren Geruch und enthält das blasenziehende Gift *Cantharidin*. Er schwärmt im Mai/Juni meist um die Mittagszeit. Die Eier werden in den Boden gelegt. Die schwarzbraunen Larven erklettern Blumen und klammern sich dort an Erdbienen fest, um sich in deren Nester tragen zu lassen, in denen sie schmarotzen. Dort häuten sie sich auch zur 2. weißen Larvenform, um sich nach etwa 14 Tagen in einen puppenähnlichen Zustand zu verwandeln und zur Überwinterung im Boden zu vergraben. Aus dieser Scheinpuppe kommt meist im folgenden Frühjahr die 3. Larvenform hervor, die sich nach einigen Tagen schließlich zur echten Puppe umwandelt. Nach weiteren 2 Wochen schlüpft der fertige Käfer. – Generation meist 1jährig.

Käfer kann durch Kahlfraß an Eschen schädlich werden. Ist für Heilzwecke verwendbar. Man kann die Käfer bei massenhaftem Auftreten in Morgenstunden über Tüchern abschütteln, in gut schließendem Gefäß mit Essigäther töten, dörren und an Apotheken geben. Nur mit Handschuhen anfassen!

Die Feuerkäfer

Pyrochroídae

Käfer auffallend rot, länglich, flachgedrückt, Flügeldecken hinten breiter als der Hinterleib. Larven langgestreckt, flach, sechsbeinig, vorletzter Leibesring länger als die übrigen, der letzte von eigentümlicher Form.
Die Larven leben unter Baumrinde im Mulm und nähren sich von den Larven anderer Holzkerfe.

Scharlachroter Feuerkäfer

Pyróchroa coccínea Linné

(21) Käfer: Ziemlich weichhäutig, die samtartig behaarten Flügeldecken und der Halsschild scharlachrot.
Larve: Flach, braun, letzter Hinterleibsring in 2 große hornige Dornen ausgezogen.

Der bei warmer Witterung fluglustige Käfer ist Mai/Juni in Eichenwäldern nicht selten. Er bevorzugt die Waldränder und -lichtungen und ist auf Holz und Buschwerk oder Blüten anzutreffen. Die Larven leben oft in größerer Zahl in alten Laubholzstöcken unter der morschen Rinde, wo sie Borkenkäfern nachstellen.

Die Bockkäfer

Cerambycídae

Käfer meist mittelgroß bis groß, langgestreckt, mit auffallenden, besonders beim ♂ meist sehr langen Fühlern, deren zweites Glied stets am kleinsten ist, und schlanken, kräftigen Beinen. Larven oft von beträchtlicher Größe, meist walzenförmig, seltener etwas plattgedrückt, weißlich oder gelblich, fleischig und mit Ausnahme des bräunlichen Kopfes weich, beinlos oder mit 6 kurzen Stummeln; erinnern an Prachtkäferlarven, haben aber auf dem Rücken und unterseits Kriechwülste. Puppen an den langen, der Bauchseite angeschmiegten Fühlern leicht kenntlich.
Die Käfer erscheinen meist zu Beginn des Sommers und sind auf Bäumen, Sträuchern, Blüten und liegenden Hölzern zu finden. Die meisten schwärmen bei Sonnenschein, andere ziehen die Abenddämmerung vor. Im allgemeinen sind sie beweglich, viele zirpen, die größeren beißen zu ihrer Verteidigung empfindlich zu. – Die

Larven leben meist in Holzgewächsen und fressen in der Regel anfangs oberflächlich unter der Rinde, dann tief im Holz flachovale, scharfrandige, unregelmäßig verlaufende, mit niemals „wolkig" angeordnetem Bohrmehl gefüllte Gänge. Zu ihrer Verpuppung fertigen sie sich mit Spänen ausgepolsterte Puppenwiegen unter der Rinde oder gehen in einem Hakengang ins Holz. – Generation 1- oder 2jährig, bei den größten Arten 3- bis 4jährig.

Die Käfer selbst sind harmlos. Einige Arten müssen zu ihrer Geschlechtsreifung einen Reifungsfraß an Blättern, Trieben oder Rindenbast durchführen. Der Larvenfraß in anbrüchigen Stöcken u. dgl. ist forstlich meist bedeutungslos. Einige im Bast oder Holz lebende Larven können aber empfindlich schädlich werden.

Großer Eichenbock, Heldbock

Cerámbyx cérdo Linné

(16) Käfer: Sehr groß und stattlich, schwarzbraun, matt glänzend, gewölbt, Fühler sehr lang, Halsschild grob gerunzelt und mit einem starken Dorn auf jeder Seite, Flügeldecken nach der Spitze verengt und rotbraun.

(60) Larve: Groß, fett, gelblichweiß, mit großen elliptischen Hornplatten auf den Ringen.

Der bei uns selten gewordene Käfer liebt größere, reine Eichenwaldungen, bevorzugt wärmere Lagen und befällt mit Vorliebe sehr alte, freistehende, der Sonne ausgesetzte Eichen, auch frische, berindete Stöcke, meidet aber gefälltes Holz. Er schwärmt im Juni/Juli, meist in der Abenddämmerung, und nascht gern Eichensaft und an süßem, gärendem Obst. Eiablage einzeln in Rindenrissen des Stammes oder mächtiger Kronenäste starker Eichen. Die ausschlüpfenden Larven leben anfangs in der Rinde, fressen aber im darauffolgenden Jahr plätzend an der Splintoberfläche und im Bast, sowie fingerdicke, flachovale, mit grobem Genagsel ausgefüllte, tief in das
(74) gesunde Kernholz vordringende Gänge, die sich unter Pilzeinfluß bald schwärzen (daher im Holzhandel auch die Bezeichnung „Gro-
(70) ßer Schwarzer Wurm"). Verpuppung nach 3- oder 4jährigem Fraß am Ende des hakenförmigen Fraßganges in einer glattgenagten, mit einem Kalkdeckel verschlossenen Wiege. Der schon im Herbst schlüpfende, fertige Jungkäfer überwintert an Ort und Stelle und nimmt Ende Mai, Anfang Juni seinen Ausgang durch das bereits von der Larve genagte, längsovale Ausflugloch.

Die Larven gefährden durch ihren anfänglichen Fraß zwischen Rinde und Holz die Lebenskraft ihrer Wirtsbäume und entwerten durch ihre riesigen Gänge und Löcher gesundes Eichenholz.

Dem vorigen in Gestalt und Lebensweise ähnlich, jedoch kleiner, ganz schwarz, Flügeldecken nach hinten kaum verengt, ist der
(16) **Buchenbock,** *Cerámbyx scopólii* Füssly, dessen Larve vorzugsweise kränkelnde, besonnte Kronenteile alter Buchen, auch anderer Laubhölzer bewohnt, wo sie plätzend unter der Rinde frißt und nur zur Verpuppung mit einem Hakengang ins Holz vordringt; geht auch an berindetes Lagerholz.

Moschusbock

Arómia moscháta Linné

(18) Käfer: Gestreckt, oberseits glänzend metallisch grün, oft ins Bläuliche oder Bronzefarbene spielend, Halsschild beiderseits mit je 1 Dorn, auf den abgeflachten Flügeldecken je 2 Längsrippen.

Krabbelt im Sommer, die nach vorn gerichteten Fühler lebhaft hin und her bewegend, an Stämmen und Zweigen umher. Findet sich an ausfließenden Baumsäften alter, anbrüchiger Weiden, manchmal in größerer Zahl. Riecht nach Moschus. Die Larven bohren in alten Weiden, besonders in Kopfweiden und älteren Wurzelstöcken von Korbweiden, in deren Holz sie Gänge in Längsrichtung anlegen. Flugloch stark ausgefranst. – Generation 2- bis 3jährig.

Alpenbock

Rosália alpína Linné

(16) Käfer: Bläulichgrau samtig, mit braunschwarzen, weißlich eingefaßten Samtflecken: 1 am vorderen Halsschildrand, je 3 auf den Flügeldecken, die mittleren eine Binde bildend. Zeichnung veränderlich.

Der auffallend schöne, im Juli/August schwärmende Bock kommt besonders im Gebirge bis 1500 m vor. Die Larve entwickelt sich in alten, anbrüchigen Buchen. Befall vorzugsweise an sonnseitigen, abgestorbenen Stammteilen.

Ahornbock

Rhopálopus insúbricus Germar

(18) Käfer: Flügeldecken dunkelgrün oder dunkelblau erzfarben.

Der seltene Käfer schwärmt von Mai bis Juli und legt seine Eier vorwiegend an Ahornstämme. Die anfangs unter der Rinde fressende Larve nagt später zur Verpuppung einen auffallend großen, ziemlich tief ins Holz dringenden, abwärts gerichteten Hakengang.

Eichenwidderbock

Plagionótus arcuátus Linné

(20) Käfer: Mattschwarz, unterseits mit gelben Flecken; Halsschild mit gelbem Vorderrand und 2 gelben, schrägen Flecken; Flügeldecken mit 5 gelben Querbinden, wovon die erste auf Flecke beschränkt und die 4 folgenden schmal und gebogen sind.

Der Käfer befällt neben kränkelnden, stehenden Stämmen auch berindetes Lagerholz, und zwar vorzugsweise Eiche, daneben Buche, Hainbuche und andere Laubhölzer. An sonnigen Tagen läuft er flink auf den Stämmen umher und läßt sich bei der geringsten Störung auf den Boden fallen. Er fliegt Mai/Juni und legt seine Eier in Rin-
(60) denritzen. Die Larven fressen unter der Rinde bis meterlange Gänge, die mit braunem Genagsel vollgestopft sind. Verpuppung im Holz in bis 6 cm tief in den Splint reichenden Hakengängen. Der Jungkäfer nagt sich durch ein querovales Flugloch nach außen.

Das Eichenholz wird durch die tief eindringenden Verpuppungsgänge entwertet. Gefällte Stämme vor Mai aus dem Wald abfahren!

Fichtenbock

Tetrópium castáneum Linné

(16) Käfer: Braun bis schwarz, Flügeldecken rötlichgelbbraun; in seiner Färbung sehr veränderlich.
Larve: Braun, am Hinterende oben mit 2 kleinen Spitzen.

Der hauptsächlich in Fichtenwäldern verbreitete Käfer befällt vorzugsweise starkrindige Fichten im Alter von 60 bis 100 Jahren, aber auch Kiefern. Er bevorzugt kränkelnde oder frisch abgestorbene Stämme, geht aber auch an völlig gesunde. Er ist außerordentlich beweglich und fliegt von April bis Anfang August am hellen Tag. Eiablage unter Borkenschuppen. Die Larven fressen zwischen Rinde und Holz flache, geschlängelte, unregelmäßige, den Splint schürfende, mit rotbraunem und weißem Bohrmehl angefüllte Gänge. Sie sind im Herbst ausgewachsen und nagen sich nun zur Verpuppung ins Innere des Holzes einen charakteristischen, zuerst leicht
(74) ansteigenden, dann in scharfem Winkel abwärtsgerichteten Hakengang. Der Jungkäfer frißt sich durch ein flachovales Flugloch nach außen. – Generation 1jährig.

Kranke Fichten werden durch die im Bast lebenden Larven getötet, der Wert des Holzes durch die Hakengänge gemindert.

Dem vorigen in Gestalt und Lebensweise sehr ähnlich ist an Fichte ein anderer Fichtenbock, *Tetrópium fúscum* Fabricius, und an kränkelnden oder frisch gefällten Lärchenstämmen der **Lärchenbock,** *Tetrópium gabriéli* Weise, beide mit braunen Flügeldecken.

Düsterbock

Asémum striátum Linné

(16) Käfer: Sehr flach gewölbt, mattschwarz, mitunter mit braunen Flügeldecken, letztere fein punktiert, mit 2 bis 4 erhabenen Längsstreifen.

Lebt als Larve unter der Rinde anbrüchiger Nadelhölzer, vor allem der Kiefer. Geht nicht in trockenes Holz, kann aber noch aus bereits verarbeitetem Holz schlüpfen.

Hausbock

Hylotrúpes bájulus Linné

(20) Käfer: Abgeflacht, pechschwarz oder braun; Halsschild breit, seitlich gerundet, mit 2 glänzenden Höckerchen, außen zottig grauweiß behaart; Flügeldecken glänzend, mit je 2 kurzen, bindenartig angeordneten, weißlich behaarten Flecken.
Larve: Fußlos, weißgelb.

Das ♀ des von Juni bis August in den heißen Tagesstunden fliegenden Käfers legt seine Eier in die Ritzen von Nadelholz, niemals Laubholz, und zwar an Planken, Bretterzäune, Telegraphenstangen, auch Stöcke im Freien, besonders gern aber an Balken und
(75) Möbel in den Häusern. Kulturfolger. Die Larven zernagen das Holz zu einem feinen, staubartigen Bohrmehl, wobei die Oberfläche, obwohl stellenweise nur noch papierdünn, geschont wird, und Bohrmehl in der Regel nicht nach außen gelangt, so daß die fortschreitende Zerstörung äußerlich zunächst nicht bemerkbar wird. Verpuppung nach 3- bis 10jährigem Fraß dicht unter der Holzoberfläche, die der ausschlüpfende Käfer durch ein ovales, bei rauher Holzoberfläche meist etwas ausgefranstes Ausflugloch verläßt.

Der Hausbock kann durch die im Gebälk der Häuser fressenden Larven erheblichen Schaden anrichten, sofern das Holz vor der Verbauung nicht imprägniert wurde. Der Fraß findet bevorzugt in den äußeren Splintholzschichten an stark von der Sonne oder einem Kamin erwärmten Holz statt.

Blauer Scheibenbock
Callídium violáceum Linné

(16) Käfer: Flach, oberseits blau, manchmal mit grünem Schimmer; Flügeldecken grob und dicht runzelig punktiert.

Der von Mai bis Juli fliegende Käfer greift vorwiegend baumkantige, trockene Nadelhölzer, seltener Laubhölzer, an. Die Larve frißt unter der Rinde breite, flachgewundene, sich vielfach kreuzende
(75) und das Splintholz furchende, locker mit Bohrmehl gefüllte Gänge und nagt schließlich, jedoch nicht sehr tief, in das Holz einen Hakengang, in welchem sie sich verpuppt. – Generation in frischem Holz 1jährig, in stärker abgetrocknetem Holz mehrjährig.
Schädlich vor allem in Holzlagern und an verbautem Holz mit Rindenresten.

Ähnlich wie der vorige leben und schaden der in sehr verschiedenen
(16) Färbungen auftretende, meist jedoch rotgelbe bis braungelbe **Veränderliche Scheibenbock,** *Phymatódes testáceus* Linné, der frisch abgestorbene Laubhölzer, vor allem Harthölzer, befällt und dessen Larve stets scharfrandige Fraßgänge unter der Rinde nagt, sowie
(16) der oberseits grünliche **Metallische Scheibenbock,** *Callídium aéneum* de Geer, dessen Larve in schwächerem Nadel-, auch Laubholz einen oval geformten Platzgang unter der Rinde miniert.

Zwergböckchen
Gracília minúta Fabricius

(20) Käfer: Klein, schmal, glanzlos, heller oder dunkler braun, Fühler lang, Halsschild doppelt so lang als breit.

Die Larve frißt, bisweilen hörbar, vorzugsweise in dünnen, trockenen, ungeschälten Zweigen von Weide, Edelkastanie, Birke und anderen Laubhölzern. Verpuppung meist in der Markröhre. Der Jungkäfer nagt sich durch ein ovales Flugloch nach außen. – In Reifen von Weinfässern, in alten Weidenkörben und Holzspielzeug schädlich.

Großer Pappelbock
Sapérda charchárias Linné

(18) Käfer: Groß, oberseits gelbbraun-filzig behaart und dicht schwarz punktiert, Flügeldecken gegen die Spitze hin verschmälert und etwas klaffend.
(60) Larve: Gelblichweiß, mit braunen Kauzangen sowie mit Kriechwülsten ober- und unterseits.

Der träge, von Juli bis September in den Abendstunden schwärmende Käfer sitzt im Sommer an Pappeln, seltener Weiden, in deren Blätter er zu seiner Reifung große Löcher mit ausgefransten Rändern frißt; auch die Rinde junger Triebe wird benagt. Das ♀ fertigt im unteren Schaftbereich gesunder, noch glattrindiger, etwa 5- bis 20jähriger Stämmchen von Pappeln, auch Baumweiden, besonders von Aspen und Schwarzpappeln kleine Rindenschlitze, worin die Eier abgelegt werden, die dort überwintern. Die Larven fressen zunächst unregelmäßige Plätze unter der Rinde, durchwühlen aber
(74) später mit ihren langen, ovalen, aufrechten, bis zur Markröhre vordringenden Gängen das Holz, wobei sie braungelbe, holzwolleartige Nagespäne durch ein Bohrloch ausstoßen. Sie nähren sich hauptsächlich von den saftigen Wucherungen des Bildungsgewebes, die sich ständig an den Rändern der Platzfraßstellen bilden. Der untere Stammteil besonders der schwächeren Stämmchen schwillt an den
(70) Befallstellen meist an. Verpuppung im Holz mit abwärts gerichtetem Kopf am Ende des aufsteigenden Ganges. Im Juli des 3. oder 4. Kalenderjahres verläßt der Jungkäfer durch ein kreisrundes Flugloch den Brutbaum. – Generation 2-, auch 3jährig.

Der Larvenfraß tötet junge Stämmchen und entwertet ältere technisch.

Kleiner Aspenbock, Kleiner Pappelbock

Sapérda populnea Linné

(18) Käfer: Walzenförmig, grünlichgrau bis dunkelbraun, spärlich behaart, auf dem Halsschild 3 gelbe Längsstreifen, auf jeder Flügeldecke 4 bis 5 gelbe Fleckchen in einer unregelmäßigen Längsreihe.
Larve: Gelblich, der des Großen Pappelbocks sehr ähnlich, jedoch kleiner.

Der Käfer liebt freie, sonnige Lagen und fliegt im Mai bis in den Juli. Er befällt die Aspe und andere Pappelarten, seltener Weiden, und zwar gesunde, vorzugsweise 1 bis 2 cm starke Äste oder 2- bis 6jährige Stämmchen. Das ♀ legt seine Eier einzeln in die Rinde, wobei es zuerst jeweils mehrere kleine Ritzen, einen tieferen Eischlitz und eine hufeisenförmige, nach oben offene Furche nagt, um so das umliegende Rindengewebe zu reizen und zur Bildung von Wucherungen anzuregen, die der auskriechenden Larve erste Nahrung bieten. Die Larve miniert zunächst einen Platzgang, bohrt sich später in den Holzkörper und frißt schließlich in der Markröhre des Zweiges oder Stämmchens einen aufsteigenden Gang, an dessen Ende sie sich verpuppt. Die Aspen (die Weiden nur in Ausnahmefäl-

(74) len) schwellen an der Befallstelle knotig an. Ein kreisrundes Loch in der Mitte der Anschwellung zeigt, daß der Jungkäfer ausgeflogen ist. – Generation 2jährig. – Befallene Äste und dünne, stark befallene Stämmchen brechen ab oder gehen ein.

Haselbock

Obérea lineáris Linné

(18) Käfer: Schwarzbraun, langgestreckt, schmal, Beine gelb; Flügeldecken mit groben, in geraden Längsreihen stehenden Punkten.

Der von Mai bis Juli fliegende Käfer befällt junge Haseln, wo er gern an der Unterseite der Blätter sitzt, ausnahmsweise auch Hainbuchen, Erlen und andere Laubhölzer. Das ♀ legt seine Eier einzeln
(60) an vorjährige Zweige nahe dem Grunde ab. Die Larve frißt zunächst einen ringförmigen Gang unter der Rinde und später senkrecht dazu einen Gang in der Markröhre des Zweiges nach abwärts. – Generation 2jährig. – Befallene Triebe welken, der Fruchtertrag wird geschmälert.

Rothalsiger Weidenbock

Obérea oculáta Linné

(20) Käfer: Walzenrund; Halsschild rötlichgelb mit 2 schwarzen Punkten; Flügeldecken schwarz, fein grau behaart, mit groben, fast regelmäßig gereihten Punkten.

Der im Juni bis August fliegende Käfer legt seine Eier einzeln in selbstgenagte Rindenschlitze an junge, gesunde Weidentriebe oder an die freien Enden der Stecklinge. Die Larven fressen meist triebaufwärts im Mark der 1- und 2jährigen Ruten bis 40 cm lange runde Gänge, an deren Ende sie sich verpuppen. Der Jungkäfer gelangt durch ein kreisrundes Flugloch ins Freie. – Generation 1- bis 2jährig. – Die befallenen Triebe sterben ab oder knicken um.

Weberbock

Lámia téxtor Linné

(16) Käfer: Gedrungen, mattschwarz, fein anliegend gelblich behaart, Fühler mit stark verdicktem ersten Glied; Halsschild runzelig, auf jeder Seite mit 1 Dorn; Flügeldecken dicht körnig punktiert, meist mit mehreren, unregelmäßigen, dicht graugelb behaarten Flecken.
(60) Larve: Gedrungen, der des Großen Pappelbocks sehr ähnlich.

Der träge, flugunfähige Käfer erscheint im April bis Juni und legt seine Eier vorzugsweise an Weiden, auch an Aspen. Befallen werden die unteren Stammteile lebender, jüngerer Bäume, sowie stärkere Wurzeln und Stockausschläge. Die Larven fressen mit Vorliebe in der Markröhre von Weidenzweigen und in Weidenstöcken, wodurch sie besonders in Weidenhegern schädlich werden können.

Schusterbock

Monochámus sútor Linné

(16) Käfer: Groß, walzenförmig, schwarz mit braunem Metallglanz, Fühler auffallend lang; Halsschild mit einem großen, spitzen Dorn auf jeder Seite, Schildchen weißgelb befilzt; Flügeldecken mit weißlichgelben Flecken, die mitunter Binden bilden.

Der Käfer, vorzugsweise ein Gebirgskerf, schwärmt im Juni/Juli und befällt mit Vorliebe Fichten, seltener auch Kiefern. Er ist den ganzen Sommer und Herbst hindurch auf Holzschlägen zu finden.
(60) Die Larven fressen zunächst breite, platzförmige Gänge unter der Rinde; später dringen sie in ovalen Gängen tief ins Holz ein, wo sie sich verpuppen. Der Jungkäfer nagt sich durch ein großes, kreisrundes Ausflugloch ins Freie.

Tritt vor allem nach Waldbrand und Windwurf vermehrt auf. Die Larvengänge unter der Rinde schaden der Lebenskraft des Baumes, die ins Stamminnere dringenden entwerten das Holz.

Dem vorigen äußerlich und in der Lebensweise sehr ähnlich sind
(16) der gleichfalls überwiegend Fichten bewohnende **Schneiderbock,** *Monochámus sártor* Fabricius, dessen Flügeldecken nicht oder nur wenig weißlichgelb gefleckt sind, sowie der fast ausschließlich kiefernbewohnende, kleinere

(16) **Bäckerbock,** Kiefernbock

Monochámus galloprovinciális Olivier,

der außer auf den Flügeldecken auch auf Kopf und Halsschild weißlichgelbe Fleckchen aufweist und dessen Larvenfraßgänge bis ins Kernholz vordringen.

Kiefernzweigbock
Pogonochaérus fasciculátus de Geer

(20) Käfer: Klein, braun mit grauer und bräunlicher Behaarung. Auf dem Halsschild 2 stumpfe Höckerchen. Flügeldecken mit weißbehaarter Querbinde und schwarzen Höckerchen gegen die Spitze.

Der Käfer schwärmt im Frühjahr ab März und legt seine Eier hauptsächlich an die schwächeren, absterbenden Zweige älterer Kiefern, auch Fichten. Die Larven nagen unter der Rinde in den Splint ein-
(75) greifende, scharfrandige, mit weißem Genagsel angefüllte Gänge, die in Windungen verschlungen um den Zweig laufen und zuletzt mit einem kurzen Hakengang ins Holz gehen, wo die Verpuppung stattfindet. – Die befallenen Zweige sterben rasch ab.

Spürender Zangenbock, Schrotbock
Rhágium inquisítor Linné

(18) Käfer: Filzig behaart, Kopf und Halsschild grau, Flügeldecken fleckig gelbgrau mit 2 schwarzen unbehaarten Querbinden und je 3 Längsrippen. Am Halsschild beiderseits ein spitzer Dorn.
Larve: Flach; Kopf groß und breit, an den Rändern fast schneidend; 6 kleine Beine.

Der Käfer erscheint im Frühjahr und fliegt im Sonnenschein gern auf frisch geschlagene Hölzer. Die Larve frißt vorzugsweise unter der Rinde alter Nadelholzstöcke 1 bis 2 cm breite, geschlängelte,
(75) mit braunem Bohrmehl vollgestopfte Gänge. Zu ihrer Verpuppung
(70) fertigt sie sich eine große flachovale Puppenwiege, die sie mit einem Kranz von weißlichen, ausgenagten Holzspänchen umgibt (Spankranzpuppenwiege). – Forstlich bedeutungslos.

Ähnlich wie der vorige leben der gleichfalls Nadelholz bewohnende
(18) **Zweibindige Zangenbock,** *Rhágium bifasciátum* Fabricius, dessen Flügeldecken 2 rotgelbe Schrägbinden aufweisen und seitlich und
(18) an der Spitze rot sind; sowie als Laubholzbewohner der **Bissige Zangenbock,** *Rhágium mórdax* de Geer, dessen 2 rotgelbe, nach außen durch einen schwarzen Fleck getrennte Querbinden einander genä-
(18) hert sind, und der **Große Zangenbock,** *Rhágium sycophánta* Schrank, der außer 2 gelben Querbinden auf den Flügeldecken 2 gelbe Längsbinden auf dem Halsschild trägt.

Roter Schmalbock, Rothalsbock
Leptúra rúbra Linné

(20) Käfer: Schwarz, Flügeldecken nach hinten erheblich verschmälert, beim ♂ gelbbraun, beim ♀ samt Halsschild hellrot.

Der Käfer fliegt im Sommer an Waldrändern und auf Waldblößen lebhaft im Sonnenschein umher und ist häufig auf Spiräenblüten zu finden. Die Larve entwickelt sich in alten Nadelholzstöcken, auch in feuchtem, im Freien verbautem Holz, der Jungkäfer nagt sich
(75) durch ein rundes Flugloch nach außen.

Mulmbock
Ergátes fáber Linné

(18) Käfer: Sehr groß, pech- oder rötlichbraun, flach gewölbt, Fühler schlank; Halsschild doppelt so breit wie lang, am Seitenrand gezähnelt; Brust dicht gelblich behaart.

Diese größte einheimische Bockkäferart fliegt Mitte Juli bis Mitte September um die Mittagszeit. Die Larve lebt vorzugsweise in alten Nadelholzstöcken, die sie mit ihren mächtigen Gängen durchzieht und fast vollständig zu Mulm verarbeitet, doch bisweilen auch in verarbeitetem Holz, wo es genügend feucht ist (z. B. Lichtmasten im Bereich ober- und unterhalb der Erdoberfläche), wodurch sie schädlich werden kann. Bei Kiefer, die bevorzugt befallen wird, wird nur das Splintholz zerstört. – Generation 3- bis 4jährig, auch darüber.

Sägebock, Gerber
Priónus coriárius Linné

(16) Käfer: Stattlich, von gedrungener, ziemlich flacher Gestalt, schwarzbraun, etwas glänzend, die kräftigen Fühler sägezähnig (daher Name); Halsschild doppelt so breit als lang, runzelig punktiert, mit je 3 starken Seitenzähnen; Flügeldecken lederartig gerunzelt, mit 2 bis 3 angedeuteten Längsrippen.

Der im Sommer erscheinende Käfer, der einen ziemlich lauten Zirpton hervorbringen kann, schwärmt schwerfällig und brummend vorzugsweise in der Abenddämmerung. Mit seinen kräftigen Vorder-
(58) kiefern kann er empfindlich zubeißen. Die Eier werden vorwiegend an die Rinde alter Baumstümpfe von Laub-, wie Nadelhölzern ge-
(60) legt, in denen die Larven eine 3jährige Entwicklung durchmachen. Sie dringen dabei bis in die Wurzeln vor und verpuppen sich meist in kokonähnlichen Zellen im Erdboden.

Zimmerbock

Acanthócinus aédilis Linné

(18) Käfer: Ziemlich flach, dicht grau behaart, mit sehr langen, namentlich beim ♂ die Körperlänge bis um das Fünffache übertreffenden Fühlern; Halsschild mit 4 kleinen gelben Höckerfleckchen in einer Querreihe und je 1 Seitendorn; Flügeldecken mit 2 undeutlichen, dunkleren, schrägen Querbinden und 3 schwachen Längsrippen. ♀ mit sehr langer Legeröhre.

Der Käfer erscheint schon in den ersten warmen Frühlingstagen und legt seine Eier tief in die Rinde vorzugsweise gefällter Kiefern-
(60) stämme oder alter Kiefernstöcke, wo sich die Larven unter der Rin-
(70) de entwickeln und verpuppen. Der Käfer überwintert in der flachen, schüsselförmigen Puppenwiege.

Waldbock

Spóndylis buprestóides Linné

(20) Käfer: Mattschwarz, gedrungen walzenförmig, oberseits dicht und fein punktiert, mit kurzen perlschnurartigen Fühlern, vorstehenden Vorderkiefern; Halsschild kugelig, Flügeldecken mit je 2 Längsrippen.

Der Käfer wird gern auf frisch gefälltem Holz angetroffen. Er schwärmt Juni bis September vor allem gegen Abend, in langsamem, niedrigem Flug. Wehrt sich durch kräftiges Zubeißen. Die
(60) Larven leben oft in großer Anzahl in von holzzerstörenden Pilzen befallenen Kiefernstöcken, wo sie bis tief in die Wurzeln dringen.

Kleiner Wespenbock, Kurzdeckenbock

Molórchus (Caenóptera) mínor Linné

(20) Käfer: Schwarz; die stark verkürzten, hinten klaffenden Flügeldecken und die langen Beine rotbraun, die häutigen Unterflügel weit hervorragend, Fühler beim ♂ länger als der Körper.

Der auffallende, äußerlich an Schlupfwespen erinnernde Käfer findet sich im Mai/Juni vorzugsweise an Waldrändern auf Dolden. Die Larve nagt den Splint scharfrandig schürfende, mit hell- dunkel gemischtem Bohrmehl gefüllte Gänge unter der Rinde trockener, schwächerer Stämme, Knüppel und Äste von Fichte und Kiefer, besonders auch an berindeten Stangen von Naturzäunen. Verpuppung in einem charakteristischen, bogigen, bis 3 cm tief in den Splint greifenden Hakengang. Die Fluglöcher sind fast rund.

Dem vorigen äußerlich und in der Lebensweise ähnlich ist der mit kürzeren Fühlern ausgestattete, schwarz und gelbrot gefärbte, sel-

(18) tener vorkommende **Große Wespenbock,** *Necýdalis májor* Linné, dessen Larve in alten, morschen Birken, Erlen, Weiden, Pappeln und anderen Laubhölzern lebt.

Die Blattkäfer

Chrysomelídae

Käfer klein bis mittelgroß, gedrungen, meist oval, Rückenseite gewölbt, oft halbkugelig, buntfarbig, häufig metallisch glänzend. Meist kurze, kräftige Schreitbeine, mitunter Sprungbeine. Eier oft lebhaft gefärbt. Larven gestreckt, gedrungen, meist bunt oder schwarz und gewöhnlich mit Warzen aller Art besetzt, sechsbeinig. Puppen sehr gedrungen.
Die Käfer leben an den Blättern oft ganz bestimmter Nährpflanzen und befressen sie löcherweise. Sie bewegen sich entweder langsam und träge oder, als sog. Erdflöhe, gewandt springend. Die Eier werden vorzugsweise an die Blätter gelegt und häufig mit einem Schutzsekret überzogen. Die Larven leben meist frei auf den Blättern und skelettieren sie, oft dicht beisammensitzend, bis auf die Blattrippen. Die Verpuppung findet frei hängend an den Blättern, seltener im Boden statt. – Generation einfach, doppelt oder mehrfach. Überwinterung meist als Käfer im Boden, unter Laub usw.
Bei Massenvermehrung verursachen sie, besonders in Weidenhegern, durch Kahlfraß Schaden.

Pappelblattkäfer

Melasóma pópuli Linné

(23) Käfer: Breit-eiförmig, schwärzlich oder grünlich blau; Flügeldecken gewölbt, ziegelrot, an der äußersten Spitze schwarz.
(58) Eier: Orangerot im Gelege, einzeln gelblichweiß.
(60) Larve: Weißlich, sechsbeinig, mit schwarzen Punktwarzen.
(71) Puppe: Bräunlichgelb, mit regelmäßig gestellten schwarzen Punkten und Strichen.

Der im Mai/Juni fliegende Käfer befällt vor allem junge Pappeln und Weiden, in deren Blätter er unregelmäßige Löcher frißt. Das ♀ legt seine Eier partienweise an der Blattunterseite ab. Die nach 5 bis 12 Tagen auskriechenden Larven skelettieren die Blätter bis auf die Rippen. Verpuppung nach 3 Wochen. Die Puppen hängen gestürzt an den Blättern und ruhen 6 bis 10 Tage, worauf die Jungkäfer der

1. Generation schlüpfen. Die 2. Käfergeneration erscheint ab Ende Juli, die mögliche 3. ab Ende August. Der Käfer überwintert im Boden unter Fallaub, Steinen und Moos und kommt Ende April wieder zum Vorschein. – Generation je nach Witterungs- und Ernährungsbedingungen 2- bis 3fach.
Wird vor allem in Baumschulen und jungen Anpflanzungen schädlich.

Dem vorigen äußerlich und in der Lebensweise sehr ähnlich, jedoch etwas kleiner und ohne schwarze Spitze an den Flügeldecken ist der besonders in Pappelpflanzungen und Weidenhegern sehr schädlich
(23) werdende **Aspenblattkäfer,** *Melasóma trémulae* Fabricius.

Kleiner Weidenblattkäfer

Phyllodécta vitellínae Linné

(23) Käfer: Klein, länglich eiförmig, meist metallisch grün oder blau; die Färbung variiert,

und

Korbweidenblattkäfer

Phyllodécta vulgatíssima Linné

(23) Käfer: Klein, metallisch grünlichblau oder blau.

Die äußerlich und in der Lebensweise sehr ähnlichen Käfer treten oft massenhaft an Kulturweiden, auch an jungen Pappeln auf. Bei Beunruhigung lassen sie sich leicht fallen. Sie durchlöchern mit ihrem Fraß schon zeitig im April die kaum hervorgekommenen Blättchen, fressen später auch plätzend an der Rinde. Das ♀ legt seine
(58) gelbbraunen Eier partienweise in Doppelreihen flach an der Unterseite der Blätter 1- bis 3jähriger Weidenruten, besonders der Korbweide (*Sálix viminális* Linné), ab. Die nach 7 bis 14 Tagen schlüp-
(60) fenden Larven skelettieren kolonnenweise die Blätter von der Unterseite her. Verpuppung im Boden. Nach etwa 12tägiger Puppenruhe erscheinen die Jungkäfer. – Generation doppelt. Jede Generation ist nach etwa 2 Monaten abgeschlossen. Die Käfer überwintern am Boden zwischen Fallaub und Gras.
Einjährige Kulturen können durch den Käfer- und Larvenfraß eingehen, mehrjährige erleiden Zuwachsverlust. Massenvermehrungen dieser Käfer halten meist nicht länger als 2 Jahre an.

Gelber Salweidenblattkäfer

Lochmaéa cápreae Linné

(23) Käfer: Klein, oberseits blaß bräunlichgelb; Färbung veränderlich.

Der vor allem auf Weiden, auch Birken und Pappeln vorkommende Käfer erscheint Anfang Mai und beginnt seinen Reifungsfraß an Blättern, Knospen und jungen Trieben. Nach der Paarung im Juni legt das ♀ die Eier am Erdboden unter Laub, Moos und Steinen ab. Die Larven erklettern die Fraßpflanzen und skelettieren deren Blätter einzeln von der Blattunterseite her. Verpuppung im Boden. – Generation meist einfach. Die Käfer überwintern in der obersten Bodenschicht.
Schadet mitunter durch Kahlfraß an Vorwaldbirken.

Behaarter Weidenblattkäfer

Galerucélla linéola Fabricius

(23) Käfer: Klein, oberseits gelb oder rötlich gelbbraun, dicht und fein behaart.

Der Käfer tritt vor allem an jungem Weidengebüsch, auch an Erle, Pappel und Hasel bisweilen massenhaft auf. Er erscheint im Frühjahr und befrißt zu seiner Reifung zunächst die Triebspitzen, dann das Laub oberseits. Die Eier werden häufchenweise an den Blättern der Triebenden abgelegt. Die auskriechenden Larven skelettieren die Blätter gesellig, später einzeln, und verschonen auch Knospen und Triebe nicht. Verpuppung meist im Boden. – Generation einfach, in wärmeren Gegenden doppelt. Die Käfer überwintern in der Bodendecke.
Richtet bisweilen an Korbweiden erheblichen Schaden an.

Blauer Erlenblattkäfer

Agelástica álni Linné

(23) Käfer: Eiförmig, ziemlich gewölbt, oberseits glänzend stahlblau oder violett, mitunter grünlichblau, unterseits schwarzblau.
(60) Larve: Sechsbeinig, glänzend schwarz, ins Grünliche schimmernd, behaart.
Puppe: Weich, hellgelb.

Der überall häufige Käfer liebt feuchte Niederungen, wo er das Laub vorzugsweise jüngerer Erlen, mitunter auch von Birken, selten von Pappeln und Weiden befrißt. Er fliegt im Mai/Juni und legt

(58) seine dottergelben Eier partienweise innerhalb 5 bis 6 Wochen an der Unterseite der Blätter ab. Die im Juni/Juli auskriechenden Larven skelettieren die Blätter anfangs gemeinschaftlich in Spiegeln, später in kleinen Gruppen und einzeln. Verpuppung Juli/August, dicht unter oder an der Oberfläche des Bodens. Wenige Wochen später erscheint der Jungkäfer, frißt bis Frosteintritt an den Blättern und überwintert unter Laub und Moos. – Generation einfach; man findet aber infolge der sich lang hinziehenden Eiablage häufig Eier, Larven und Käfer nebeneinander.

Der Käfer- und Larvenfraß kann Vorwalderlen und jungen Pflanzen, besonders im Forstgarten, gefährlich werden.

Ähnlich wie der vorige skelettiert als Käfer und Larve die Blätter junger Erlen und Birken der weniger häufige metallisch grüne, auch
(23) blaue oder kupferrötliche **Erzfarbige Erlenblattkäfer,** *Melasóma aénea* Linné.

Ulmenblattkäfer

Galerucélla lutéola Müller

(23) Käfer: Oberseits braungelb, dünn behaart; Flügeldecken jederseits mit einer schwarzen Längsbinde nahe dem Seitenrand. Unterseits schwarzbraun.
Larve: Schwarzbraun, später mit 4 gelben Längsstreifen, mit schwarzen Haaren dicht besetzt.

Der Käfer kommt ausschließlich auf Ulmen vor, in deren Blätter er Löcher frißt. Ablage der limonenförmigen Eier jeweils in 2 bis 4 Reihen an der Blattunterseite. Die ab Mai auskriechenden Larven befressen die Blätter mit Ausnahme der Oberhaut und der Rippen. Verpuppung in Rindenrissen oder zwischen Fallaub am Boden. – Generation doppelt. Der Käfer überwintert in Rindenritzen, Zaunpfählen und anderen Schlupfwinkeln.

Unangenehm vor allem in Parkanlagen, wenn Käfer und Larve durch Massenfraß die Ulmen entblättern.

Eichenerdfloh

Háltica erúcae Olivier (= *H. quercetórum* Foudras)

(23) Käfer: Klein, metallisch grünlichblau, mit Sprungbeinen.
Larve: Grünschwarz, gestreckt, auf den Hinterleibsringen Querreihen von Wärzchen.
Puppe: Gelblich, mit schwarzen Augen und 2 Enddornen.

Der Käfer schwärmt im Frühjahr und befrißt die Blätter der Eiche, mitunter auch anderer Laubhölzer. Er kann gewandt springen (daher Name), liebt sonnige Lagen und hält sich, ebenso wie die Larve, vorwiegend auf der Blattunterseite auf, wo auch das ♀ seine Eier ablegt. Die auskriechenden Larven skelettieren die Blätter der Triebspitzen bis auf die Rippen und verpuppen sich Ende Juli in der Bodendecke oder in Rindenritzen. Im August erscheinen die Jungkäfer, fressen bis Frosteintritt und überwintern unter Laub oder in Baumritzen. – Generation einfach.

Käfer und Larve können besonders in Pflanzgärten an jungen Eichen empfindlichen Schaden anrichten.

Schwarzbrauner Kiefernblattkäfer

Lupérus pinícola Duftschmied

(23) Käfer: Klein, gestreckt, wenig gewölbt; Halsschild gelb oder schwarzbraun; Flügeldecken pechbraun bis schwarz, glänzend.

Der Käfer frißt lange Furchen in die Unterseite der jungen Nadeln etwa bis 20jähriger Kiefern.

Ähnlich wie der vorige benagt vor allem Kiefern-, auch Fichten-
(23) und Tannennadeln der lehmfarbige, glänzende **Gelbe Kiefernblattkäfer,** *Cryptocéphalus píni* Linné, der sich bei der geringsten Berührung herabfallen läßt.

Die Samenkäfer

Bruchídae

Käfer klein, gedrungen, etwas abgeplattet, von ovalem Umriß, Fühler nach der Spitze zu verdickt.
Käfer auf den Blüten von Schotengewächsen, in deren Samen die Larve lebt und sich entwickelt. Der Jungkäfer frißt sich aus dem Samen heraus.

Besenginster-Samenkäfer

Bruchídius villósus Fabricius

(23) Käfer: Sehr klein, breit eiförmig, überall fein grau behaart, Fühler allmählich stärker werdend, Flügeldecken breit und kurz.

Der Käfer ist im Sommer auf Besenginster anzutreffen, in dessen Samen sich die Larve entwickelt. Kommt auch im Samen der Robinie vor. In jedem Samen lebt nur eine Larve.

Die Blattroller

Attelabídae

Käfer rüsseltragend, mit ungeknieten Fühlern, oft lebhaft rot oder metallisch grün oder blau. Larven wie die Rüsselkäferlarven, mit hornigem Kopf, augen- und beinlos, weißlich, bauchwärts gekrümmt.

Kommen an verschiedenen Laubhölzern vor und fertigen vielfach kunstvolle Blattwickel, in welche die ♀♀ ihre Eier legen. Die erwachsenen Larven verlassen meist diese Brutstätten, um sich in der Erde zu verpuppen. Überwintern als Käfer. – Forstliche Bedeutung gering.

Haselblattroller

Apóderus coryli Linné

(14) Käfer: Oberseits korallenrot, Kopf und Unterseite schwarz. Halsschild vorn eingeschnürt; Flügeldecken grob punktiert-gestreift, matt.

Man findet den Käfer im April/Mai auf Haselsträuchern, aber auch auf anderen Laubhölzern, in deren Blätter er Löcher frißt. Zur Brutpflege durchschneidet das ♀ nahe dem Blattgrund die eine
(76) Blatthälfte sowie die Mittelrippe und wickelt das welkende Spitzenstück zu einer kurzen, oben und unten verschlossenen Rolle zusammen, die es mit meist 1, auch 2 und 3 bernsteingelben Eiern belegt. Im Innern dieses Wickels, der mit dem absterbenden Blatt gewöhnlich schon vorzeitig zu Boden fällt, lebt und verpuppt sich die dottergelbe Larve. Etwa 2 Monate nach der Eiablage ist der Jungkäfer fertig. – Generation einfach, auch doppelt.

Eichenblattroller

Attélabus nítens Scopoli

(14) Käfer: Kurz und gedrungen, stark gewölbt, oberseits rot, Kopf und Unterseite schwarz.

Der Käfer befällt im Mai/Juni junge Eichen, mitunter auch andere
(76) Laubhölzer. Das ♀ fertigt kurze Röllchen, wobei es das Blatt bei-

derseits bis dicht an die Mittelrippe fast geradlinig einschneidet, dann die beiden Blatthälften der Länge nach aufeinanderklappt und von der Spitze beginnend aufrollt, so daß der Mittelnerv die obere Begrenzung der Rolle bildet, und belegt jedes Röllchen mit einem oder mehreren gelben Eiern. Die Larve lebt, frißt und überwintert in dem Winkel, den sie jedoch im Frühjahr verläßt, um sich im Boden zu verpuppen. – Generation einfach.

Birkenblattroller

Deporáus bétulae Linné

(14) Käfer: Klein, pechbraun bis schwarz, schwach hellbraun behaart, Flügeldecken fein punktiert-gestreift; Hinterschenkel des ♂ verdickt, zum Springen eingerichtet.

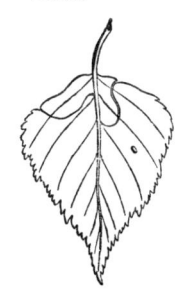

(76) Der Käfer befällt im Mai/Juni die Birke, gelegentlich auch andere Laubhölzer. Das ♀ schneidet die beiden Blatthälften nahe dem Blattgrund vom Rand her beginnend in einem schärferen und einem flacheren, ungefähr S-förmigen Bogen unter weitgehender Schonung der Mittelrippe, die nur angebissen wird, ein und fertigt einen schmalen, länglich-trichterförmigen Wickel, den es mit 1 bis 4 Eiern belegt. Dabei bildet die erste Blatthälfte den eng gerollten Innentrichter, die zweite den lockeren Außentrichter. Die ausschlüpfenden Larven sind nach etwa 3 Monaten erwachsen und verlassen dann den Wickel, um sich im Boden zu verpuppen. Die Jungkäfer schlüpfen im darauffolgenden Frühjahr aus. – Generation 1jährig.

Pappelblattroller

Byctíscus pópuli Linné

(14) Käfer: Erzgrün, mit Kupfer- und Goldglanz; Halsschild beim ♂ beiderseits am Vorderrand mit nach vorn gerichtetem Dorn; Unterseite blau.

(76) Das ♀ rollt im Mai/Juni die Blätter der Pappeln, besonders der Aspen, und Weiden einzeln zu zigarrenförmigen Wickeln zusammen und besetzt diese mit je einem Ei. Auf den Blättern der Aspe frißt der Käfer zu seiner Ernährung silberweiße, hieroglyphenartig verlaufende Streifen.

Rebenstecher

Byctíscus betuléti Fabricius

(14) Käfer: Schön metallisch grün oder blau, Flügeldecken reihig punktiert; Halsschild glatt, beim ♂ beiderseits mit nach vorn gerichtetem Dorn.

Der Käfer erscheint im Frühjahr auf dem Weinstock, aber auch auf Buchen, Pappeln, Weiden, Birken und anderen Laubhölzern. Das ♀ nagt Blattstiele und junge Triebe an und rollt, ohne die Blattfläche selbst anzuschneiden, die Blätter des welkenden Triebs meist zu
(76) mehreren zu sog. Zigarrenwickeln zusammen, in welchen es etwa 3 bis 10 Eier unterbringt. Die nach 4 bis 5 Wochen erwachsenen Larven verlassen den Wickel, der ihnen als Wohnung und Nahrung gedient hat, und verpuppen sich im Boden. Die Jungkäfer erscheinen im September, schaben zu ihrer Ernährung an den Blättern, und überwintern in Verstecken. – Generation 1jährig. – Der Käfer wird hauptsächlich in Weingärten schädlich.

Die Rüsselkäfer

Curculionídae

Käfer mittelgroß bis klein, hart chitinisiert, mit kürzerem oder längerem Rüssel; Fühler gekniet. Larven mit hornigem Kopf, augen- und beinlos, weißlich, bauchwärts gekrümmt. Puppen am Rüssel erkennbar.

Käfer meist langsam und schwerfällig; viele stellen sich bei Gefahr tot. Manche Arten ohne Unterflügel und daher flugunfähig. Käfer und Larven nähren sich in mannigfaltiger Weise von Pflanzenstoffen. – Generation meist 1jährig. – Einige Arten können sehr schädlich werden.

Großer Brauner Rüsselkäfer

Hylóbius abíetis Linné

(14) Käfer: Kräftig gebaut, dunkelbraun, glanzlos, auf den Flügeldecken 2 bis 3 gelbe, unregelmäßige Querbinden und Flecke; Rüssel stark, mäßig lang, etwas gebogen, Fühler nahe der Rüsselspitze, also vorn eingelenkt.
(60) Larve: Elfenbeinweiß, mit braunem Kopf, bauchwärts gekrümmt.
Puppe: Weißlich, mit deutlichem Rüssel, Hinterende zweispitzig.

Der in Nadelwaldungen überall häufige Käfer erscheint nach seiner Überwinterung in der Bodendecke im April/Mai in einer ersten und als Jungkäfer Ende Juli, Anfang August in einer zweiten Welle. Sei-

ne Lieblingsplätze sind frisch bepflanzte, große, sonnige Kahlschläge in der Nähe der Althölzer. Er ist im allgemeinen träge, nur zur Schwärmzeit lebhafter und fluglustig. Kann sich äußerst kräftig einkrallen. Wird bis 3 Jahre alt. Er fällt massenweise über 3- bis 6jährige Fichten- und Kiefernpflanzen her, deren Rinde, vor allem den frischen Bast, er an Stämmchen und Ästen, besonders über dem Wurzelknoten, platzweise, meist trichterförmig in die Tiefe gehend befrißt. Auch Laubgehölze können gelegentlich angegangen werden.
(76) Die Stämmchen bekommen ein unangenehm grindiges, pockennarbenartiges Aussehen, kümmern und sterben schließlich ab. In gleicher Weise benagt er die Rinde der jungen Zweige in den Altholzkronen, ohne jedoch hierdurch belangvoll schädlich zu werden. Er schwärmt hauptsächlich Ende April bis Anfang Juni. Die Eier werden von Frühjahr bis Herbst vorwiegend unterirdisch in die Rinde von flachstreichenden Stockwurzeln frischgefällter Kiefern und Fichten gelegt. Etwa 14 Tage nach der Eiablage schlüpfen die Larven aus und fressen unter der Rinde mit Fraßmehl angefüllte, dem
(76) Wachstum entsprechend an Stärke zunehmende Gänge von Meterlänge. Im Juli oder August des folgenden Jahres verwandelt sich die Larve zur Puppe, aus der nach 2 bis 3 Wochen der Jungkäfer schlüpft. – Generation meist 2-, unter günstigen Temperaturverhältnissen 1jährig.
Der Larvenfraß ist forstlich unschädlich, während der Käferfraß ganze Nadelholzkulturen vernichten kann.

Großer Weißer Rüsselkäfer

Cléonus (Cleocléonus) glaúcus Fabricius

(14) Käfer: Weißlichgrau behaart mit oberseits schwarzen, unbehaarten Flecken und Fleckchen und meist 2 ebensolchen Schrägbinden auf den Flügeldecken.

Der Käfer kommt in Sandgegenden zuweilen massenhaft zusammen mit dem Großen Braunen Rüsselkäfer vor. Seine Larve lebt im Boden und wird ebenso wenig wie der Käfer an forstlichen Kulturpflanzen wirklich schädlich.

Pissódes-Rüßler

Käfer äußerlich dem Großen Braunen Rüsselkäfer ähnlich, jedoch kleiner und Fühler in der Rüsselmitte eingelenkt. Leben ausschließlich auf Nadelholz. Die Käfer sind langlebig, können 2- bis

3mal überwintern. Eiablage von April bis September, meist in der Rinde kränkelnder Bäume und vielfach häufchenweise in einer genagten Grube, von der die auskriechenden Larven unter der Rinde strahlenförmig auseinandergehende, geschlängelte, mit Fraßmehl gefüllte Gänge fressen, welche allmählich breiter werden und in eine charakteristische, in den Splint eingreifende Spanpolsterwiege endigen, in der die Verpuppung stattfindet. – Generation 1jährig. Während der Fraß der Käfer an Trieben und in der Rinde forstlich unbedeutend ist, zerstören die Larven die saftleitenden Schichten und können dadurch das Eingehen der befallenen Nadelhölzer verursachen.

Kiefernkulturrüßler

Pissódes notátus Fabricius

(14) Käfer: Rötlichbraun; Flügeldecken mit 2 hellbeschuppten Querbinden, die vordere (an der Flügelnaht unterbrochene) rostgelb, die hintere (durchgehende) außen gelb, innen weiß; auf dem Halsschild einige weißliche Punkte.

Der vorwiegend in der Ebene verbreitete Käfer schwärmt von April bis September und legt seine Eier in der Regel an junge, meist 4- bis 12jährige Kiefern, am liebsten an die unteren Quirltriebe. Kränkelnde, durch Feuer, Dürre, Schütte, Wildverbiß und dgl. beschädigte Pflanzen werden bevorzugt. 3 bis 4 Wochen nach der Eiablage
(60) schlüpfen die Larven aus und fressen unter der Rinde meist absteigende, leicht geschlängelte, immer breiter werdende und mit Bohr-
(76) mehl gefüllte Gänge, um sich im Splint in einer aus weißen Holzspänen bereiteten Wiege zu verpuppen, aus der sich der Käfer durch ein kreisrundes Fluglochausbohrt. Zu seiner Ernährung frißt er tiefe Löcher in die Kiefernrinde, benagt auch Knospen und junge Triebe. Der Larvenfraß schädigt die junge Kiefer sehr und führt meist zu ihrem Absterben. Befallene Stämmchen verraten sich leicht durch Harztropfen an der Rinde, Welken der Triebe und Rotwerden der Nadeln. Ist das Stämmchen nicht ringsum befallen, bleiben einzelne Zweige an der welkenden Pflanze grün.

Kiefernstangenrüßler

Pissódes piníphilus Herbst

(14) Käfer: Klein, rostbraun; Flügeldecken mit je 1 rostgelben Fleck dicht hinter der Mitte.

Der Käfer belegt mit seinen Eiern hauptsächlich glatte, dünnrindige Kiefernstämme, besonders 30- bis 40jährige Stangenhölzer und die

Spiegelrinde der oberen Stammpartien älterer Bäume, sowie deren Äste; kränkelnde werden bevorzugt, es werden aber auch gesunde Kiefern befallen. Die Larven fressen leicht geschlängelte, etwa
(77) 10 bis 15 cm lange, meist in der Längsrichtung des Stammes verlaufende Gänge. Verpuppung in einer eiförmigen, in das Holz genagten und mit feinen Spänen ausgekleideten Wiege.

Der Schaden, den die Larve durch ihren Fraß verursacht, kann sehr bedeutend sein. Stärkerer Befall führt insbesondere in Stangenhölzern zum raschen Absterben kränkelnder und auch gesunder Stämme.

Kiefernbestandsrüßler

Pissódes píni Linné

(14) Käfer: Rot- bis schwarzbraun; auf den Flügeldecken 2 schwache gelbliche Querbinden, die vordere oft unterbrochen oder undeutlich.

Der Käfer belegt vornehmlich ältere, geschwächte und unterdrückte Kiefern, namentlich in ungenügend durchforsteten Beständen, mit seiner Brut. Im Gegensatz zum vorigen ist er ein ausgesprochener Folgeschädling, der auch in den unteren Stammbereich geht. Die anfangs strahlenförmig, später längs verlaufenden, bis 20 cm langen Larvengänge endigen in eine meist in den Splint eingreifen-
(70) de, mit groben Spanpolstern ausgekleidete Puppenwiege. – Verursacht kaum größeren Schaden. Der Reifungs- und Ernährungsfraß der Käfer findet auch an Ästen und Trieben junger Bäume und in Kulturen statt.

Kiefernzapfenrüßler

Pissódes validiróstris Gyllenhal

(14) Käfer: Dem Kiefernkulturrüßler sehr ähnlich, die vordere helle Schuppenbinde der Flügeldecken meist nur aus 2 Flecken bestehend, die hintere breit und fast vollständig.

Eiablage in 2 bis 4 mit je 1 Ei belegten Eigrübchen an jungen, noch grünen Kiefernzapfen (nur ausnahmsweise auch an den frischen Gipfeltrieben), in denen die ausschlüpfenden Larven leben und sich
(77) verpuppen. Der Jungkäfer bohrt sich durch ein kreisrundes Flugloch aus dem hängenden oder abgefallenen Zapfen. Vom Schädling bewohnte Zapfen verkümmern, bleiben taub und hängen meist weniger fest, so daß sie bei stärkerem Wind im August/September zu Boden geworfen werden.

Harzrüßler

Pissódes harcýniae Herbst

(14) Käfer: Schwärzlich; Flügeldecken mit 2 unterbrochenen gelblichweißen Schuppenbinden.

Der in Fichtenwäldern, besonders in bergigen Gegenden verbreitete Käfer steigt nach der Überwinterung am Stamm aufwärts zum Fraß und zur Eiablage und macht in beiden Fällen tiefe Einstiche in die Rinde. Er schwärmt und legt seine Eier von Mai bis September ab, und zwar besonders in der oberen, dünn berindeten Stammhälfte von Fichten im Alter von 50 bis 100 Jahren, wobei unterdrückte und kränkelnde, durch Rauchgase, Schneebruch, Raupenfraß usw. bereits geschwächte bevorzugt werden. Die ausschlüpfenden Lar-
(77) ven fressen im Bast unregelmäßige, allmählich sich verbreiternde, bis 80 cm lange Gänge, die in eine tief in den Splint eingreifende, mit Holzspänchen ausgepolsterte Wiege endigen, in der die Verpuppung stattfindet. Die ausschlüpfenden Jungkäfer überwintern meist im Boden.

Die Larven können durch ihre Gänge, welche die Saftzufuhr stören, sehr schädlich werden. Bei stärkerer Besetzung welkt und vertrocknet die Krone, fällt schließlich die Rinde ab und geht der Baum ein. Befallene Stämme verraten sich durch die aus den Einstichen des Käfers hervorquellenden Harztröpfchen, welche nach dem Erstarren wie Kalkspritzer aussehen.

Tannenrüßler

Pissódes píceae Illiger

(14) Käfer: Braun, oberseits mit gelblichen Fleckchen, auf den Flügeldecken hinter der Mitte eine nach außen breitere gelbliche Querbinde.

Der Käfer schwärmt von April bis September. Die Eier werden in Häufchen zu etwa 20 Stück an der Weißtanne abgelegt, und zwar sowohl an unterdrückte, etwa 40- bis 80jährige Stangen wie an stärkere Althölzer, besonders in der Nähe der Astquirle oder an krebsigen oder sonstwie verletzten Stellen, an denen der Käfer auch gern zu seiner Ernährung frißt. Kränkelnde, schlechtwüchsige Stämme werden bevorzugt, Windwürfe, Scheitholz und Stöcke gern angenommen. Die ausschlüpfenden Larven fressen im Bast strahlenförmig auseinanderstrebende, oft bis 60 cm lange Gänge, die in eine mehr in der Rinde als im Splint liegende Spanpolsterwiege enden, in der die Verpuppung stattfindet.

Die zahlreichen, langen, von einer Brutstelle ausgehenden Larvengänge können schon bei verhältnismäßig schwachem Befall einen Baum zum Absterben bringen. Auf den Schädling machen oft Spechte aufmerksam. Außerdem verraten den Befall die aus den Einbohrstellen hervorquellenden Harztröpfchen.

*

Erlenwürger

Cryptorrhýnchus lápathi Linné

(14) Käfer: Plump, schwarz oder pechbraun, letztes Drittel der Flügeldecken weiß, bei jüngeren Exemplaren rosa; Rüssel in eine Furche unterseits einschlagbar.
Larve: Weißlich, mit braunem Kopf.

Der von Mai bis Oktober anzutreffende Käfer befällt junge, am liebsten 2- bis 4jährige Erlen, auch Weiden, Pappeln und Birken, und befrißt zu seiner Reifung die glatte Rinde junger Triebe, indem er mit dem Rüssel einsticht und unter dem Stichloch den Bast verzehrt. Bei Berührung läßt er sich zu Boden fallen und stellt sich beharrlich tot. Die Eier werden einzeln in die Rinde vorwiegend des unteren Stämmchenteiles abgelegt. Die nach 2 bis 3 Wochen auskriechende Larve überwintert und frißt im darauffolgenden Frühjahr zunächst unter der Rinde, dringt dann aber in das Holz vor und fertigt dort einen aufsteigenden, im Querschnitt runden, an dünnen
(76) Stämmchen zentralen, bis 10 cm langen Gang, wobei das Genagsel teilweise durch Auswurflöcher nach außen geschafft wird. Ende Juli des auf die Eiablage folgenden Jahres findet am oberen Ende des Larvenganges die Verpuppung statt. 2 bis 3 Wochen später, also etwa Mitte August, verläßt der Jungkäfer das befallene Stämmchen. – Generation 2jährig. Der Käfer überwintert meist in der Bodendecke, aber auch in Rindenritzen und sonstigen Verstecken.

Der Käferfraß ist meist geringfügig und wird wieder ausgeheilt. Hingegen kann der Larvenfraß 2- bis 8jährige Erlen und besonders Weidenheger vernichten. Bei Pflanzen, welche den Fraß überstehen,
(76) treten an den Wundstellen krebsartige Wucherungen, Verdickungen, Einschnürungen und dgl. auf, auch brechen geschädigte Stämmchen bei Wind leicht an den Fraßstellen um. Man erkennt den Befall am ausgeworfenen Genagsel, an der vertrockneten und gerissenen Rinde über den Larvengängen und an den welkenden Triebspitzen.

Großer Schwarzer Rüsselkäfer, Rotbein

Otiorrhýnchus níger Fabricius

(14) Käfer: Schwarz, glänzend, Flügeldecken punktiert gestreift und stark gewölbt; Beine rot.
Larve: Weißlich, fußlos, mit braungelbem Kopf.

Der mehr in Gebirgswaldungen als in der Ebene vorkommende Käfer wird etwa 2 Jahre alt, kann nicht fliegen, läßt sich bei geringer Erschütterung der Pflanze zu Boden fallen und ist dann kaum mehr zu finden. Vorwiegend im Mai/Juni benagt er neben anderen Nadel- und sogar Laubhölzern hauptsächlich die Rinde 3- bis 6jähriger Fichten platzweise, und zwar nachts und zunächst dicht über dem Wurzelknoten, später auch höher stammaufwärts und an den jungen Trieben, wobei auch Nadeln und Knospen nicht verschont bleiben. Das ♀ legt seine Eier während des ganzen Sommers mit Vorliebe in den frisch gelockerten, möglichst grasfreien Boden junger Kulturen und Pflanzgärten. Die bald ausschlüpfende Larve befrißt die Rinde der Wurzeln besonders 1- bis 3jähriger Fichtenpflänzchen ähnlich wie der Maikäferengerling und schabt sie oft völlig ab. Sie überwintert und verpuppt sich im darauffolgenden Sommer/Herbstanfang in einer ausgeglätteten Höhlung im Erdboden, worauf nach etwa 4 Wochen, frühestens im August/September, der Käfer fertig wird. Die Jungkäfer überwintern meist noch im Puppenlager, Altkäfer in der Bodenstreu. – Generation 2jährig.

Forstlich noch bedeutungsvoller als der Käferfraß ist der in Nadelholzkulturen schädliche Fraß der Larve. Von ihr befallene junge Pflanzen gehen schon nach kurzer Zeit, ältere im 2. oder 3. Sommer ein.

Dem vorigen äußerlich und in der Lebensweise ähnlich ist der nur
(14) etwa halb so große, in der Ebene vorkommende **Kleine Schwarze Rüsselkäfer,** *Otiorrhýnchus ovátus* Linné. – Generation 1jährig.

Grünrüßler

Phyllóbius arborátor Herbst (= *Ph. psittacínus* Germar)

(14) Käfer: Langgestreckt, metallisch grün beschuppt.
Larve: Weiß, bauchwärts gekrümmt, beinlos.

Der flugfähige Käfer befrißt im Mai/Juni die Blätter der verschiedensten Laubhölzer, wobei nur die stärkeren Rippen verschont bleiben. Kommt gelegentlich auch an den jungen Maitrieben der Fichte vor. Eiablage in die Erde. Die Larven leben von den Wurzeln der verschiedensten Pflanzen, indem sie dieselben platzweise oder vollständig der Rinde berauben, wobei sie aber selbst feine Wurzeln nicht durchbeißen (Gegensatz zum Fraß des Maikäferengerlings!). Folgen des Käferfraßes meist unbedeutend. Die Larven können in Pflanzgärten schädlich werden.

Dem vorigen äußerlich und in der Lebensweise ähnlich und gleich-
(14) falls flugfähig sind der metallisch grüne **Große Grüne Fichtenrüßler,** *Polýdrosus móllis* Stroem, und der grünlich oder gelbbraun beschuppte **Kleine Grüne Fichtenrüßler,** *Polýdrosus atomárius* Oli-
(14) vier. Beide befressen junge Triebe in Fichtenkulturen und Stangenhölzern oft ringsum, so daß diese umknicken, sich bräunen und absterben.

Grauer Kiefernnadelrüßler

Brachýderes incánus Linné

(14) Käfer: Langoval, grau und kupferbraun beschuppt, dazwischen fein goldglänzend behaart; Flügeldecken fein punktiert längsgestreift; ohne Unterflügel.

Der in Kiefernwäldern häufige Käfer ist flugunfähig und läßt sich bei drohender Gefahr zu Boden fallen, um jedoch bald wieder emporzuklettern. Bei Tag hält er sich gern an den Triebspitzen unterhalb der Knospen versteckt, während er nachts von Mai bis September die Nadeln vorwiegend 6- bis 12jähriger Kiefern an der Spitze
(77) beginnend und von der Kante her so befrißt, daß sie einer schartigen Säge gleichen. Infolge der austretenden und erhärtenden Harztröpfchen sehen die Nadeln oft wie mit Kalk besprützt aus. Das ♀ legt seine Eier in den Boden, wo die auskriechenden Larven an Wurzeln vor allem mehrjähriger Kiefern fressen und sich verpuppen. Die Jungkäfer schlüpfen nach etwa dreiwöchiger Puppenruhe in der zweiten Julihälfte aus. – Generation 1jährig. Der Käfer überwintert im Boden.

Bis 2jährige Pflänzchen gehen am Larvenfraß meist ein, ältere halten das Entrinden einzelner Wurzelteile aus. Der Käferfraß fügt den Kiefern, welche die stark befressenen Nadeln abstoßen, erheblichen Schaden zu. Die Knospen bleiben unversehrt.

Gestreifter Graurüßler

Philopédon plagiátus Schaller

(14) Käfer: Dicht grau bis braun beschuppt; Flügeldecken fast kugelig, heller und dunkler längsgestreift.

Der sehr scheue, flugunfähige Käfer bevorzugt sandige Standorte und ist untertags meist im lockeren Sandboden versteckt. Hauptsächlich nachts und während kühler Tagesstunden befrißt er im Mai/Juni Knospen, Nadeln und Rinde an jungen, besonders 1- und 2jährigen Kiefern und anderen Holzarten. Die Larve lebt im Boden und befrißt Wurzeln. – Der Larvenfraß ist forstlich unbedeutend; der Käferfraß kann Kiefernpflänzchen zum Kümmern und Absterben bringen.

Kahlnahtiger Graurüßler, Schmerbauchrüßler

Strophosómus melanográmmus Förster (= *S. córyli* Fabricius)

(14) Käfer: Eiförmig, braungrün beschuppt; Flügeldeckennaht des ♀ in der vorderen Hälfte kahl und schwarz.

Der Käfer benagt Knospen, junge Rinde, Nadeln und Blätter von Nadel- und Laubholzpflanzen, vorzugsweise von 2- bis 3jährigen Fichten. Kann nicht fliegen und läßt sich bei der geringsten Erschütterung zu Boden fallen. Eiablage im Boden. Die ausschlüpfenden Larven leben von Gras- und Krautwurzeln und verpuppen sich Ende Juli, Anfang August. Im August/September kommen die Jungkäfer aus. Der Käfer überwintert in der Bodendecke. – Der Larvenfraß ist forstlich unbedeutend, während der Käferfraß in Fichtenkulturen, aber auch an jungen Laubhölzern, besonders an Buchenaufschlag, empfindlichen Schaden anrichten kann.

Dem vorigen äußerlich und in der Lebensweise sehr ähnlich, jedoch das ♀ ohne schwarze Flügeldeckennaht, ist der gleichfalls flugunfä-
(14) hige **Dichtschuppige Graurüßler**, *Strophosómus capitátus* de Geer (= *S. obésus* Marsham), der als Käfer Laub, Knospen und Rinde vorzugsweise 1jähriger Kiefern benagt, doch werden auch Buchen- und Eichenpflanzungen nicht verschont.

Triebrüßler

Mágdalis violácea Linné

(14) Käfer: Klein, Flügeldecken blau, punktiert gestreift, nach hinten etwas verbreitert.

Der Käfer schwärmt im Frühjahr und Vorsommer und befrißt zu seiner Ernährung Birkenblätter. Das ♀ legt seine goldgelben Eier zu mehreren in ausgenagte Rindenlöcher vorwiegend 3- bis 15jähriger Nadelhölzer, vor allem kränkelnder Fichten. Die ausschlüpfenden Larven fressen gemeinsam dicht nebeneinander stammauf- oder abwärts parallel verlaufende tiefe Furchen in den Splint und verpuppen sich an deren Ende im darauffolgenden Frühjahr in noch tiefer liegenden Puppenwiegen. Nach kurzer Puppenruhe verläßt der Jungkäfer durch ein kreisrundes Flugloch die Pflanze. – Generation 1jährig. – Forstliche Bedeutung im allgemeinen nicht sehr groß.

Buchenspringrüßler

Rhynchaénus fági Linné

Käfer: Sehr klein, pechbraun bis schwarz, Hinterschenkel verdickt.

Der im April/Mai oft massenhaft auftretende Käfer durchlöchert die jungen Buchenblätter und benagt die Fruchtknoten der ♀ Blüten. Er ist sehr beweglich, springt flohartig, fliegt aber auch lebhaft bei Sonnenschein und kann bei Beunruhigung zirpende Laute von sich geben. Das ♀ legt seine Eier einzeln an der Unterseite der jungen Buchenblätter in die Mittelrippe. Die ausschlüpfende Larve frißt von da aus zunächst einen Minengang, der in eine große Platzmine in der Spitzenhälfte des Buchenblattes endigt. Nach 2- bis 3wöchigem Fraß in der Mine erfolgt in dieser in einem linsenförmigen Gespinstkokon die Verpuppung. Nach weiteren 10 Tagen, etwa ab Mitte Juni, erscheint der Jungkäfer, der bis zum Herbst die Blätter, Blattstiele und Fruchtansätze der Buchen befrißt und dann unter Rinde oder in der Bodendecke überwintert. – Generation 1jährig. Larve und Käfer verursachen durch ihren Fraß Zuwachsverlust bzw. Einschränkung der Buchelmast, doch ist der Schaden meist nicht sehr bedeutend. Der vom Minenfraß der Larve ausgehöhlte Blatteil wird braun und erinnert an Spätfrostschaden, von dem er aber leicht durch den an der Mittelrippe beginnenden Larvenminengang zu unterscheiden ist.

Dem vorigen äußerlich und in der Lebensweise ähnlich, jedoch rötlichgelbbraun ist der **Eichenspringrüßler**, *Rhynchaénus quércus* Linné, welcher an Eichen lebt. Das Eichenblatt wird vom Käfer unterseits meist fleckenweise skelettiert, knickt an der Stelle der Eiablage im Blattmittelnerv gewöhnlich nach unten um, und wird von der Larve in der Spitzenhälfte in Form einer Platzmine, die sich später hellbraun färbt, befressen.

Eschenrüßler

Stereonýchus fráxini de Geer

(14) Käfer: Sehr klein, braungrau beschuppt, in der Mitte beider Flügeldecken gemeinschaftlich schwarz gefleckt.
Larve: Anfangs weiß, später grünlichgelb; schwarzköpfig, beinlos, mit einem klebrigen Schleim überzogen.

Der Käfer frißt Löcher in die Blätter der Esche und verschont selbst deren Knospen nicht. Die Eier werden im Frühjahr an der Blattunterseite abgelegt, wo die ausschlüpfenden Larven das Blattfleisch platzweise unter Verschonung der Rippen und der gegenüberliegenden Oberhaut ausfressen. Nach 10 bis 12 Tagen verpuppt sich die Larve in einer tönnchenförmigen Hülle, aus welcher nach weiteren 6 bis 8 Tagen der Jungkäfer schlüpft. – Generation 1jährig. – Käfer und Larve beeinträchtigen durch ihren Fraß den Zuwachs.

Kiefernscheidenrüßler

Bráchonyx pinéti Paykull

(14) Käfer: Sehr klein, schmal, rötlichgelbbraun.
Larve: Zitronengelb, schwarzköpfig.

Käfer und Larve leben auf Kiefern. Der Käfer befrißt die Maitriebe, das ♀ legt seine Eier einzeln in je ein junges Nadelpaar, das von der ausschlüpfenden Larve miniert wird und an dessen unterem Ende sich diese verpuppt. Im August schlüpft der Jungkäfer durch ein nach der Außenseite gefressenes rundes Flugloch aus. – Generation 1jährig. Der Käfer überwintert im Boden.
Die befallenen Nadelpaare bleiben häufig kürzer, schwellen in der Mitte an, werden rot und fallen schließlich ab. Schaden im allgemeinen nur geringfügig.

Nußbohrer

Curcúlio (Balanínus) núcum Linné

und

Eichelbohrer

Curcúlio (Balanínus) glándium Marsham

(14) Käfer: Grau oder braun scheckig beschuppt. Rüssel, namentlich bei den ♀♀, auffallend lang und fadendünn, stark gebogen.
Larven: Weiß, braunköpfig.

Die vom Mai an auf dem Laub von Haselsträuchern oder Eichen anzutreffenden Käfer sind sehr scheu und lassen sich bei der leisesten

Berührung fallen. Sie nähren sich von Knospen und Blättern verschiedenster Laubhölzer (Lochfraß), gelegentlich auch von fleischigen Früchten. Die ♀♀ bohren im Mai/Juni zur Eiablage die halb-
(76) wüchsigen, noch grünen Haselnüsse oder Eicheln an, die sodann von der ausschlüpfenden Larve größtenteils ausgefressen werden. Nach meist vorzeitigem Abfall der besetzten Früchte frißt sich die im Herbst erwachsene Larve durch ein kreisrundes Loch aus der nunmehr harten Samenschale, überwintert in der Erde und verpuppt sich dort im nächsten Frühjahr, worauf im Mai/Juni der Jungkäfer schlüpft. – Generation 1jährig. – Der Larvenfraß beeinträchtigt die Samenernte von Hasel und Eiche.

Die Borkenkäfer

Scolytídae (Ipídae)

Käfer meist sehr klein, walzenförmig, braun bis schwarz, äußerlich den Nagekäfern ähnlich; Kopf vom Halsschild mehr oder weniger bedeckt, die geknieten Fühler am Ende keulenförmig verdickt; die Flügeldecken bedecken den Hinterleib vollständig und sind am Absturz häufig ausgehöhlt und mit charakteristischen „Zähnen" besetzt. – Larven mit hornigem Kopf, augen- und beinlos, weißlich, bauchwärts gekrümmt, den Rüsselkäferlarven ähnlich. Puppen kurz und gedrungen.

Die Borkenkäfer sind vorherrschend im Nadelwald zuhause und meist an bestimmte Holzarten als Hauptfraßpflanze gebunden, z. B. der Buchdrucker an Fichte, die Waldgärtner an Kiefer. Ihr Dasein spielt sich im wesentlichen in der Verborgenheit des Bauminnern ab. Sie können gut fliegen. Manche Arten neigen zur Massenvermehrung.

Die Käfer schwärmen teilweise schon im März/April (Frühschwärmer), teilweise erst im Mai und, besonders im Gebirge, noch später. Sie bohren sich für ihre Brutzwecke in die Rinde ein, wobei sie in der Regel kränkelnde oder durch Windbruch, Schnee, Feuer, Raupenfraß beschädigte oder auch gefällte Bäume vorziehen; völlig ausgetrocknetes Holz meiden sie.

Die ♀♀ nagen allein oder zu mehreren gleichbreite Brutröhren, sog. „Muttergänge" unter der Rinde (Rindenbrüter) oder im Holz (Holzbrüter) und legen in diesen, meist einzeln, ihre Eier ab.

Von hier aus fressen die ausschlüpfenden Larven der Rindenbrüter, in den meisten Fällen jede für sich, in den saftführenden

Schichten des Baumes zwischen Rinde und Holz etwas geschlängelte, allmählich breiter werdende und mit Bohrmehl sich füllende „Larvengänge" aus, an deren Ende sie sich in länglichen Wiegen verpuppen, von denen aus die Jungkäfer sich meist auf kürzestem Weg durch ein kreisrundes Flugloch ins Freie bohren.

Je nach Zahl und Anordnung der Muttergänge entstehen auf der Rindeninnenseite charakteristische Fraßbilder, wobei meist jedes ♀ für sich einen gesonderten Muttergang fertigt und mehrarmige Gänge oft ihren Ausgang von einer gemeinsamen sichtbaren oder in der Rinde versteckten Erweiterung, genannt Rammelkammer, nehmen. So fertigen z. B., bezogen auf die Faserrichtung,

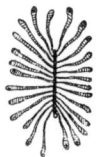

der Große Waldgärtner (unter dickborkiger Kiefernrinde) einen einarmigen Längsgang (= Lotgang),

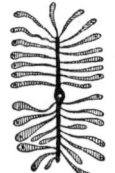

der Buchdrucker (unter dickborkiger Fichtenrinde) einen zwei-, auch dreiarmigen Längsgang,

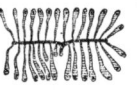

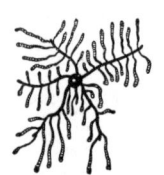

der Kupferstecher (unter dünner Fichtenrinde) einen Sterngang,

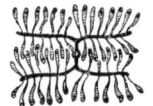

der Eichensplintkäfer (unter Eichenrinde) einen einarmigen Quergang (= Waagegang),

der Kleine Waldgärtner (unter dünner Kiefernrinde) einen zweiarmigen Quergang.

der Krummzähnige Tannenborkenkäfer (unter Tannenrinde) einen doppelten zweiarmigen Quergang,

der Riesenbastkäfer (unter Fichtenrinde) einen Platzgang.

Die Larven der Holzbrüter nähren sich von angesiedelten (Ambrosia-)Pilzen, welche als dichter, später sich schwärzender Rasen die Gänge auskleiden. Sie nagen meist keine bzw. nur kurze, den Sprossen einer einbaumigen Leiter vergleichbare Larvengänge, entwickeln sich in diesen bzw. in den Muttergängen, wobei es nicht zur Bildung von Puppenwiegen kommt, und die Jungkäfer gelangen durch den vom Mutterkäfer genagten Eingang ins Freie. An Fraßbildern fertigen z. B.

der Nadelnutz-	der Eichenholz-	der Ungleiche
holzbohrer einen	bohrer horizontal	Holzbohrer drei-
Leitergang,	verzweigte	dimensionale
	Gabelgänge,	Gabelgänge.

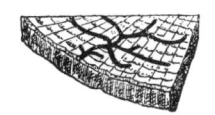

Die Borkenkäfer können als Larven, Puppen oder Käfer überwintern. – Generation einfach oder doppelt, bis zur beginnenden dreifachen, je nach Art, Klimalage und Witterungsverlauf.

Unter den Borkenkäfern befinden sich forstlich sehr schädliche Arten. Rindenbrüter können, ohne die Verwendbarkeit des Holzes wesentlich zu beeinträchtigen, die saftführenden Schichten bis zum Absterben der angegriffenen Bäume oder Baumteile zerstören (physiologische Schädlinge). Holzbrüter machen das von ihnen besetzte Holz für viele Zwecke unbrauchbar (technische Schädlinge).

Zur Erkennung des Angriffs auf ausfallendes Bohrmehl achten, welches sich in Rindenritzen, an Spinnweben, Flechten, oder am Boden sammelt! Die Borkenkäferart ist vielfach leicht nach dem Fraßbild und der befallenen Holzart zu bestimmen. – Kränkelnde Stämme, besonders der Nadelhölzer, entfernen, liegendes Holz entrinden oder abfahren! Insbesondere in Fichten- und Tannenbeständen von März bis September, in Kiefernrevieren und März bis Mai Fangbäume werfen und entrinden, wenn die Larven ausgewachsen sind!

Im folgenden werden die Borkenkäfer eingeteilt in Splintkäfer, Bastkäfer, gezähnte Borkenkäfer und holzbrütende Borkenkäfer.

Splintkäfer

(stark vergrößert)

Flügeldecken ziemlich flach verlaufend, am Hinterende nicht herabgewölbt; Hinterleib von der Seite gesehen schräg nach hinten und oben abgestutzt. – Leben ausschließlich auf Laubholz, in Einehe, und schwärmen spät; die einarmigen Längs- oder Quergänge der Mutterkäfer greifen meist tief in den Splint ein, daher Name. – Wirtschaftliche Bedeutung im allgemeinen nicht sehr groß.

Birkensplintkäfer

Scólytus (Eccoptogáster) ratzebúrgi Janson

(25) Käfer: Schwarz, glänzend.

Der im Juni schwärmende Käfer befällt hauptsächlich ältere, schon kränkelnde Birkenstämme. Er nagt unter der Rinde einen bis 10 cm
(78) langen, in den Splint eingreifenden einarmigen Längsgang mit hakenförmiger Krümmung am Anfang und vielen großen, ziemlich regelmäßig angelegten Luftlöchern, die den Verlauf des Mutterganges an der Rindenoberfläche verraten. Die dicht nebeneinander abzweigenden Larvengänge sind ziemlich regelmäßig strahlenförmig um den Längsgang gruppiert, können 15 bis 25 cm Länge erreichen und endigen in Puppenwiegen, aus denen sich die Jungkäfer durch große Fluglöcher nach außen bohren. – Generation einfach.

Kränkelnde Birken werden durch wiederholten Käfer- und Larvenfraß abgetötet.

Großer Ulmensplintkäfer

Scólytus (Eccoptogáster) scólytus Fabricius

(24) Käfer: Schwarz oder pechbraun, Flügeldecken braun.

Der im Mai/Juni und in einer 2. Generation im August abermals schwärmende Käfer befällt hauptsächlich kränkelnde, freistehende Ulmen. Er nagt an Stamm und Ästen unter der Rinde einen einarmigen, senkrecht nach oben führenden, 2 bis 3 cm langen, starken
(79) Muttergang. Die rechtwinkelig davon abzweigenden, dicht beieinanderliegenden Larvengänge sind bis 10 oder 15 cm lang, zierlich geschlängelt und endigen in Puppenwiegen. Die Jungkäfer bohren sich durch Fluglöcher ins Freie. – Generation doppelt.

Stark befallene Stämme werden wipfeldürr und sterben schließlich ab. Besonders schadet der Käfer durch Übertragung des Pilzes *Ceratocýstis ulmi* Schw., der das sog. Ulmensterben verursacht. Durch den Reifungsfraß der noch nicht geschlechtsreifen Jungkäfer in den Baumkronen (in Zweigachseln und an Blattstielbasen) werden auch gesunde Bäume mit dem Pilz angesteckt.

(24) Ähnlich wie der vorige lebt und schadet der **Kleine Ulmensplintkäfer,** *Scólytus (Eccoptogáster) multistriátus* Marsham, der einen kurzen zierlichen Längsgang mit meist sehr dicht stehenden Larvengängen fertigt.

Eichensplintkäfer

Scólytus (Eccoptogáster) intricátus Ratzeburg

(24) Käfer: Schwarz, Flügeldecken pechbraun.

Der Käfer schwärmt im Mai/Juni und gegebenenfalls in einer 2. Generation im September und befällt hauptsächlich Eichen, und zwar besonders schwächere Stämmchen und die Äste kränkelnder, älterer Bäume, wo er einen den Splint tief furchenden kurzen, einarmi-
(79) gen Quergang fertigt. Die davon nach oben und unten ausgehenden, gleichfalls tief in den Splint eingreifenden Larvengänge sind auffallend lang und dicht. – Befallene Äste und Jungheister sterben ab.

Bastkäfer

Kopf von oben sichtbar; Flügeldecken am Hinterende herabgewölbt, ohne Zähne. – Teils Laub-, meist Nadelholzbewohner.

(stark vergrößert)

Kleiner Bunter Eschenbastkäfer

Hylésinus fráxini Panzer

(24) Käfer: Flügeldecken buntscheckig beschuppt.

Der Käfer schwärmt April, Anfang Mai und befällt vorwiegend Eschen jeden Alters, stehende und gefällte, meist glattrindige Stangen und Äste und höhere Schaftteile älterer Stämme. Fertigt unter der Rinde einen meist sehr regelmäßigen, oft langen, den Splint fur-
(78) chenden zweiarmigen Quergang. Hiervon zweigen ziemlich rechtwinkelig nach oben und unten dicht gedrängt, gleichfalls den Splint erfassend, kurze Larvengänge ab mit tief in den Splint eingreifenden Puppenwiegen am Ende. Außerdem fressen sowohl die Jungkäfer (Reifungsfraß), als auch die Altkäfer (Regenerationsfraß) zu ihrer Ernährung in die grüne Rinde von Ästen und Zweigen unregelmäßige kurze Miniergänge, wodurch bei wiederholtem Befall derselben Fraßorte grindige Stellen entstehen. – Generation einfach.
Der Käfer überwintert in einem Gang in Eschenzweigen.
Bei Massenbefall sterben die Stämme, in jedem Fall die höherliegenden Kronen- und Stammteile ab.

Großer Schwarzer Eschenbastkäfer

Hylésinus crenátus Fabricius

(24) Käfer: Größer als der vorige, einfarbig schwarz.

Schwärmt Ende April, Mai. Fertigt vorwiegend unter der borkigen Rinde stärkerer Eschenstämme einen kurzen, den Splint furchen-
(78) den, auffallend breiten, unregelmäßigen 2armigen Quer- oder Schräggang mit oft sehr ungleich langen Armen. Larvengänge sehr lang (bis 30 cm), oft verworren ineinanderfließend, gleichfalls den Splint furchend. Die Puppenwiegen liegen hauptsächlich in der Rinde, den Splint nur berührend.

Großer Waldgärtner

Blastóphagus pinipérda Linné

(25) Käfer: Glänzend schwarzbraun; Jungkäfer heller gefärbt.

(80)

Der Käfer schwärmt Ende März, April und fliegt vorzugsweise frischgefällte unentrindete, aber auch stehende kränkelnde und beschädigte stärkere Kiefern an. Das ♀ nagt unter meist dickborkiger Rinde einen ziemlich geraden, mit wenigen Luftlöchern versehenen einarmigen Längsgang, welcher an liegend beflogenen Stämmen mit einem krückstockähnlichen Haken beginnt. Das Einbohrloch ist häufig von einem kleinen Harztrichter umgeben. Die nahezu rechtwinkelig vom Muttergang abzweigenden, oft sehr gedrängten und verworren erscheinenden Larvengänge verlaufen an der Rindeninnenseite und endigen in tief in der Borke versteckten Puppenwiegen, aus denen sich meist im Juli die Jungkäfer durch die Borke herausnagen und anschließend ihren Reifungsfraß in einjährigen Trieben der Kiefernkronen beginnen. Bis weit in den Herbst höhlen sie an Bäumen aller Altersstufen die jungen Triebe aus, welche nach Herbststürmen oft massenhaft als „Absprünge" am Boden liegen. Durch das Abfallen der Triebe erlangen die Kiefernkronen ein Aussehen, als wären sie mit der Gartenschere ungeschickt ausgeschnitten, daher der Name „Waldgärtner". Hinzu kommt, daß die Altkäfer von Zeit zu Zeit die Eiablage zu ihrer Ernährung unterbrechen, um in 2jährigen Kieferntrieben zu fressen (Regenerationsfraß), und sich dann erneut in die Rinde von Kiefernstämmen einbohren und dort sog. Geschwisterbruten anlegen. Dieser Regenerationsfraß setzt schon vor dem Reifungsfraß der Jungkäfer ein. – Generation einfach. Die Käfer überwintern in aller Regel in kurzen Gängen besonders am Stammfuß auch gesunder Stämme oder in den ausgehöhlten Kronentrieben.

Der Große Waldgärtner, welchem der Ameisenbuntkäfer eifrig nachstellt, verursacht im wesentlichen Zuwachsverlust, Schmälerung der Samenernte und Kronenauslichtung, wobei die durch den Triebfraß bedingten Schäden meist die schwerwiegenderen sind. Auch überträgt er Bläuepilze, die im Wald lagerndes, unentrindetes Stammholz im Wert mindern. Gefälltes Kiefernholz vor Ende März abfahren oder vor Ende Mai schälen!

Kleiner Waldgärtner

Blastóphagus minor Hartig

(24) Käfer: Dem vorigen in Größe und Form ähnlich, jedoch Flügeldecken rotbraun glänzend.

Der Käfer schwärmt etwas später als der vorige und nagt unter dünner Spiegelrinde vorzugsweise stehender Kiefern am Stamm und an
(80) den Ästen meist zweiarmige, tief in den Splint greifende Quergänge mit kurzem Eingangsstiel, was bei dichtem Befall leicht zu einer völligen Unterbrechung der Saftleitung führen kann. Die vom Muttergang nach oben und unten abzweigenden, verhältnismäßig weitgestellten, auffallend kurzen Larvengänge endigen in tief in den Splint eingesenkten Puppenwiegen, aus denen im Juli die Jungkäfer zum Vorschein kommen. Käferfraß in den Kiefernkronen findet in ganz ähnlicher Weise wie beim vorigen statt. – Generation in der Regel 1jährig. Geschwisterbruten werden angelegt. Die Käfer überwintern in der Bodenstreu.

Die Brutgänge haben bei stärkerem Befall das Eingehen oder wenigstens Wipfeldürre der befallenen Kiefern zur Folge. Im übrigen schadet der Kleine Waldgärtner ähnlich wie der Große.

Schwarzer Kiefernbastkäfer

Hylástes áter Paykull

und

Schwarzer Fichtenbastkäfer

Hylástes cuniculárius Erichson

(24) Käfer: Schwarz.

Die Käfer schwärmen im April. Zur Eiablage nagt das ♀ vorwiegend unter der Rinde von flachstreichenden Stockwurzeln oder Stöcken der Kiefer bzw. Fichte einen Längsgang. Die davon quer abzweigenden kurzen Larvengänge kreuzen und verwirren sich später oft so, daß ein an Familiengänge erinnerndes Fraßbild entsteht. Zu ihrer Ernährung (Reifungs- bzw. Regenerationsfraß) fressen die Käfer mit Vorliebe in der zarten Rinde über und unter dem Wurzelhals 3- bis 10jähriger Kiefern- bzw. Fichtenpflanzen, besonders auf Kulturflächen, ähnlich wie der Große Braune Rüsselkäfer, jedoch
(78) unregelmäßige, kurze, rinnenförmige Gänge mit unterhöhlten Fraßrändern (also umgekehrt trichterförmig). An den Fraßstellen tritt Harz aus. Der Brutfraß der Käfer und der Larvenfraß in abgestorbenen Nadelholzwurzeln ist forstlich belanglos. Dagegen kann der Schaden, den der Ernährungsfraß der Käfer verursacht, indem er junge Kiefern- bzw. Fichtenpflanzen leicht zum Eingehen bringt, beachtliches Ausmaß erlangen.

Riesenbastkäfer

Dendróctonus mícans Kugelann

(25) Käfer: Schwarz, braungelb behaart. Größter europäischer Borkenkäfer.

Der Käfer befällt, ohne bestimmte Schwärmzeit, von Mai bis September vorzugsweise beschädigte, aber auch völlig gesunde 40- bis 80jährige, auch ältere Fichten. Das ♀ nagt gewöhnlich an zutagetretenden Wurzeln, am Wurzelanlauf oder am Stamm unter der Rinde einen bogigen bis längsgerichteten Gang und legt in diesem seine Eier haufenweise ab. Von hier aus fressen die auskriechenden Larven gemeinsam fortschreitend, dicht aneinanderbleibend, die benachbarten Rindenschichten allmählich auf größeren Plätzen aus (Familienplatzgang). Verpuppung am Fraßort in charakteristisch zusammengepreßten Bohrmehlplatten. Die Jungkäfer fressen zu ihrer Ernährung netzartig miteinander verbundene Gänge in das umgeben-
(78) de Rindengewebe. Aus dem Einbohrloch tritt reichlich Harz aus, es

entsteht ein großer, mit Bohrmehl vermischter Harztrichter, der den Angriff verrät.
Jüngere Stämme werden zum Absterben gebracht, ältere halten den Befall längere Zeit aus.

Doppeläugiger Fichtenbastkäfer

Polýgraphus polígraphus Linné

(24) Käfer: Gelbbraun beschuppt, Augen geteilt.

Der in Fichtenwäldern sehr häufige Käfer schwärmt im April/Mai und gewöhnlich nochmals im Juli/August. Er befällt vorzugsweise 20- bis 40jährige Fichten, besonders schon geschwächte, sowie den Wipfelbereich älterer, über 80jähriger Bäume, auch unentrindet im Wald lagerndes Stangenholz und fertigt am Schaft sowie an Ästen und Zweigen unter der Rinde einen 3- bis 8armigen, unregelmäßig verlaufenden, von einer in der Rinde liegenden Rammelkammer ausgehenden Sterngàng. Sowohl die Muttergänge wie auch die davon abzweigenden, überwiegend längsgerichteten Larvengänge liegen gewöhnlich in verschiedenen Rindenschichten, so daß sich auf
(78) der Bastseite dickerer Rindenstücke meist ein dichtes Gewirr von Gangteilen zeigt, das sich durch den von den Puppenwiegen ausgehenden Reifungsfraß der Jungkäfer, sowie den plätzeartigen Regenerationsfraß der Altkäfer noch verstärkt. – Generation meist doppelt.

Gezähnte Borkenkäfer

Walzenförmig; Kopf unter dem großen Halsschild versteckt, von oben meist nicht sichtbar; die Flügeldecken haben hinten häufig eine Aushöhlung, den sog. Absturz, dessen Seitenränder gewöhnlich charakteristische „Zähne" tragen. – Manche nadelholzbewohnende Arten neigen zur Massenvermehrung.

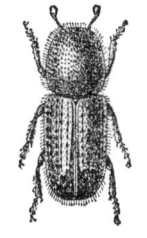

(stark vergößert)   (stark vergrößert)

Buchdrucker

Ips typógraphus Linné

(25) Käfer: Walzenförmig, von gedrungenem Bau, rotbraun bis schwarzbraun, am Absturz beiderseits 4, zusammen also 8 Zähne. Frischgeschlüpft hellbraun.
(60) Larve: Gekrümmt, weiß, mit gelbbraunem Kopf.
(71) Puppe: Weiß.

Der stark von Witterungseinflüssen abhängige, zur Massenvermehrung neigende Käfer liebt warme, trockene Lagen, kleine Blößen und Bestandsränder. Er schwärmt Mitte April/Mai und in der Regel nochmals im Juli und befällt fast ausschließlich Fichten, am liebsten 80- bis 100jährige, besonders frisch gefällte oder vom Wind geworfene oder kränkelnde stehende Stämme, greift aber bei Massenvermehrung auch gesunde sowie jüngere Bäume an. Er bohrt sich gewöhnlich nur in dickborkige Stammteile ein und fertigt von einer in der Rinde verborgenen großen Rammelkammer aus im Bast meist 1- bis 3-, seltener mehrarmige, mit einzelnen Luftlöchern versehe-
(80) ne, bis 15 cm messende, längsgerichtete Muttergänge, in welchen die Eier abgelegt werden. Die nach 10 bis 14 Tagen ausschlüpfenden Larven fressen, jede für sich, einen rechtwinkelig vom Muttergang abzweigenden, leicht geschlängelten, sich rasch verbreiternden, verhältnismäßig kurzen, mit Bohrmehl verstopften Gang, um sich in einer breiten, muschelförmigen Wiege zu verpuppen. Von dort aus beginnt der Jungkäfer seinen meist platzartigen Reifungsfraß und bohrt sich durch ein kreisrundes Flugloch nach außen. – Generation unter halbwegs günstigen Bedingungen doppelt, zuweilen sogar 3fach. Außerdem kommt es häufig zu Geschwisterbruten nach Regenerationsfraß der Altkäfer. Je nach Witterung können sich Reifungs- und Regenerationsfraß erheblich verlängern, so daß das ursprünglich sehr kennzeichnende Brutbild allmählich zerstört wird. Beim sog. „Schlechtwetterfraß" nagen die Käfer außerhalb des Brutbildes verzweigte Gänge am untersten Stammbereich anderer Bäume oder in Stöcken. Die Käfer überwintern in der Bodenstreu in der Nähe befallener Bäume.
Größter Feind der Fichte nach Windbruch, Nonnenfraß und dgl.! Starker Befall wirkt durch Zerstörung des Bastes tödlich („Wurmtrocknis"). Den Angriff verrät innerhalb der ersten Wochen das aus den Bohrlöchern rieselnde, an der Stammrinde hängenbleibende braune Bohrmehl. Unter günstigen Bedingungen kann sich der Befall von anfänglich kleinräumigen Käferherden aus in kurzer Zeit auf ganze Waldgebiete ausdehnen und zu deren vollkommener Vernichtung führen. Alle kränkelnden Stämme rechtzeitig entfernen, alles über den April hinaus im Wald liegende Fichtenstammholz ent-

rinden! Von April bis Ende August Fangbäume werfen und regelmäßig den Entwicklungsstand der Larven untersuchen!

Kupferstecher

Pityógenes chalcógraphus Linné

(25) Käfer: Sehr klein, glänzend rotbraun, am Absturz 6 Zähne.

Der Käfer, ein regelmäßiger Begleiter des Buchdruckers und wie dieser hauptsächlich Fichten bewohnend, schwärmt April/Mai und abermals Juli/August. Er befällt mit Vorliebe die oberen Stammpartien und Äste kränkelnder oder frisch eingeschlagener Bäume, sowie schwächere Stangen und auch ganz junge Bäume, und fertigt
(78) unter der dünnen Rinde einen Sterngang mit 3 bis 6 Brutarmen, welche von einer in der Rinde versteckten, auf deren Innenseite in der Regel nicht sichtbaren Rammelkammer ausstrahlen und oft sichelförmig gekrümmt sind. Die Larven fressen verhältnismäßig kurze, nahe beieinanderstehende Gänge, an deren Ende sie sich in Wiegen in der Rinde verpuppen. – Generation doppelt, auch werden Geschwisterbruten angelegt.

Der Käfer wird durch sein Auftreten in Gemeinschaft mit dem Buchdrucker sehr schädlich. Befällt Fichtendickungen oft hartnäckig.

Großer Kiefernborkenkäfer

Ips sexdentátus Boerner

(26) Käfer: Verhältnismäßig groß, glänzend tiefbraun, am Absturz 12 Zähne.

Schwärmt im April/Mai und gewöhnlich nochmals im Juli/August. Nimmt hauptsächlich ältere Kiefern an, und zwar in der Regel liegende, frischgefällte Hölzer, Windbrüche, seltener stehende Stämme. Fertigt unter meist dickborkiger Rinde 2 oder häufiger 3 bis 5 sehr starke, auffallend lange, vielfach mit einigen Luftlöchern versehene, längsgerichtete Brutgänge, welche von einer gemeinsamen Rammelkammer ausgehen. Die ausschlüpfenden Larven fressen rechtwinkelig vom Muttergang abzweigende, sich rasch verbreiternde, meist ziemlich kurze Gänge, an deren Ende sie sich in schüsselförmig in den Splint eingetieften Wiegen verpuppen. Das Brutbild wird durch ausgedehnten Reifungs- und Regenerationsfraß der Käfer weitgehend unkenntlich. – Generation meist doppelt. – Forstliche Bedeutung nicht sehr groß, da der Käfer meist nur gefällte oder absterbende Stämme angeht.

Zweizähniger Kiefernborkenkäfer

Pityógenes bidentátus Herbst

(26) Käfer: Pechbraun, am Absturz beim ♂ 2 hakenförmige Zähne.

Der häufige Käfer schwärmt im Mai/Juni und nochmals im Juli/August und befällt Stamm und Äste vorzugsweise kränkelnder, aber auch gesunder Kiefern aller Altersklassen, von den Kronen der Althölzer bis zu 5jährigen Kulturen. Er fertigt unter der dünnen Spie-
(78) gelrinde einen samt der gemeinsamen Rammelkammer tief in den Splint eingegrabenen Sterngang mit 3 bis 7 Brutarmen, welche durch die großen, weitständigen Einischen ein knorriges Aussehen erhalten. Larvengänge meist geschlängelt, zuletzt sich verwirrend. – Generation doppelt.

Trägt bei zur Kronenlichtung alter Kiefern und stärkt so deren Befallsbereitschaft für andere Borkenkäfer; bringt junge Kiefern, auch Fichten, zum Eingehen.

Krummzähniger Tannenborkenkäfer

Pityókteines cúrvidens Germar

(26) Käfer: Pechbraun; am Absturz 6 Zähne, von denen beim ♂ die beiden obersten nach oben und die beiden nächstfolgenden nach unten gekrümmt sind.

Der in den Tannenwäldern der Mittelgebirge heimische Käfer liebt lichte Schlagränder, lückige Bestände und trockene Süd- und Westhänge. Er schwärmt Anfang April und nochmals im Juli und befällt hauptsächlich alte kränkelnde Tannen, mit Vorliebe durch den Kleinen Tannenborkenkäfer vorgeschädigte Bäume und liegende Stämme, greift allerdings später auch auf gesunde Bäume über und fertigt, zunächst im Wipfelbereich, unter der Rinde meist paarweise
(78) vereinigte, zweiarmige Quergänge. Larvengänge kurz, dichtstehend und unregelmäßig, überwiegend in Längsrichtung verlaufend. Verpuppung im Splint. – Generation doppelt. – Die befallenen Zweige und Wipfel sterben ab.

Kleiner Tannenborkenkäfer

Crýphalus píceae Ratzeburg

(26) Käfer: Sehr klein, braun.

Der häufig gemeinsam mit dem vorigen auftretende Käfer schwärmt im März/April und nochmals im Juni. Er fliegt Tannen an, und zwar ältere im Wipfelbereich und an Ästen, aber auch jüngere im Stangenholzalter, und fertigt unter der dünnen Rinde einen kleinen, unregelmäßigen, platzartig erweiterten Muttergang, in wel-
(79) chem die Eier haufenweise abgelegt werden. Die Larven fressen kurze, getrennte Gänge nach allen Richtungen, so daß ein sternförmiges Fraßbild entsteht. – Generation doppelt. – Bringt die Kronen der befallenen Stämme zum Absterben.

Großer Lärchenborkenkäfer

Ips cémbrae Heer

(26) Käfer: Dem Buchdrucker zum Verwechseln ähnlich.

Der Käfer schwärmt im April/Mai und nochmals im Juli/August und befällt hauptsächlich die Lärche, unter deren Rinde er einen 2- bis 4-, meist 3armigen Sterngang mit Rammelkammer, regelmäßigen Einischen und wenigen Belüftungslöchern fertigt. Larvengänge dichtstehend und wenig geschlängelt, fast geradlinig. Reifungsfraß der Jungkäfer von den in der Rinde liegenden Puppenwiegen ausgehend oder auch in Lärchentrieben nach Art der Waldgärtner. Die befressenen Triebe werden anschließend vom Wind gebrochen.

Holzbrütende Borkenkäfer

Nadelnutzholzbohrer

Trypodéndron (Xylóterus) lineátum Olivier

(26) Käfer: Flügeldecken braun und gelb längsgestreift.

Der Käfer fliegt im März/April und je nach Witterung auch im Frühsommer, um Geschwisterbruten anzulegen, und befällt ausschließlich Nadelhölzer, besonders gefällte, nicht entrindete, aber auch entrindete, oder geschwächte, noch stehende Fichten- und Tannenstämme, sowie Stöcke. Duftstoffe, die der Rinde frisch gefällter oder vorgeschädigter Stämme entströmen, erleichtern dem Käfer das Auffinden geeigneter Brutbäume. Darüberhinaus senden die

zuerst eingebohrten ♀♀ bestimmte insekteneigene Lockstoffe, sog. *Pheromone* aus, wodurch weitere Käfer angelockt werden. Das ♀, das kurz nach dem Anfliegen des Brutbaumes oder während des Einbohrens vom ♂ begattet wird, legt eine in der Regel kurze, bis etwa 6 cm tiefe Eingangsröhre und meist 2, vorwiegend einem Jahrring folgende Quergänge an, in welchen abwechselnd oben und unten in winzigen Ausbuchtungen, den Einischen, einzeln die Eier abgelegt werden. Die ausschlüpfenden Larven fressen in Längsrich-
(78) tung nach oben und unten sehr kurze Gänge, so daß ein sog. Leitergang entsteht, der sich infolge des den Larven als Nahrung dienenden, vom ♀ selbst übertragenen Ambrosiapilzes später schwarz färbt. Verpuppung in den Larvengängen. Die Jungkäfer gelangen durch die Muttergänge ins Freie. – Generation einfach. Durch das Anlegen von Geschwisterbruten entsteht häufig der falsche Eindruck einer doppelten Generation. Überwinterung in der Bodenstreu nahe den Brutstätten.

Wichtigster holzentwertender Folgeschädling (greift nur in irgendeiner Weise vorgeschädigte Individuen an) in Fichtenforsten. Wird frisch eingeschlagenes Fichten- und Tannenholz während der Käferflugmonate länger als etwa 2 Wochen im Wald gelagert, sind vorbeugende Schutzmaßnahmen der Stämme unumgänglich, will man größere Holzentwertung vermeiden. Die befallenen Splintholzteile werden technisch minderwertig, was bei Starkholz allerdings meist nur eine untergeordnete Rolle spielt. Den Angriff verraten ausgestoßene weiße Bohrmehlhäufchen. Wertvolles Nutzholz schon vor Beginn der Schwärmzeit abfahren oder zumindest an trockenen luftigen Orten lagern! Das Aufstellen von Pheromon-Käferfallen dient der Einschätzung der Käferflugdichte.

Dem vorigen äußerlich und in der Lebensweise sehr ähnlich ist der hauptsächlich in Stöcken und anbrüchigen oder lagernden Stämmen der verschiedensten Laubhölzer, bevorzugt der Buche, brüten-
(26) de **Buchennutzholzbohrer,** *Trypodéndron (Xylóterus) domésticum* Linné.

Ungleicher Holzbohrer

Xyléborus (Anisándrus) díspar Fabricius

(26) Käfer: Schwarzbraun. ♀ walzenförmig. ♂ kugelig eiförmig, viel kleiner und flugunfähig.

Der im April/Mai schwärmende Käfer befällt die verschiedensten Laubhölzer, auch Obstbäume, gefällte und stehende, besonders gern kränkelnde und geschwächte Bäume jeden Alters. Das ♀ bohrt eine Eingangsröhre, die in einen meist zweiarmigen, etwa dem Jahrring folgenden Quergang übergeht, von dem kürzere oder längere Gänge nach oben und unten abzweigen, so daß (79) horizontale und vertikale Gabelgänge entstehen, in denen die Eier in kleinen Häufchen abgelegt werden. Die ausschlüpfenden Larven leben in den Muttergängen, nähren sich von dem dort angesiedelten Ambrosiapilz, und verpuppen sich in den Gängen, die sie als Jungkäfer durch die Eingangsröhre verlassen. – Generation einfach.

Schwächere Stämmchen gehen ein oder brechen an den Fraßstellen ab. Kennzeichen des Befalls sind das Bohrloch und das am Fuß der Stämmchen angehäufte Bohrmehl.

Wird vor allem in Obstkulturen schädlich.

Eichenholzbohrer

Xyléborus monógraphus Fabricius

(26) Käfer: Rotbraun; ♂ kleiner als ♀ und flugunfähig.

Der Käfer schwärmt im März/April und in einer 2. Generation im Juni/Juli und befällt fast nur Eichen, besonders kränkelnde und beschädigte, außerdem frische, liegende Stämme und Stöcke. Er fertigt spalierbaumartig verästelte, horizontal verlaufende und das (79) Splintholz durchlöchernde, etwas bogige Gänge, an deren Enden zumeist die Eier abgelegt werden und die sich unter Pilzeinfluß bald schwärzen (daher im Holzhandel die Bezeichnung „Kleiner schwarzer Wurm", die allerdings auch für andere pilzzüchtende Borkenkäfer verwendet wird). Je nach Beschaffenheit des Holzes erstreckt sich das Brutsystem auch bis tief in das Kernholz. In diesen Brutröhren entwickeln und verpuppen sich die ausschlüpfenden Larven, die sich von dort angesiedelten Ambrosiapilzen nähren. Die Jungkäfer gelangen durch Muttergang und Einbohrloch ins Freie. – Generation doppelt.

Das befressene Holz ist für manche Zwecke nicht zu gebrauchen. Wertvolles Eichenholz vor der Schwärmzeit, d. h. vor März abfahren!

Eichenkernkäfer

Plátypus cylíndrus Fabricius

(26) Käfer: Langgestreckt, dunkelbraun; Kopf breit und vorgestreckt.
Larve: Walzenförmig, mit Höckern und Borsten.

Der im ganzen Gebiet vorkommende Käfer schwärmt Ende Juni/Juli bis September und befällt hauptsächlich Eichen, besonders Stökke, starkes Astholz und gefällte stärkere Stämme, aber auch stehendes, anbrüchiges Holz, wobei die wertvollen, unteren Stammabschnitte bevorzugt werden. Er fertigt zur Eiablage lange, mehrfach gabelig verzweigte, bohrmehlfreie, später sich schwärzende, annähernd horizontal verlaufende und oft tief in das Kernholz dringende
(79) Bohrgänge; von diesen aus nagen die verpuppungsreifen Larven, jede für sich, in der Holzfaserrichtung nach oben und unten Puppenwiegen, so daß ein leitergangähnliches Fraßbild entsteht. – Generation einfach.

Die Bohrgänge mindern den Nutzholzwert in starkem Maße, es entsteht außerordentlich großer technischer Schaden am Stammholz. Wertvolles Eichennutzholz vor Juni abfahren! In gefährdeten Gebieten überalterte und gipfeldürre Eichen entnehmen.

SCHMETTERLINGE

Lepidóptera

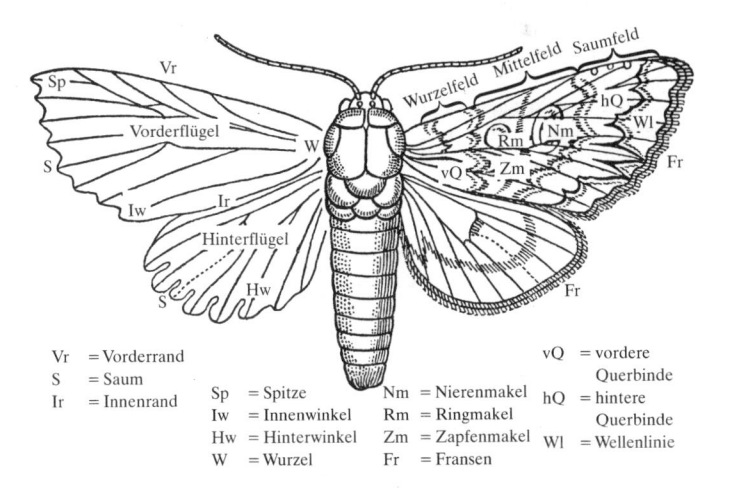

Vr	= Vorderrand		vQ	= vordere Querbinde
S	= Saum	Sp = Spitze	Nm = Nierenmakel	hQ = hintere Querbinde
Ir	= Innenrand	Iw = Innenwinkel	Rm = Ringmakel	
		Hw = Hinterwinkel	Zm = Zapfenmakel	Wl = Wellenlinie
		W = Wurzel	Fr = Fransen	

Die Schmetterlinge, Falter oder Schuppenflügler besitzen einen bei vielen Arten spiralenförmig zusammengerollten Saugrüssel und, mit wenigen Ausnahmen, 2 Paar gleichartige, häutige Flügel, die mit staubähnlichen, farbigen, dachziegelartig übereinandergelagerten Schuppen bedeckt sind. Ihre Larven, genannt Raupen, haben einen hornigen Kopf mit kauenden Mundwerkzeugen und sind meist 16-, die Spannerraupen 10beinig. Die Puppen, sog. bedeckte Puppen, deuten die Umrisse des Falters nur schwach an; zu ihrem Schutz fertigen die verpuppungsreifen Raupen mancher Schmetterlingsarten ein Gespinst oder einen festen gesponnenen Kokon.
Die Schmetterlinge durchlaufen eine vollkommene Verwandlung. Die Falter nehmen während ihres meist kurzen Lebens in der Regel nur Blütennektar und Baumsäfte zu sich. Die Raupen der Großschmetterlinge leben meist frei an den Pflanzen, die der Kleinschmetterlinge in den Pflanzen, zwischen versponnenen Pflanzenteilen oder in Gehäusen.

Die Tagfalter

Die Tagfalter haben keulenförmige, an der Spitze verdickte Fühler und breite, meist prächtig gefärbte, in der Ruhe aufgerichtete Flügel. Die Raupen sind 16beinig, meist lebhaft bunt gefärbt und häufig mit Dornen besetzt. Puppen glatt, eckig, nicht selten metallglänzend; an Zweigen, Zäunen und dgl. hängen viele frei kopfabwärts (Stürzpuppen), andere werden, den Kopf nach oben, von einem kleinen Gespinst am Hinterende und einem um den Leib geschlungenen Faden gehalten (Gürtelpuppen).
Die Falter fliegen nur am Tag, meist bei Sonnenschein.

Schwalbenschwanz
Papílio macháon Linné

(33) Falter: Groß, schwarzgelb gezeichnet; Hinterflügel mit bläulicher Binde und leuchtend rotem Augenfleck, bogig gezahnt und in schwanzartige, schwarze Spitze auslaufend.

(62) Raupe: Jung schwarz, rotbedornt, mit weißem Rückenfleck; erwachsen dick, grün, mit schwarzen, rotpunktierten Querbinden; kann dicht hinter dem Kopf 2 orangegelbe Zapfen, die „Nackengabel", hervortreten lassen, von der ein starker Geruch ausströmt.

Puppe: Gelblichgrün bis braun, Gürtelpuppe.

Der stattliche, an Waldrändern, Feldwegen, auf sonnigen Bergwiesen und -kuppen anzutreffende Falter fliegt im Mai sowie in einer 2. Generation im Juli/August. Die Raupe lebt auf Doldengewächsen, besonders Kümmel, Möhren, Dill und anderen. – Generation doppelt. Die Puppe überwintert.

Baumweißling
Apória crataégi Linné

(33) Falter: Flügel dünn weiß bestäubt, mit schwärzlichen Adern.
(58) Eier: Gelb, birnenförmig.
(62) Raupe: Jung gelblich, schwärzlich und kurz behaart; erwachsen aschgrau, auf dem Rücken schwarz und mit breiten, orangegelben oder braunroten Längsstreifen.
(71) Puppe: Grünlichgelb, zierlich schwarz gezeichnet und gelb gefleckt; Gürtelpuppe.

Der jahrelang seltene, manchmal aber in großer Menge auftretende Schmetterling fliegt Juni/Juli auf Wiesen und Heideplätzen, während er nachts in den Kronen der Bäume sitzt. Die Eier werden häufchenweise an den Blättern von Weiß- und Schlehdorn, Obst-

bäumen, aber auch Eichen abgelegt, wo die ausschlüpfenden Raupen unter dem Schutz von Gespinsten gesellig bis zum Herbst fressen, sodann zu mehreren zwischen versponnenen Blättern in sog.
(81) „kleinen Raupennestern" überwintern, und anschließend weiterfressen bis zu ihrer Verpuppung im Mai. – Der Raupenfraß kann in Obstgärten und an Weißdornhecken empfindlich schaden. Winternester absammeln und vernichten!

Aurorafalter

Anthócharis cardámines Linné

(32) Falter: Oberseite weiß mit geschwärzter Spitze und kleinem, rundlichem, schwarzbraunem Mittelfleck. Beim ♂ Außenhälfte der Vorderflügel feurig orangegelb, beim ♀ weiß. Unterseite der Hinterflügel grün marmoriert.
Raupe: Schlank, blaugrün, fein schwarz punktiert, mit weißem Seitenstreifen.
Puppe: Glatt, grün bis bräunlich, mit weißem Seitenstreifen; Gürtelpuppe mit schlankem, sichelförmig zugespitztem, zurückgebogenem Kopfende.

Der liebliche, gern an Veilchen saugende Falter fliegt im April/Mai langsam über Waldwiesen und durch Gärten. Die Eiablage erfolgt einzeln an schattigen Waldrändern. Die Raupe lebt im Juni/Juli an Wiesenschaumkraut und anderen Kreuzblütlern. Überwintert als Puppe.

Senfweißling

Leptídea sinápis Linné

(32) Falter: Oberseite weiß, Vorderflügel beim ♂ mit schwärzlichem, rundlichem Spitzenfleck. Unterseite der Hinterflügel mit 2 verwaschenen grauen Binden.
(62) Raupe: Grün mit gelben Seitenstreifen.
Puppe: Blaßgrün, Gürtelpuppe mit lang und spitz ausgezogenem Kopfende.

Der meist nicht häufige Falter findet sich im Mai und August besonders in lichten Laubwäldern und an blumigen Waldrändern. Raupe im Juni und September an Klee und anderen Schmetterlingsblütlern, aber nicht an Senf. – 2 Generationen jährlich.

Zitronenfalter

Gonépteryx rhámni Linné

(32) Falter: ♂ zitronengelb, ♀ gelblich-grünweiß; auf jedem Flügel ein orangegelbes Mittelfleckchen; Vorderflügel mit scharfer Ecke, Hinterflügel mit vorspringender Spitze.
(62) Raupe: Mattgrün, an den Seiten heller und mit weißem Seitenstreifen.

(71) Puppe: Grüne Gürtelpuppe mit vorgewölbtem, dickem Bruststück und zuweilen 2 hellen Seitenstreifen; oft mehr horizontal ausgerichtet.

Der allbekannte, häufige Schmetterling legt seine Eier im zeitigen Frühjahr auf Kreuzdorn und Faulbaum, gelegentlich auch auf jungen Eichen ab, wo die ausschlüpfenden Raupen im Mai/Juni fressen und sich dann verpuppen. Der Falter schlüpft im Juli/August, fliegt bis in den Herbst, überwintert zwischen trockenem Laub am Boden oder an anderen geschützten Stellen, bis ihn die erste warme Frühlingssonne wieder ins Freie lockt. – Generation einfach.

Großer Schillerfalter

Apatúra íris Linné

(30) Falter: Groß, kräftig gebaut. Grundfarbe der Oberseite schwarzbraun, beim ♂ mit prachtvollem blauem oder violettem Schiller, beim ♀ hellbräunlich, ohne Schiller. Vorderflügel mit weißen Flecken; Hinterflügel mit weißer Binde, die in der Mitte einen scharfen Zahn nach außen hat, und einem orange umränderten, dunklen Auge. Unterseite grau und braun, mit Zeichnung wie auf der Oberseite und orange umrändertem Augenfleck auf allen Flügeln.
(62) Raupe: Grün, fein gelb punktiert, mit gelben Schrägstreifen an den Seiten. Am eckigen Kopf 2 große, nach oben gerichtete Hörner; am Hinterende verschmälert und zweispitzig.
(71) Puppe: Stürzpuppe, hellbläulichgrün, aufgeblasen wirkend, mit 2 kleinen Kopfspitzen.

Der scheue, nicht allzu häufige Schmetterling wird im Juli/August in lichten Laubwäldern, auf Waldlichtungen und an schattigen Waldrändern angetroffen, rastlos niedrig über der Erde hin und her schwebend, aber auch gern an feuchten Stellen der Wege sitzend und dort trinkend. Ruht in der Mittagshitze gern an Kiefernrinde. Er legt seine Eier auf niederen Salweiden, die in der Nähe hoher Alteichen stehen, einzeln ab, wo die im August schlüpfenden Raupen zunächst bis zum Herbst und nach erfolgter Überwinterung (in kleinen Gespinsten in Rindenrissen oder Astgabeln) bis zu ihrer Verpuppung im Juni fressen. Puppenruhe 2 bis 3 Wochen an der Unterseite der Salweidenblätter.

Großer Eisvogel

Limenítis pópuli Linné

(30) Falter: Groß, kräftig gebaut. Grundfarbe der Oberseite schwarzbraun, vor dem Außensaum besonders der Hinterflügel eine Reihe gelbroter Mondflecken; außerdem haben beim ♀ die Vorderflügel weiße Flecken und die Hinterflügel eine weiße Binde, welche beim ♂ oft verloschen sind. Unterseite rostgelb, mit ähnlicher Zeichnung wie die Oberseite, mit blaugrauem Saum am Innenrand der Hinterflügel.

(62) Raupe: Grün und dunkelbraun, auf dem Rücken eine Doppelreihe kurz behaarter Zapfen, von denen das erste Paar hinter dem Kopf am längsten ist.
(71) Puppe: Gelbbraune, mit schwarzen Punkten versehene Stürzpuppe, mit dunkelbraunen Flügelscheiden und auffallendem gelblichem Fortsatz auf dem 1. Hinterleibsring.

Der Schmetterling, einer unserer größten Tagfalter, fliegt im Juni/Juli in lichten Laubwäldern, an Waldrändern und -blößen. Er tummelt sich meist in größeren Höhen über dem Boden, im Kronenraum der Bestände, und sitzt gern an feuchten Stellen der Waldwege. Seine Eier legt er auf Aspen ab, wo die im August ausschlüpfenden Raupen ihren Fraß beginnen, in kleinen Gespinsten überwintern, im darauffolgenden Frühjahr weiterfressen und sich im Mai/Juni verpuppen.

Admiral

Vanéssa (Pyraméis) atalánta Linné

(30) Falter: Samtig schwarzbraun; Vorderflügel mit ziegelroter Schrägbinde und weißgefleckter Spitze; Hinterflügel mit ziegelroter, schwarz punktierter Saumbinde.
(62) Raupe: Fleischfarben, gelbgrün, braunrot oder schwärzlich, mit gelbem Seitenstreifen, gelben Pünktchen und gelben, ästigen Dornen.

Puppe: Graue oder braune, mit Silberflecken besetzte Stürzpuppe.

Der prächtige, überall häufige, im Spätherbst zur Überwinterung in großer Zahl in den Süden wandernde Falter fliegt im Mai/Juni und dann wieder im Hochsommer und Herbst. Er labt sich gern am Saft abgefallener Früchte. Die Eier werden einzeln an randständigen Brennesseln abgelegt, wo die ausschlüpfende Raupe zwischen leicht eingesponnenen, später zu einer Tüte zusammengezogenen Blättern lebt. Verpuppung an Pflanzenstengeln, Zäunen und dgl. – Generation doppelt.

Distelfalter

Vanéssa (Pyraméis) cárdui Linné

(30) Falter: Gelbrot, schwarz gefleckt und geädert; Vorderflügelspitze schwarz, weiß gefleckt; Hinterflügel unterseits gelbgrau, hell gefleckt und geädert, mit blau gekernten Augen am Saum.
(62) Raupe: Bräunlich bis schwarzgrau, mit gelblicher Zeichnung in Streifen, Strichen und Punkten und gelben Dornen.

Puppe: Graue oder braune Stürzpuppe mit einigen goldglänzenden Flecken.

Der überall in wechselnder Menge auftretende, von Süden zuwandernde hübsche Schmetterling fliegt im Frühjahr und Sommer. Die Eier werden einzeln vorzugsweise an Disteln und Brennesseln abgelegt, wo die ausschlüpfende Raupe zwischen lose zusammengesponnenen Blättern lebt. Verpuppung an Stengeln, Blattstielen und dgl. Puppenruhe etwa 3 Wochen. – Generation doppelt.

Tagpfauenauge

Ináchis (Vanéssa)ío Linné

(30) Falter: Oberseite samtig rotbraun, Saum graubraun, am Vorderwinkel aller Flügel ein großer, bunter, der Zeichnung einer Pfauenfeder ähnlicher Augenfleck (Name!); die Färbung kann variieren. Unterseite braunschwarz, wellig gezeichnet (gute Schutzfarbe).
(62) Raupe: Schwarz, dicht weiß punktiert und schwarz bedornt.
(71) Puppe: Grünbraune, metallisch schimmernde Stürzpuppe.

Der bekannte, schöne, überall häufige Schmetterling, dessen Falter überwintern und nicht selten auf Dachböden oder in Kirchen zu finden sind, fliegt zeitig im März/April und von Juli bis in den Spätherbst. Die Raupen leben gesellig in Gespinsten auf Brennesseln, auch Hopfen, später in Trauben auf den Pflanzen und verpuppen sich an Mauern, Zäunen und dgl. – 1 bis 2 Generationen.

Kleiner Fuchs, Nesselfalter

Agláis (Vanéssa)úrticae Linné

(30) Falter: Grundfarbe der Oberseite gelbrot, vor dem Saum eine Reihe schwarzumränderter blauer Mondfleckchen; im hinteren Teil der Vorderflügel 3 kleinere und am Vorderrand 3 größere schwarze Flecken, zwischen dem äußersten und der Spitze ein weißer Fleck. Hinterflügel von der Wurzel bis zur Mitte schwärzlich. Unterseite dunkelbraungrau, Mitte der Vorderflügel hellgelb.
(62) Raupe: Schwärzlich, gelbgrün längsgestreift, bedornt.
Puppe: Grau- oder rötlichbraune, eckige Stürzpuppe mit Goldflecken.

Der schön gezeichnete, überall verbreitete Falter, einer der häufigsten einheimischen Schmetterlinge, fliegt im Frühjahr und dann wieder von Juli bis Oktober, worauf er überwintert und gleich dem vorigen gelegentlich in ungeheizten Räumen anzutreffen ist. Die Raupen leben gesellig auf der Brennessel, nur bei Schlechtwetter in zur Tüte versponnenem Blatt. Puppenruhe meist 2 Wochen. – 2, auch 3 Generationen.

Großer Fuchs
Nymphális (Vanéssa) polychlóros Linné

(30) Falter: Größer als der vorige; Grundfarbe der Oberseite gelbrot oder rotbraun (fuchsfarben); am Vorderrand der Vorderflügel 2 große und 1 kleinerer und hinter der Mitte vier kleinere schwarze Flecken; Hinterflügel mit schwarzumränderter blauer Mondfleckenreihe vor dem Saum und großem schwarzem Vorderrandfleck. Unterseite dunkelbraungrau schattiert.
(62) Raupe: Schwärzlich, mit rostgelben Fleckenreihen und Dornen.
Puppe: Braungelbe, metallisch gefleckte, eckige Stürzpuppe.

Der in raschem Flug durch sonnige Gärten und lichte Wälder streifende Falter kommt nach der Überwinterung mit den ersten warmen Tagen wieder hervor. Das ♀ legt seine Eier in ringförmigen Gelegen um dünne Zweige von Ulmen, Weiden und Obstbäumen (Kirschen), wo die ausschlüpfenden Raupen an der Sonne ausgesetzten Ästen gesellig leben, bis sie sich an Bäumen, Zäunen und Mauern verpuppen. Puppenruhe 10 bis 12 Tage. – Generation einfach.

Trauermantel
Nymphális (Vanéssa) antíopa Linné

(30) Falter: Oberseite dunkelsamtbraun; hinter dem breiten, schwefelgelben Saum eine Reihe blauer Fleckchen auf schwarzem Grund; am Vorderrand der Vorderflügel 2 schwefelgelbe Flecken. Unterseite schwarz mit hellem Saum.
(62) Raupe: Schwarz, mit großen roten Rückenflecken und roten Bauchfüßen, schwarzen Dornen und vielen hellen Pünktchen.
(71) Puppe: Braune oder graue Stürzpuppe mit zweispitzigem Kopfende und spitzen Höckern auf dem Rücken.

Der stattliche, eher selten gewordene Falter fliegt wie der vorige im zeitigen Frühjahr, die Folgegeneration im Sommer von Juli bis September, und zwar mit Vorliebe an schattigen Waldrändern und in lichten Waldungen, wobei er sich gern auch auf den Boden setzt. Die Eier werden in Gelegen ringförmig um Zweige von Salweide, auch Pappeln und Birken abgelegt, wo die ausschlüpfenden Raupen im Juni/Juli gesellig leben. Puppenruhe 2 bis 3 Wochen. Der Falter überwintert, wobei der gelbe Saum eine weißliche Färbung annimmt. – Generation einfach.

C-Falter, Weißes C
Polygónia c-álbum Linné

(30) Falter: Flügel tief zackig; Oberseite rotgelb oder gelbbraun mit schwarzbraunen Flecken und braunem Saum; Unterseite dunkelbraun, grau und grünlich marmoriert, auf den Hinterflügeln in der Mitte ein weißes C (Name!).

Raupe: Braun; Oberseite vorn rotgelb und hinten weiß; Dornen entsprechend der Körperfarbe; auch am Kopf 2 Dornen.

Puppe: Zackige, am Rücken stark eingebogene, rotgraue oder bräunliche Sturzpuppe mit metallischen Flecken.

Der Falter fliegt im April/Mai und dann wieder von Juli bis September überall, jedoch mit Vorliebe an Waldrändern in Gebirgstälern, sowie am Rande von Auwaldungen und saugt gern an faulenden Früchten. Er legt seine grünen, perlmutterglänzenden Eier einzeln an Salweide, Hasel, Heckenkirsche, Beerensträucher, daneben Brennessel und andere Pflanzen, wo die ausschlüpfenden Raupen leben. Verpuppung an Zäunen und Bretterwänden. – Meist 2 Generationen, seltener eine. Es überwintert der Falter.

Landkärtchen, Netzfalter

Aráschnia levána Linné

(31) Falter: Rote Frühlingsform *(A. f. levána* L.): Oberseite rotgelb oder bräunlich, vor der Spitze etwas weißlich-, im übrigen dicht schwarzgefleckt, am dichtesten gegen die Wurzel; Hinterflügel mit einer Reihe blauer Fleckchen vor dem Saum. Unterseite rostbraun und violett, durch weißlichgelbe Rippen, Querlinien und Binden gegittert.
Schwarze Sommerform *(A. f. prórsa* L.): Meist etwas größer; Oberseite fast schwarz, mit einer weißen oder gelblichen, auf den Vorderflügeln unterbrochenen Binde und einer rotgelben Saumlinie; Unterseite der des vorigen ähnlich.

Raupe: Schwarz, mit schwarzen Dornen, deren auch der Kopf ein Paar trägt (Gegensatz zur Raupe des Tagpfauenauges).

Puppe: Braunrötliche Sturzpuppe mit 2 Kopfspitzen.

Der Schmetterling liebt feuchte Au- und Laubwälder und fliegt in der roten Frühlingsform im April/Mai und in der schwarzen Sommerform von Juli bis Herbst. Er nascht gern an Wiesenblumen und setzt seine Eier in mehreren Türmchen zu je etwa 10 zylindrischen, längsgerippten Eiern an der Unterseite der im Schatten stehenden Brennesseln ab, wo die ausschlüpfenden Raupen gesellig leben. – 2 Generationen. Überwintert als Puppe.

Maivogel, Eschenscheckenfalter

Euphýdryas (Melitaéa)matúrna Linné

(30) Falter: Oberseite dreifarbig, nämlich schwarzbraun mit rotgelben Fleckenreihen und lichtgelben oder weißlichen Flecken. Unterseite der Hinterflügel orangerot; Mondfleckenreihe vor dem Saum hellgelb, ebenso die von einer schwarzen Linie durchzogene Mittelbinde und 5 Flecken nahe der Flügelwurzel.

(62) Raupe: Schwärzlich, gedornt, mit breiten hellgelben, durch schwarze Querlinien geteilten Rücken- und Seitenstreifen.

Puppe: Grüne, gelblich und schwarz gefleckte, auf dem Rücken Knöpfchen tragende Stürzpuppe.

Der nur vereinzelt auftretende Schmetterling fliegt im Juni/Juli gern auf Waldwiesen und -lichtungen. Die Eiablage erfolgt in zitronengelben Gelegen an der Unterseite von Eschenlaub an sonnenexponierten Zweigen, wo die auskommenden Raupen bis zum Herbst fressen. Nach ihrer Überwinterung unter Fallaub am Boden leben sie auf Weiden und Aspen, sowie an Wegerich, Heckenkirsche und anderen Pflanzen. Puppenruhe 2 bis 3 Wochen. Die Raupen überwintern in manchen Jahren ein 2. Mal.

Äußerlich und in der Lebensweise dem vorigen ähnlich, jedoch nur zweifarbig auf der Oberseite, nämlich schwarzbraun mit rotgelben Fleckenreihen, ist der in Farbe und Zeichnung sehr veränderliche,
(31) häufig vorkommende **Gemeine Scheckenfalter,** Wachtelweizen-Scheckenfalter, *Mellícta (Melitaéa) athália* Rottenburg; seine schwarzen, weiß punktierten und mit hellbraunen Dornen besetzten Raupen leben auf Wachtelweizen und Wegerich und verwandeln sich in hellgraue Stürzpuppen mit rotgelben Knöpfchen.

Kaisermantel, Silberstrich

Argýnnis páphia Linné

(30) Falter: Oberseite ockergelb, mit schwarzbraunen, meist runden Flecken; beim ♂ auf den Vorderflügeln 4 Rippen in der Mitte schwärzlich verdickt (Duftapparat). Unterseite der Hinterflügel grün, mit violettsilbernem Saum, einer solchen Querbinde und 2 kurzen Silberstreifen in der Wurzelhälfte; vor dem Saum runde, grüne, silbrig umränderte Flecken.
(62) Raupe: Bräunlich, mit breitem, hellgelbem, längsgeteiltem Rückenstreifen und dunkleren Strichen und Linien an den Seiten. Sehr lange, gelbliche Dornen.
(71) Puppe: Graubraune, eckige, am Rücken vertiefte Stürzpuppe mit goldglänzenden Punkten.

Der überall häufige hübsche Schmetterling ist der größte unserer Perlmutterfalter, die ihren Namen von den perlmutterglänzenden Flecken oder Streifen auf der Unterseite der Hinterflügel haben. Er liebt Waldränder und lichte Waldplätze, fliegt im Juli/August und legt seine Eier einzeln an die rissige Rinde von Bäumen des Waldmantels, wo die frisch geschlüpften Eiraupen überwintern. Erst im folgenden Frühjahr beginnen die Raupen ihren Fraß an Veilchen und Stiefmütterchen, auch Himbeersträuchern. Puppenruhe 3 Wochen. – Generation einfach.

Großer Perlmutterfalter
Mesoacidália (Argýnnis)agláia Linné

(30) Falter: Dem vorigen ähnlich, jedoch kleiner. Oberseite kräftig rotgelb, schwarzgefleckt. Unterseite der Hinterflügel grünlich, mit vielen rundlichen Silberflecken und lehmgelber Binde vor dem Saum.
(62) Raupe: Schwarz, mit doppelter weißlicher Rückenlinie, roten Seitenflecken und schwarzen Dornen.
Puppe: Dunkelrotbraune Stürzpuppe mit stumpfen Höckern.

Der Schmetterling ist ähnlich häufig wie der vorige und liebt wie dieser lichte Waldplätze und Waldränder. Er fliegt im Juni/August, seine Raupen leben einzeln an Veilchen. Verpuppung in einer selbstgefertigten Höhlung im Moos oder unter zusammengesponnenen Grashalmen. – Generation einfach. Überwinterung als Eiraupe.

An gleichen Orten tummelt sich im Mai und wieder im Hochsom-
(31) mer der **Kleine Violette Perlmutterfalter,** *Clossiána (Argýnnis) día* Linné, bei dem der Außenteil der Hinterflügelunterseite mehr violettbraun gefärbt ist. – 2 bis 3 Generationen. Überwinterung als Raupe.

Damenbrett, Brettspiel
Melanárgia galathéa Linné

(32) Falter: Oberseite schwarz, mit großen, gelblichweißen Flecken, welche besonders auf den Hinterflügeln eine gebogene Binde bilden; ein großer, gelblichweißer Fleck auf jedem Flügel in Wurzelnähe. Unterseite vorwiegend gelblichweiß, mit einer Augenreihe vor dem Saum der Hinterflügel. – Mehrere Varietäten.
(62) Raupe: Spindelförmig, spärlich behaart, gelblichgrün bis bräunlich, mit dunkler Rücken- und rötlicher Seitenlinie; Kopf und Schwanzspitzen rot.
(71) Puppe: Gelblich, glatt, mit langen Flügelscheiden und 2 augenähnlichen, erhabenen, schwarzen Kopfpunkten.

Der ehemals häufige, heute stark rückgängige, nicht scheue Schmetterling fliegt im Juli/August auf Wiesen und Waldplätzen. Das ♀ verstreut seine Eier verschiedene Gräser umflatternd, an welchen die ausschlüpfenden Raupen, die sich tagsüber versteckt halten, bei Nacht fressen. Die Verpuppung findet im Juni frei an der Erde statt. Die Puppe steht aufrecht. – Generation einfach. Die jungen Eiraupen überwintern.

Kuhauge, Rundaugen-Mohrenfalter

Erébia medúsa Schiffermann

(32) Falter: Oberseite dunkel- bis schwarzbraun, vor dem Saum eine Binde rotgelber Flecken, worin schwarze, meist weiß gekernte Augen stehen. Unterseite ebenso, nur etwas heller, besonders beim ♀.
(62) Raupe: Hellgrün, mit dunkler, weißlich eingefaßter Rückenlinie; 1 gelbgrüner Strich oberhalb der Luftlöcher und 1 weißer über den Füßen.
Puppe: Hellbeige mit dunkelbraunen Streifen und Punkten.

Der Schmetterling ist im Mai und Juni auf Waldwiesen und in lichten Wäldern besonders im Gebirge anzutreffen. Aufgescheucht flattert er nur wenige Schritte und setzt sich dann wieder ins Gras. Er heftet seine Eier an Grashalme (Pfeifengras, Zwenke), an welchen die Raupen versteckt leben. Verpuppung im April/Mai aufrecht an der Erde zwischen Gras. Die Raupen überwintern.

Waldportier

Brintésia (Sátyrus)círce Fabricius

(32) Falter: Groß. Oberseite samtartig braunschwarz, mit breiter, milchweißer, saumwärts scharf gezackter Binde, die in dem gegen die Spitze abgesetzten Teil einen dunklen Augenfleck trägt. Unterseite braun, mit weißlichen Flecken vor der Binde. Flügelrand weiß gescheckt.
(62) Raupe: Dick, nach hinten verschmälert, nackt, mit schwarzem Rückenstreifen und neben diesem nach beiden Seiten braune, rötlichgelbe und weiße Längsstreifen; Unterseite braun; Kopf hellbraun mit schwarzen Längsstreifen.
(71) Puppe: Kastanienbraun, mit gelben Flecken.

Der in seiner schlichten Schönheit vornehm wirkende Schmetterling liebt trockene, grasige Wälder, wo er im Juli und August, meist nur vereinzelt und mehr im Süden als im Norden, anzutreffen ist. Er fliegt ziemlich rasch, setzt sich gern an Baumstämme, besonders Eichen, um an Wundstellen zu saugen, oder auf die Erde, seltener auf Blumen. Das ♀ läßt seine Eier aus niedrig kreisendem Flug im kniehohen Gras verstreut zur Erde fallen. Den ausschlüpfenden, versteckt lebenden Raupen dienen verschiedene Gräser als Nahrung. Verpuppung in der Erde. Die Raupen überwintern.

Rostbinde

Hippárchia (Sátyrus)sémele Linné

(32) Falter: Oberseite dunkel- bis graubraun, mit einer beim ♂ undeutlichen rostgelben, beim grünlich schimmernden ♀ lehmgelben Fleckenbinde, die auf den Vorderflügeln 2, auf den Hinterflügeln am Hinterwinkel 1 Augenfleck trägt. Augen auch auf der ockerfarbigen Unterseite der Vorderflügel bzw. der grau-

en, braun marmorierten Unterseite der Hinterflügel sichtbar. Flügelrand weißgescheckt.
Raupe: Spindelförmig, graubraun mit dunklen Längsstreifen.
Puppe: Plump, gelbbraun.

Der in heißen Jahren stellenweise häufige Schmetterling tummelt sich mit Vorliebe in lichten, sandigen Kiefernwäldern, auf Heidewiesen, Schutthalden und trockenen Waldlichtungen. Er fliegt während des ganzen Sommers und setzt sich gern an die Rinde der Bäume. Seine Raupen leben an trockenen Grasarten (Schwingel, Rotes Straußgras) und verpuppen sich im Mai, meist flach unter der Erde. Die jungen Raupen überwintern.

Blauauge
Mínois (Sátyrus)drýas Scopoli

(32) Falter: Oberseite einfarbig dunkelbraun; auf den Vorderflügeln 2 schwarze, blau gekernte, auf der Unterseite gelb geringte Augen. Unterseite der Vorderflügel einfarbig kaffeebraun, der Hinterflügel marmoriert, beim ♂ dunkelbraun, beim ♀ gelblichbraun.
Raupe: Spindelförmig, gelblichgrau, mit schwarzen und braunen Längsstreifen.

Der zerstreut und mehr im Süden und Osten auftretende Schmetterling fliegt von Juli bis September auf moorigen Wiesen in Waldnähe und in grasreichen und feuchten Wäldern. Die Raupen leben an Pfeifengras, Landschilf u. a.; sie verpuppen sich in einem oben offenen Erdloch. Überwinterung als Eiraupe.

Gefleckter Waldvogel, Waldbrettspiel
Parárge aegéria Linné ssp. *egerídes* Staudinger

(33) Falter: Oberseite dunkel- bis graubraun, mit zahlreichen unregelmäßigen bleichgelben Flecken; auf den Vorderflügeln vor der Spitze 1 schwarzes, weißgekerntes, hellgerandetes Auge, auf den Hinterflügeln vor dem Saum deren 3 bis 4. Auf der Unterseite statt der Flecken weißgelbe Punkte in verloschenen dunklen Flecken. ♀ dunkler als ♂.
Raupe: Meist mattgrün, schwach behaart, dunkler und heller gestreift, mit 2 kleinen Spitzen am Hinterleibsende.
Puppe: Braun oder grün gefärbte Stürzpuppe.

Der fast überall häufige Schmetterling fliegt in mehreren Generationen von April bis in den Oktober, mit Vorliebe im Bereich des Waldmantels und auf kleinen Waldlichtungen. Er legt seine Eier an Waldgräser, die den ausschlüpfenden Raupen als Nahrung dienen. Verpuppung an niedrigen Zweigen. – Überwintert überwiegend als Puppe.

Ochsenauge
Maníola (Epinéphele)jurtína Linné

(33) Falter: Oberseite dunkelbraun, mit einem Augenfleck vor der Vorderflügelspitze, welcher beim ♀ in einer breiten, orangefarbenen Binde steht. Unterseite der Vorderflügel ockergelb mit deutlichem Auge, der Hinterflügel gelbgrau, mit heller Binde.
Raupe: Grün, mit dunklem Rücken- und je einem gelblichweißen Seitenstreifen; schwach behaart.
Puppe: Gelblichgrüne Stürzpuppe mit spärlicher, dunkler Zeichnung.

Der weit verbreitete, auf Wiesen und in lichten Wäldern häufige Schmetterling fliegt von Juni bis August. Er legt seine Eier auf dürres Pflanzenmaterial oder an Gräser, an denen die ausschlüpfenden Raupen leben. Verpuppung im Mai/Juni, Puppenruhe 2 Wochen. – Die jungen Raupen überwintern.

Rostflügel, Perlgrasfalter
Coenonýmpha arcánia Linné

(33) Falter: Vorderflügel rostgelb mit breitem, schwarzbraunem Saum, darin vor der Spitze ein unterseits deutliches Auge. Hinterflügel dunkelgraubraun, unterseits mit zackiger weißer Binde und einer Reihe schwarzer, weiß gekernter und bräunlichgelb umrandeter Augen, eines davon getrennt am Vorderrand.
(62) Raupe: Grün, mit dunklerem Rücken- und helleren Seitenstreifen; die beiden Hinterleibspitzen rot.
Puppe: Breite, stumpfe, weißlichgraue Stürzpuppe mit dunklen Längsstreifen auf den Flügelscheiden und Punkten auf dem Rücken.

Der im Juni/Juli mit Vorliebe in lichten Laubwäldern und auf buschreichem Gelände hüpfend umherfliegende Schmetterling legt seine Eier an Perlgras und andere Gräser, an denen die ausschlüpfenden Raupen leben. Verpuppung im Mai, Puppenruhe 14 Tage. – Die jungen Raupen überwintern.

Brauner Würfelfalter
Haémaris (Nemeóbius)lucína Linné

(32) Falter: Klein. Grundfarbe der Oberseite schwarzbraun; Vorderflügel mit 3, Hinterflügel mit 2 rotgelben Fleckenreihen, von denen die am Saum stehende schwarze Keilpunkte umschließt. Unterseite heller, Hinterflügel mit 2 Reihen weißer Flecken. Flügelrand weiß gescheckt.
Raupe: Asselförmig, hellrotbraun, mit dunklem, aus Flecken bestehendem Rückenstreifen und heller Seitenlinie; mit rotgelben, fein behaarten Wärzchen.
Puppe: Gelbweiß, schwarz punktiert und kurz behaart; Gürtelpuppe.

Der hauptsächlich im Mai/Juni fliegende Schmetterling bevorzugt lichte Laubwälder und Waldwiesen, besonders im Hügelland. Seine Raupen leben, bei Tag versteckt, an Schlüsselblumen und Primeln. Überwintert als Puppe.

Eichenschillerchen, Eichenzipfelfalter
Quercúsia quércus Linné

(32) Falter: Klein, Hinterflügel geschwänzt. Oberseite schwarzbraun, beim ♂ bis zum Saum dunkel-violettblau schillernd, beim ♀ auf den Vorderflügeln 2 azurblaue Flecken in der Wurzelhälfte. Unterseite hellgrau, hinter der Mitte weiß gezeichnet, vor dem Schwänzchen ein rotgesäumter schwarzer Fleck.

(62) Raupe: Asselförmig, düster braungrau, mit dunklerem Rücken- und gelben Seitenstreifen, dazwischen dreieckige rötliche oder gelbliche Flecken.
Puppe: Braun, dunkel punktiert.

Der Schmetterling hält sich vorwiegend in den Baumkronen auf und umfliegt im Juli/August in lichten Eichenwäldern die höheren Eichengebüsche, um an den Blütenknospen der Zweigspitzen seine Eier abzulegen, die dort überwintern. Die ausschlüpfenden Raupen befressen Eichenblüten, notfalls auch die Blätter, worauf sie sich Anfang Juni verpuppen. – Generation einfach.

Dukatenfalter
Heódes (Chrysóphanus)virgaúreae Linné

(32) Falter: Oberseite beim ♂ feurig goldrot mit schwarzem Saum, Hinterflügel mit schwarzen Saumflecken; beim ♀ goldgelb, mit schwarzbraunen Fleckenreihen auf allen Flügeln, wurzelwärts stark dunkel bestäubt. Unterseite der Vorderflügel ockergelb, mit schwarzen Punkten; die der Hinterflügel mit grauem Anflug und einer Reihe weißer Flecken.

(62) Raupe: Kurz, gedrungen, asselförmig, dunkelgrün.
Puppe: Schmutzigbraun, unscheinbar.

Der schöne Schmetterling ist im Juli/August auf Waldwiesen und Waldlichtungen des Berglandes häufig anzutreffen, auch noch auf Bergmatten. Er legt seine Eier vorzugsweise an dürres Pflanzenmaterial, wo diese den Winter überdauern. Die Raupen leben, während des Tages verborgen, an Goldrute und Ampfer.

Schwarzgefleckter Bläuling
Maculínea (Lycaéna)aríon Linné

(32) Falter: Oberseite violettblau, mit schwarzem Rand und länglichen schwarzen Punkten. Unterseite aschgrau, an der Wurzel blau bestäubt, mit schwarzen, weiß gerandeten Flecken und einer Doppelreihe solcher Flecken vor dem Saum.

Raupe: Schmutzig blaßrot.

Der Schmetterling fliegt im Juli auf breiten sonnigen Waldwegen, an kurzrasigen, trockenen, mit Thymian bewachsenen Stellen. Seine Raupen leben zunächst an Quendel, dessen Blüten und Früchte sie befressen; im Herbst wechseln sie in die Nester erdbewohnender Ameisen und nähren sich von deren Larven und Puppen. Verpuppung im Frühjahr.

Dunkler Dickkopffalter
Erýnnis (Thánaos)táges Linné

(32) Falter: Klein. Oberseite düsterbraun, weißlich bestäubt, mit dunklen Binden auf den Vorderflügeln und weißen Saumpunkten. Unterseite etwas heller.

(62) Raupe: Hellgrün, mit gelbem, schwarzpunktiertem Seitenstreifen und dunkelbraunem Kopf.

Der Schmetterling wird im Frühjahr und Sommer an trockenen Wald- und Wegrändern bisweilen häufig angetroffen. Abweichend von den übrigen Tagfaltern ruht er, wie alle Dickkopffalter, mit dachziegelförmig übereinandergelegten Flügeln. Seine Raupen leben in zusammengesponnenen Blättern an Kronwicke und Hornklee; sie verpuppen sich nach der Überwinterung.

An Waldsäumen und auf Pfeifengraswiesen fliegt im Mai/Juni der
(33) **Gelbwürfelige Dickkopffalter,** *Carterocéphalus (Pámphila) palaémon* Pallas. Falter oberseits dunkelbraun mit auf den Vorderflügeln eckigen, auf den Hinterflügeln gerundeten goldgelben Flecken; unterseits rötlichgelb, schwarz gezeichnet. Raupe grün, an den Seiten heller; an Gräsern.

Die Schwärmer

Sphingidae

Falter meist groß, mit langem Saugrüssel und kräftigem, kegelförmig zugespitztem Hinterleib. Flügel langgestreckt, in der Ruhe dachförmig über dem Hinterleib zusammengelegt, die hinteren auffallend klein. Raupen walzenförmig, nackt, 16beinig, vielfach bunt, meist mit einem gekrümmten Horn auf dem vorletzten Hinterleibsring. Puppen mit einfacher Schwanzspitze.
Die Schwärmer fliegen pfeilschnell und schwirrend, vorwiegend in der Dämmerung. Sie saugen schwebend an Blüten, ohne sich darauf niederzulassen. Die Raupen verpuppen sich an oder in der Erde. Die Puppen überwintern. – Generation meist einjährig.

Kiefernschwärmer, Tannenpfeil

Hylóicus (Sphinx) pinástri Linné

(34) Falter: Groß. Vorderflügel grau bis graubraun, mit einigen kurzen schwarzbraunen Längsstrichen und ebensolchen schattenartigen Flecken, Hinterflügel dunkelbraungrau; Fransen der Flügelaußenränder schwarz-weiß gescheckt. Hinterleib mit schwarzen und weißen, unterbrochenen Querbinden.

(64) Raupe: Buntgefärbt: Grün mit gelblichen und weißlichen, vielfach unterbrochenen Längsstreifen, Rückenlinie und Horn am Körperende rotbraun.

(71) Puppe: Schwarzbraun, mit derber Schwanzspitze und anliegender, freier Rüsselscheide.

Der Schmetterling, ein Bewohner der Nadelwälder, fliegt von Ende Mai bis August in der Dämmerung und besucht dann gern die langröhrigen Blüten des Geißblatts und der Nachtkerze, sowie Linden-
(58) blüten. Seine grünlichen Eier legt er meist einzeln oder in kleinen Gruppen an die Nadeln der Kiefern, auch anderer Nadelhölzer, wo die ausschlüpfenden Raupen den Sommer hindurch bis zum Herbst fressen. Verpuppung im Oktober in der Bodendecke; die Puppe überwintert und überliegt nicht selten. – Schaden im allgemeinen bedeutungslos, weil die Raupe nur selten in größerer Menge auftritt.

Überall verbreitet ist das in warmen Mai- und Juninächten schwär-
(34) mende **Abendpfauenauge,** *Smerínthus ocellátus* Linné. Vorderflügel rötlichgrau mit helleren und dunkleren Querlinien, Hinterflügel rosenrot mit großem, blauem, dunkel gekerntem und schwarz gesäumtem Augenfleck. Raupe groß, bläulichgrün, mit weißlichen Schrägstrichen und bläulichem Horn; von Juni bis September auf Weiden und Pappeln in Auen und Flußtälern, auch auf Obstbäumen in Gärten.

Die Spinner

sind plumpe, oft dicht behaarte Schmetterlinge, welche die Flügel in der Ruhe dachförmig tragen. Die ♀♀ sind größer als die ♂♂, die Fühler der ♀♀ schwach, die der ♂♂ stark gekämmt. Die Raupen sind 16beinig und tragen oft längere, einzeln oder in Büscheln stehende Borsten. Puppen stumpf, in einem Gespinst.
Die Falter, deren ♂♂ lebhafter sind als die ♀♀, nehmen keine Nahrung auf. Sie fliegen meist bei Nacht und in den Morgenstunden.
Die Eier werden reihen- oder haufenweise angekittet und oft mit den wolligen Haaren des Hinterleibsendes bedeckt. Die Raupen spinnen stark (Name!). – Einige zur Massenvermehrung neigende Spinnerarten können sehr schädlich werden.

Eichenprozessionsspinner
Thaumetopoéa processiónea Linné

(36) Falter: Vorderflügel grau, mit 2 bis 3 dunkleren Querlinien; Hinterflügel gelblichweiß, mit dunklerer, schattenhafter Binde.
(65) Raupe: Bläulich schwarzgrau, dunkelköpfig, an den Seiten weißlich, auf dem Rücken rötlichbraune, langbehaarte Warzen. Vorsicht, brüchige Gifthaare!
(71) Puppe: Rotbraun, gedrungen, mit 2 kurzen Häkchen am Hinterleib, in einem tonnenförmigen, graubraunen Kokon.

(58) Der im August/September gegen Abend und nachts in Eichenwäldern schwärmende Schmetterling legt seine Eier im oberen Kronenbereich älterer Eichen ab, und zwar plattenweise an die Rinde dünner Zweige und überzieht sie mit verkitteter grauer Afterwolle. Die im folgenden Mai ausschlüpfenden Raupen benagen zunächst gemeinsam die austreibenden Knospen und spinnen im fortgeschrittenen Stadium an geschützter Baumstelle, meist in einer Astgabel, ein lockeres Nest beachtlichen Ausmaßes, von welchem sie allabendlich in Prozessionen zum Fraß in das Laubwerk der Eichen ausrücken, um am frühen Morgen in derselben Weise zurückzukehren. Tagsüber liegen sie ruhig im Nest, in welchem sie sich auch im Juli/August in bienenwabenähnlich nebeneinanderstehenden Kokons verpuppen. Ab Mitte August schlüpfen die Falter aus. – Generation einfach. Die Eier überwintern.
Die giftig wirkenden Raupenhaare erzeugen auf der Haut von Menschen und Tieren schmerzhafte Entzündungen. Den Raupen und Puppen stellt vor allem der Kuckuck nach.

Dem vorigen äußerlich und in der Lebensweise ähnlich ist der etwas größere, von Mai bis in den August besonders im Ostseegebiet in trockenen, sandigen Kiefernwäldern fliegende:

Kiefernprozessionsspinner
Thaumetopoéa pinívora Treischke.

Dieser legt seine Eier in 3 bis 4 mm starken und bis 4 cm langen mit
(58) Afterschuppen bedeckten Kolben um die Nadeln meist geringwüchsiger Kiefern mittleren Alters auf mageren Standorten. Die Anfang Mai des darauffolgenden Jahres erscheinenden Raupen leben gesellig und fressen Kiefernnadeln. Sie ruhen klumpenweise in Astgabeln und wandern täglich in langen Prozessionen, meist einzeln hintereinander, jede dem Spinnfaden der Vorgängerin folgend, nach den Fraßplätzen und wieder zurück. Verpuppung im August/September in einem gemeinsamen Gespinst in der Erde. Die durch einen graubraunen Kokon geschützten Puppen überwintern; ein Teil davon überliegt. – Forstlicher Schaden meist nicht sehr bedeutend, dagegen werden die Raupen durch die Giftwirkung ihrer Haare lästig.

Nonne
Lymántria mónacha Linné

(34) Falter: Vorderflügel weiß, mit zahlreichen braunschwarzen zackigen Binden und Flecken; Hinterflügel bräunlichgrau. Hinterleib, besonders beim ♀, großenteils rosenrot, mit schwarzen Querbinden; beim ♀ zugespitzt, mit einziehbarer
(35) Legeröhre. Färbung und Zeichnung sehr veränderlich. Das ♂ trägt die Flügel in der Ruhe mehr ausgebreitet als das ♀.
(58) Eier: Kugelig, etwas plattgedrückt, 1 mm groß, erst rosenrot, später perlmutterfarbig.
(65) Raupe: Grünlichgrau bis schwärzlich, mit Büscheln langer Haare; auf dem Rücken ein dunkler Längsstreifen mit herzförmigem, samtschwarzem Fleck auf dem 2. und hell-ovalem Fleck auf dem 7. und 8. Ring.
(71) Puppe: Glänzend kupferbraun, mit rotbraunen oder gelblichen Haarbüscheln.

Der hübsche, in Nadel- und Mischwäldern manchmal in ungeheuren Mengen auftretende, sonst keineswegs häufige Schmetterling schwärmt im Juli/August, vor allem in den Abendstunden. Tagsüber sitzen die Falter meist regungslos an Baumstämmen. Das ♀ legt seine Eier in mehr oder weniger großen Gelegen gut verborgen unter Borkenschuppen und in Rindenritzen vorwiegend starkrindiger Stämme ab. 8 Monate später, im April/Mai des nächsten Jahres, erscheinen die Räupchen, die etwa 5 Tage lang dicht beieinander bleiben, einen sog. „Spiegel" bildend, bevor sie in die Baumkronen hinaufklettern. Bei Beunruhigung oder Nahrungsmangel spinnt sich die junge Raupe gern ab, wobei sie am Spinnfaden hin- und herpendelt und dank ihrer langen Behaarung oft über weite Strecken ver-

weht wird. Die Nonnenraupen fressen die Nadeln und Blätter fast aller Holzarten, am liebsten der Fichte und Kiefer, und zwar meist in verschwenderischer Weise, indem die abgebissenen Blattorgane zum großen Teil ungenutzt zu Boden fallen. Nach einer Fraßzeit von 2 Monaten findet im Juni/Juli die Verpuppung statt. Die Puppe ruht, meist mit wenigen Gespinstfäden am Stamm befestigt, 2 bis 3 Wochen, worauf der Falter erscheint. – Generation einfach. Das Ei überwintert.
Größter Feind des Fichtenhochwaldes, den die Raupen durch Kahlfraß töten. Nonnenkalamitäten werden oft ohne menschliches Zutun nach wenigen Jahren durch das Auftreten einer seuchenartigen Erkrankung der Raupen beendet: Die Raupen drängen sich in die Wipfel, verlieren die Freßlust, erschlaffen und sterben ab.

Schwammspinner
Lymántria díspar Linné

(34) Falter: ♂ klein, bräunlich gefärbt, mit stark gezähnten dunklen Querstreifen auf den Vorderflügeln und dunkler Saumbinde. ♀ groß, weißlich, die zackigen Querstreifen auf den Vorderflügeln teilweise undeutlich; Hinterleib braun, auffallend plump und wollig behaart.
(58) Eier: In feuerschwammähnlichen Ablagen (daher Name) an der Rinde.
(64) Raupe: Mit großem, schwärzlichem Kopf, graugelb, mit schwärzlichen Zeichnungen und Büscheln langer Haare; auf dem Rücken 3 feine gelbe Längslinien, die großen vorderen Knopfwarzen blau, die hinteren rot.
(71) Puppe: Braunschwarz, dick, glanzlos, spärlich rötlich behaart, am Hinterende ein kleines zapfenartiges Schwänzchen.

Der weitverbreitete, besonders im Süden gelegentlich massenhaft auftretende Schmetterling schwärmt im August/September in Laubmischwäldern, auch Obstgärten, und zwar fliegen die beweglichen ♂♂ in den Abendstunden, aber auch am Tag in zickzackförmigem Flug lebhaft hin und her, während die schwerfälligen ♀♀ meist regungslos an Stämmen und Ästen sitzen oder nur schwirrend vorankriechen. Die Eier werden in einem flachen, rundlichen Haufen an der Rinde des Stammes, an Zweigunterseiten, Zäunen usw. vorzugsweise an Waldrändern und anderen lichten, sonnigen Waldorten abgelegt und mit der gelbbraunen Afterwolle bedeckt, was dem Gelege ein filziges Aussehen verleiht (Eischwamm). Die im darauffolgenden April erscheinenden Raupen verzehren nach einigen Tagen Verweilzeit im „Spiegel" verschwenderisch die Blätter fast aller Laubhölzer, besonders der Eichen, notfalls auch Nadeln, und lassen sich bei Nahrungsmangel am Seidenfaden vom Wind über weite

Strecken forttragen. Sie verwandeln sich im Juli/August in Rindenritzen oder zwischen Blättern, die von einzelnen Gespinstfäden zusammengehalten werden, zur Puppe, aus welcher nach 2 bis 3 Wochen der Falter schlüpft. – Generation einfach. Die Eier überwintern. – Raupe an Obst- und Waldbäumen oft schädlich.

Weidenspinner

Leucóma (Stilpnótia)sálicis Linné

(37) Falter: Schneeweiß, atlasglänzend, Beine schwarz geringelt.
(64) Raupe: Bunt, mäßig hellbraun behaart, mit einer Reihe auffallender, großer, gelbweißer Flecken auf dem Rücken.
Puppe: Glänzend schwarz, weiß oder gelb gefleckt, mit gelber, büschelförmiger Behaarung.

Der in warmen Juni- und Julinächten schwärmende, öfters in Massen auftretende Schmetterling legt seine Eier in flachen Haufen an die Rinde von Weiden und Pappeln, auch an Pappelblätter und an-
(58) dere Stellen, und überzieht sie mit einem glänzend weißen, bald erhärtenden Schaum, aus dem sich nach etwa 2 Wochen die schlüpfenden Raupen herausbohren. Diese benagen das Laub der Pappeln und Weiden und überwintern halbwüchsig in Rindenritzen hinter dichten, gut getarnten Gespinstfäden, um im nächsten April ihren Fraß deutlich verstärkt fortzusetzen, bis sie sich im Juni in Borkenritzen oder zwischen leicht versponnenen Blättern und Zweigen verpuppen.
Die Raupen können in Pappel- und Weidenanlagen, in Baumschulen und Pappelalleen durch Kahlfraß schädlich werden.

Goldafter

Epróctis chrysorrhoéa Linné

(37) Falter: Glänzend weiß, Hinterleibsende goldbraun wollig.
(65) Raupe: Dunkelgraubraun, bräunlich behaart, mit 2 roten Rückenstreifen, an den Seiten weiß gefleckt. Vorsicht beim Anfassen, die brüchigen Haare erzeugen Juckreiz!
(71) Puppe: Schwarzbraun, hell behaart; in einem durchsichtigen, graubraunen Kokon.

Der Schmetterling, meist nur vereinzelt, zuweilen aber in Massen in lichten Eichenwäldern, an Hecken und Waldrändern auftretend, fliegt im Juni/Juli in den Abendstunden. Das ♀ legt seine Eier an der Unterseite der Blätter von Heckengehölzen, Obstbäumen, Ei-
(58) chen und anderen Laubholzarten in länglichen Haufen ab und be-

deckt sie mit goldgelber Afterwolle. Die 2 bis 3 Wochen später, im August, erscheinenden Räupchen benagen schabend die Oberseite der Blätter. Während ihrer Fraßtätigkeit scheiden sie dauernd Spinnfäden aus, alles damit überziehend, und beim Übertritt auf das nächste Blatt dieses mit dem vorherigen verbindend und zusammenziehend. Auf diese Weise entsteht während des Spätsommers
(81) ein gemeinsames, festes, bis faustgroßes Winternest, in welchem die halbwüchsigen Raupen überwintern, um im nächsten Frühjahr, Ende April, ihren Fraß an aufbrechenden Knospen, an Blüten und Blättern, fortzusetzen. Die Verpuppung erfolgt einzeln oder zu mehreren im Juni zwischen Blättern oder am Boden, worauf Ende Juni, Anfang Juli der Falter schlüpft. – Generation einfach.

An Eichen und Obstbäumen durch den Frühjahrsfraß der Raupen oft sehr schädlich. Im Winter die sog. „Großen Raupennester" entfernen und vernichten!

Rotschwanz

Dasychira pudibúnda Linné

(34) Falter: Vorderflügel weißgrau, dunkel bestäubt, mit dunkleren Querbinden; Hinterflügel weißlich, mit verwaschener Binde. ♂ dunkler und stärker bestäubt.
(65) Raupe: Meist grünlichgelb, seltener bräunlichrot, behaart; auf den Ringen 4 bis 7 je eine gelbe Rückenbürste, dazwischen samtschwarze, vor allem bei der Fortbewegung sich abhebende Einschnitte; auf dem 11. Ring ein roter Pinsel (Name!).

Puppe: Gedrungen, dunkelbraun, kurz graugelb behaart, in einem mit Härchen durchwebten, gelbgrauen Kokon.

Der in Laubwäldern häufige Schmetterling fliegt im Mai/Juni bei Nacht. Das ♀ legt seine graugrünen Eier in fest haftenden Scheiben von der Größe eines Markstückes am unteren Stammteil von Laubbäumen, vorzugsweise von Rotbuchen, aber auch an Sträuchern ab. Nach etwa 3 Wochen, Ende Juni, kommen die Raupen aus, bleiben einige Tage in „Spiegeln" beisammen und wandern dann in die Baumkronen, um hier bis zum Herbst zu fressen, und zwar verschwenderisch, so daß Blatteile ungenutzt zu Boden fallen. Junge Raupen spinnen sich bei Beunruhigung gern ab, ältere lassen sich eingerollt zu Boden fallen, um aber sogleich wieder aufzubaumen, wenn die Gefahr vorüber ist. Verpuppung im Oktober in der Bodendecke, Ausschlüpfen der Falter im Mai. – Generation einfach. Die Puppe überwintert. – Da der Hauptfraß in den Spätsommer fällt, bleibt der Schaden selbst bei massenhaftem Auftreten meist nur geringfügig.

Schlehenspinner

Orgýia récens Hübner (= *O. antíqua* Linné)

(37) Falter: Vorderflügel des ♂ rostbraun mit dunklen Querstreifen und weißem Fleck vor dem Innenwinkel; Hinterflügel hell rostfarbig. ♀ plump, gelbgrau, wollig behaart, mit kurzen, weißlichen Flügelstummeln.

(64) Raupe: Bunt, auf Ring 4 bis 7 je eine gelbe Haarbürste; außerdem 5 schwarze Haarpinsel: 2 nach vorne gerichtete hinter dem Kopf, 2 seitlich abstehende auf Ring 5, 1 nach hinten gerichteter auf Ring 11.

Puppe: Gelblichgrau, an den Flügelscheiden schwarzbraun behaart, in eiförmigem Kokon.

Der Schmetterling erscheint im Juni/Juli und wieder im September. Das ♂ fliegt bei Tag. Das flugunfähige ♀ legt seine Eier auf den von ihm verlassenen Kokon oder in dessen Nähe. Die auskommenden Raupen leben im Mai und im Juli/August auf verschiedensten Laub-, auch Nadelhölzern, sowie Sträuchern, und benagen, noch klein, die Knospen und zarten Maitriebe, während die ausgewachsenen Raupen Blätter bzw. Nadeln fressen. Verpuppung meist zwischen Blättern; nach dreiwöchiger Puppenruhe schlüpft der Falter aus. – Generation meist doppelt. Überwinterung im Eizustand. – Wird gewöhnlich an Obstbäumen, nur in Einzelfällen auch forstlich schädlich.

Flechtenspinner

Lithósia (Oeonístis)quádra Linné

(35) Falter: Vorderflügel schmal, beim ♂ gelbgrau mit gelber, vorn stahlblauer Wurzel, beim ♀ gelb mit je 2 stahlblauen Flecken. Hinterflügel bleichgelb.

(65) Raupe: Graubraun oder schwärzlich, büschelig lang behaart, mit breitem, gelbem Rückenstreifen und beiderseits davon einer Doppelreihe roter Warzen, auf dem 3., 7. und 11. Ring schwarze Flecken.

Der Falter fliegt im Juli/August bei Nacht. Seine Raupe tritt an Nadelhölzern sowie an Eiche, Buche usw. bisweilen massenhaft auf und ist schon oft mit der Nonnenraupe verwechselt worden. Sie lebt aber gewöhnlich nur von Baumflechten und ist daher unschädlich. Frißt nur bei starker Vermehrung auch an Blättern und Nadeln.

Mondvogel

Phálera bucéphala Linné

(36) Falter: Vorderflügel silbergrau, mit großem, gelbem, schattiertem Mondfleck an der Spitze; Hinterflügel gelblichweiß.

(64) Raupe: Schwarzbraun, durch zahlreiche feine, unterbrochene, gelbe Längslinien und gelbe Querbinden auf jedem Ring gegittert, fein gelblich behaart.

Der Schmetterling, in Ruhestellung mit zusammengelegten Flügeln einem abgebrochenen Zweigstückchen gleichend, fliegt im Mai/Juni in Laubwäldern, vor allem Auwäldern entlang der Flußläufe, und legt seine Eier in Platten an die Unterseite der Blätter von Linden, Eichen, Weiden und anderen Laubhölzern. Die Ende Juni erscheinenden Raupen leben in der Jugend gesellig und können schließlich ganze Zweige und Äste entblättern, bis sie sich etwa September ohne Gespinst in der Erde verpuppen. – Generation doppelt bis einfach; auch 2jährig durch Überliegen der Puppen. Überwinterung als Puppe. – Forstliche Bedeutung gering; schädlich in Weidenhegern.

Kamelspinner
Lophópteryx camelína Linné

(37) Falter: Vorderflügel rostbraun, rotgelb gemischt, mit 2 zackigen dunklen Querlinien, gezacktem Saum und dunklem Schuppenzahn am Innenrand; Hinterflügel graugelb, mit blauschwarzem Fleck am Hinterwinkel.
(65) Raupe: Schwach behaart, grün, zuweilen rötlich, auf dem Rücken weißlich; mit gelber, rotpunktierter Seitenlinie; 2 rote Spitzen auf dem höckerigen 11. Ring.

Der Schmetterling, in der Ruhestellung einem welken, eingekerbten Blatt ähnlich, fliegt im April/Mai und in wärmeren Gebieten nochmals im Juli bis September in feuchten Laubmischwäldern und legt seine Eier in kleinen Gruppen an die Blattunterseiten verschiedenster Laubbäume, wie Birken, Linden, Eichen und Ahorn, deren Blätter von den ausschlüpfenden Raupen befressen werden. Diese leben anfangs gesellig, zerstreuen sich aber später. In der Ruhe biegen sie den Kopf nach rückwärts und das Hinterleibsende nach oben. Verpuppung in einem zarten Gespinst in der Erde. – Generation einfach oder doppelt. Die Puppe überwintert.

Großer Gabelschwanz
Cerúra (Dicranúra) vínula Linné

(35) Falter: Plump. Vorderflügel weißgrau, mit dunkelgrauen, lang ausgezackten Querlinien; Hinterflügel weißlich. Hinterleib schwärzlich geringelt.
(65) Raupe: Grün, unbehaart, mit dickem, braunem, rotgerandetem Kopf; auf dem 3. Brustring ein kegelförmiger Höcker, von welchem ein grauer, dreieckiger Nackenfleck zum Kopf und ein graubrauner, weißgerandeter, rautenförmiger Rückenfleck zum Hinterleibsende geht; an letzterem ein Paar langer, dünner, nach hinten etwas emporgerichtet getragener Schwanzspitzen (daher Name).

Puppe: Walzig, dick, dunkel rotbraun; in einem festen, aus Rinden- oder Holzspänchen zusammengeleimten Gehäuse.

Der Schmetterling fliegt im Mai/Juni, teilweise sogar bis in den September in Auwäldern und alten Steinbrüchen und legt seine Eier zu 1 bis 3en je Blatt meist an Pappeln und Weiden, wo die ausschlüpfenden, merkwürdig aussehenden Raupen im Sommer leben. Diese lassen bei Beunruhigung aus den Schwanzspitzen je einen roten Faden hervortreten und können in gereiztem Zustand aus einer Querspalte zwischen Kopf und 1. Brustring einen übelriechenden Saft ausspritzen. Verpuppung in einem festen Kokon aus zernagten Holzspänen am Stamm dicht über dem Boden; die Puppen überwintern.

Buchenspinner

Stauropus fagi Linné

(35) Falter: Braungrau, mit weißlichen verwaschenen Zickzacklinien und schwärzlichen Fleckchen.
(65) Raupe: Kastanienbraun, unbehaart; außerordentlich lange Vorderbeine am 2. und 3. Ring, spitzige Höcker auf dem Rücken der mittleren Ringe; am Hinterleibsende 2 keulenförmige Spitzen.

Der ziemlich seltene Schmetterling fliegt im Mai/Juni, im Süden in einer 2. Generation auftretend einmal im April/Mai und erneut im Juli/August, in Buchenwäldern, gern in jungen Stangenhölzern, und legt seine Eier an Buchen und einigen anderen Laubhölzern ab, auf welchen die ausschlüpfenden Raupen von Juli bis September leben. Die seltsame Gestaltung der Raupen wird besonders auffallend, wenn sie den vorderen und hinteren Teil des Körpers aufrecht tragen und sich nur mit den Bauchfüßen festhalten. Verpuppung im Herbst zwischen zusammengesponnenen Blättern in einem weißen, seidenartigen Gewebe. Die Puppe gelangt mit dem fallenden Laub auf die Erde, wo sie überwintert.

Die Eulen

Noctuídae

Die Eulen, mit Ausnahme der ansehnlichen Ordensbänder meist nur mittelgroß, sind kräftige Schmetterlinge mit düsteren, durch Schutzfärbung ausgezeichneten, in der Ruhe meist dachförmig getragenen Vorderflügeln, welche durch 2 Querbinden in Wurzel-,

Mittel- und Saumfeld geteilt, im Mittelfeld einen nierenförmigen und außerdem oft auch einen ringförmigen Fleck (Makel) aufweisen; ♂ und ♀ wenig verschieden. Raupen meist nackt, 16-, 14- oder 12beinig.
Wie schon der Name verrät, fliegen die Eulenfalter nachts oder in der Dämmerung, nur wenige bei Tag. Sie sind lebhaft und saugen Blumennektar und ausfließenden Baumsaft. – Einige Arten können, besonders an Nadelhölzern, erheblichen Schaden verursachen.

Forleule, Kieferneule

Panólis flámmea Schiffermüller

(41) Falter: Vorderflügel rotbraun mit unregelmäßigen hellen Querbinden und hellem Nieren- und Ringmakel, Hinterflügel und Hinterleib graubraun. ♂ und ♀ gleichen einander.

(58) Eier: Eingedrückt kugelig, gerillt, nicht ganz 1 mm groß, erst blaßgrün, später hellrötlichbraun, zuletzt bläulichviolett.

(67) Raupe: 16 beinig, gelblichgrün, Kopf lichtbraun mit rötlicher Netzzeichnung, mit 3 bis 5 weißlichen Rückenstreifen und je einem orangegelben Seitenstreifen dicht über den Beinen. Die Streifenzeichnung greift niemals auf den Kopf über, daher Verwechslung mit der Kiefernspannerraupe nicht gut möglich.

(71) Puppe: Ziemlich gestreckt, glänzend dunkelbraun, auf dem Rücken des 4. Hinterleibsringes ein Grübchen, Hinterende zweispitzig.

Der in wärmeren Lagen des Hügellandes besonders auf durch Streurechen entkräfteten Böden oft massenhaft auftretende Schmetterling schwärmt im März/April unmittelbar nach Sonnenuntergang in der Wipfelregion vorzugsweise jüngerer, etwa 30- bis 80jähriger Kiefernbestände, wo das ♀ seine Eier an den vorjährigen Nadeln meist unterseits, fest aneinandergekittet, reihenweise ablegt. Tagsüber sitzen die Falter gern ruhig mit dachförmig gestellten Flügeln an den Stämmen und Zweigen. Die im Mai schlüpfenden, in der ersten Jugend eifrig spinnenden und sich „spannend" fortbewegenden Raupen befressen die Knospen und Maitriebe und später in verschwenderischer Weise die vorjährigen Nadeln der Kiefern, notfalls auch anderer Holzarten, bis sie sich im Juli/August unter der Bodendecke ohne Gespinst verpuppen. Die Falter schlüpfen im darauffolgenden März/April. – Generation einfach. Die Puppe überwintert.
Großer Feind der Kiefernstangenhölzer, die durch Kahlfraß oft getötet werden. Zur Überwachung des Schädlings in gefährdeten Beständen im Herbst und Winter probeflächenweise nach Puppen suchen!

Mönch, Klosterfrau
Pánthea coenobíta Esper

(40) Falter: Vorderflügel mit breiten schwarzen, gezackten Querbinden und Flecken auf weißem Grund; Hinterflügel schwarzgrau. Hinterleib oben schwärzlich.

Raupe: Ziemlich lang behaart, braungrau, mit gelblichweißer Rückenlinie und orangeroten Seitenstreifen; auf dem 4. und 11. Ring längere Haarpinsel; bläulich eingeschnitten.

Puppe: Glänzend rotbraun, in gelblichem Gespinst.

Der ziemlich seltene, in lichten Nadelwäldern, vor allem am Rande von Fichtenwäldern, vorkommende Schmetterling ähnelt in seinem Äußeren dem Nonnenfalter, fliegt jedoch schon im Mai/Juni. Das ♀ legt seine Eier in Spiegeln an glatte Rindenstellen vorwiegend der Fichten, auch der Tannen, Kiefern und Lärchen, auf welchen man im August und September die Raupen findet. Verpuppung am Stamm oder am Fuß der Bäume in einem festen Gespinst. Die Puppe überwintert.

Ahorneule
Acronýcta áceris Linné

(41) Falter: Vorderflügel weißgrau, dunkler gelblich oder bräunlich bestäubt, mit welligen Querlinien, deutlichen Makeln und feinem Längsstrich aus der Wurzel; Hinterflügel fast weiß, mit bräunlich bestäubten Rippen. Körper dicht behaart.

Eier: Platt, gelb, später rötlichgrau.

(67) Raupe: Gelb, dicht behaart, mit schwarzbraunem Kopf und schwarzen Luftlöchern; über dem Rücken auf jedem Ring ein weißer, schwarzgesäumter Rautenfleck, neben dem 2 hohe, pyramidenförmige, gelbe oder rote Haarbüschel stehen.

Puppe: Schlank, rotbraun, in einem zähen Gespinst.

Der im ganzen Gebiet verbreitete und in manchen Gegenden häufige Schmetterling, als Falter und als Raupe dem Rotschwanz entfernt ähnlich, liebt Kastanienalleen und lichte Laubwälder. Er schwärmt im Mai/Juni und mancherorts erneut im Juli/August nachts. Das ♀ legt seine Eier meist einzeln auf Blattunterseiten oder in Rindenritzen an Ahorn, besonders Bergahorn, Kastanie und anderen Laubhölzern ab, deren Blätter von den im Juli auskriechenden Raupen bis September befressen werden. Bei Beunruhigung rollt sich die Raupe plötzlich zusammen. Verpuppung in einem mit Haaren und Holzspänen vermischten, harten Gespinst zwischen Borkenritzen am Fuß des Stammes; der Falter schlüpft im Mai/Juni. – Generation einfach bis doppelt. Die Puppe überwintert und überliegt bisweilen.

Spinnereule, Haseleule
Colocásia córyli Linné

(40) Falter: Vorderflügel in der Saumhälfte aschgrau mit 2 dunkleren, zackigen Querlinien, in der Wurzelhälfte rostbraun mit dunkler Querbinde und schwarzgerandeter Ringmakel; Hinterflügel gelbgrau.
(67) Raupe: Fleischfarben, behaart, mit dunklem Rückenstreifen; auf dem 1. Ring 2 seitliche, auf Ring 4, 5 und 11 rückenständige Haarbüschel, wovon die beiden mittleren rot, die übrigen schwarz sind.
Puppe: Schwarz, mit rotbraunem Hinterleib, in grauem Gespinst.

Der im Mai/Juni und oft nochmals im Juli/August schwärmende Schmetterling legt seine Eier einzeln an Haseln, Eichen, Buchen und anderen Laubhölzern ab, auf denen von Juli bis Oktober die Raupe zwischen zusammengesponnenen Blättern lebt und anschließend sich auch dort oder am Boden verpuppt. – Generaton einfach bis doppelt. Die Puppe überwintert.

Blaukopf
Díloba caeruleocéphala Linné

(40) Falter: Vorderflügel violettbräunlich, glänzend gewässert, mit breiter, dunkler Binde in der Mitte, in welcher große, zusammengeflossene, grünlichweiße Flecken stehen; Flügelwurzel bräunlich, mit schwarzem Längswisch. Hinterflügel hell graubraun, mit dunklem Streif am Hinterwinkel.
(67) Raupe: Dick, blaß bläulich- und grünlichweiß, mit breitem gelbem Rücken-, schmäleren gelben Seitenstreifen und schwarzen, mit einzelnen Börstchen besetzten Warzen; Kopf bläulich (daher Name), mit 2 runden schwarzen Flecken.
Puppe: Matt rotbraun, bläulich bestäubt, in einem Gehäuse.

Der mancherorts häufige, spät abends von August bis Oktober fliegende Schmetterling legt seine Eier, die er mit Afterwolle bedeckt, auf Schlehen, Weißdorn, Obstbäumen und anderen Laubhölzern ab, deren Knospen, Blätter und Blüten von den im zeitigen Frühjahr schlüpfenden gefräßigen Raupen im Mai/Juni befressen werden. Verpuppung an Stämmen, Mauern und dgl. in einem ziemlich festen Gehäuse aus Holzspänen, Rinde, Flechten usw. Nach 3 Monaten Puppenruhe schlüpft der Falter. – Überwinterung teils als Ei, teils als Falter, dann auch im Frühjahr fliegend.

Gemeine Markeule
Gortýna ochrácea Hübner (= *G. flávago* Schiffermüller)

(40) Falter: Vorderflügel goldgelb, braun gezeichnet, Wurzelfeld zum Teil und gewässerte Binde braun, große Makeln; Hinterflügel gelblichweiß, mit schattengrauer Binde.

Raupe: Schmutzigweiß oder gelb, mit dunkelrötlichem Anflug und schwarzen Punktwarzen; Kopf und Nackenfleck braun.
Puppe: Rotbraun.

Der Schmetterling fliegt im August/September. Die Raupe lebt vom Mai an im Mark (Name!) von Krautstengeln, Holunderzweigen und Weidenruten, wo sie bis 30 cm lange, abwärts gerichtete, mit wenigen Luftlöchern versehene Gänge frißt und sich im Juli, nachdem sie ein ovales Flugloch genagt und mit einem Pfropfen wieder verschlossen hat, verpuppt. Die befallenen Triebe schrumpfen von der Spitze her ein, knicken auch häufig an der Fraßstelle um. – Die Eier überwintern. – Befallene Ruten im Juli abschneiden und verbrennen!

Aprileule
Dichónia (Agriópis) aprilína Linné

(41) Falter: Vorderflügel lichtgrün, mit weißlichen, dicht schwarz eingefaßten Makeln und schwarzen, zackigen, teilweise weiß gesäumten Querstreifen; Hinterflügel schwarzgrau, mit hellen Bogenlinien am Saum. Brust grün, mit schwarzen Flecken, Hinterleib grau.

Raupe: Grauweiß, rindenfarbig, mit feiner weißer Rückenlinie und dunkelbraunen, zusammenfließenden Flecken, sowie ebensolchem Seitenstreifen, der durch weiße Flecken unterbrochen ist. Kopf braun, mit 2 schwarzen Bogenstreifen.

Der schöne Schmetterling fliegt Ende August bis Oktober nicht selten in Eichenwäldern und lichten Mischwäldern. Das ♀ legt seine Eier vorwiegend an Eichen, seltener Linden und Buchen, deren junges Laub und Flechten die im zeitigen Frühjahr schlüpfenden Raupen, welche sich bei Tag zwischen Rindenspalten verstecken, am Abend befressen, bis sie im Juni zur Verwandlung in die Erde gehen. Die Puppenruhe dauert nur wenige Wochen. – Die Eier überwintern.

Trapezeule
Calýmnia (Cósmia) trapezína Linné

(40) Falter: Auf den rötlichgelben Vorderflügeln schließen 2 Querlinien ein dunkleres trapezförmiges Mittelfeld ein, in welchem die Nierenmakel unten schwarz gekernt ist; vor dem Saum eine Reihe dunkler Punkte. Hinterflügel grau, am Vorderrand breit gelb, Fransen gelblich.

(67) Raupe: Matt- oder gelblichgrün, mit schwarzen, weiß geränderten Punktwarzen, 3 zarten weißen Rückenlinien und gelblichem, oben dunkel gesäumten Seitenstreifen.

Puppe: Hellbraun, blaugrau bereift, mit Stachelspitzen, in schwachem Gewebe.

Der Schmetterling fliegt im Juli/August in Laub- und Mischwäldern, an Feld- und Wiesenrändern. Die Raupe lebt im Mai/Juni auf Eiche, Weide, Ulme und vielen anderen Laubhölzern zwischen zusammengesponnenen Blättern. Sie ist eine Mordraupe, d. h. sie frißt bei Nahrungsmangel ihre Genossen auf. Verpuppung in der Bodendecke. – Die Eier überwintern.

Eichenkarmin

Catócala spónsa Linné

(41) Falter: Vorderflügel graubraun, hell gemischt, mit stark gezackter hinterer Querlinie, weißlicher Wellenlinie und weißen oder gelblichen Flecken vor und unter der Nierenmakel; Hinterflügel karminrot, mit schwarzer, w-förmig gebrochener Mittelbinde und breitem schwarzem Saum. Saum aller Flügel gewellt.

Raupe: Schlank, etwas flach, rindenfarbig grau oder braun, an den Seiten über den Füßen gewimpert, die beiden vorderen Bauchfußpaare verkümmert, ein Querwulst auf dem 8. und eine flache Erhöhung auf dem 11. Ring; Bauch blaß, dunkel gefleckt.

Puppe: Schlank, braun, blau bereift, lebhaft, in lockerem Gespinst.

Der prächtige Schmetterling, ein sog. Ordensband, schwärmt im Juli bis September spät abends in Eichenwäldern. Tagsüber sitzt er, die düster gefärbten Vorderflügel dachförmig über die Hinterflügel gebreitet, meist ruhig an Baumstämmen, um aber bei der geringsten Störung schnell davonzufliegen. Das ♀ legt seine Eier auf Eichen, deren Blätter von den im Mai/Juni lebenden Raupen nachts befressen werden. Diese bewegen sich in der Jugend ähnlich wie Spannerraupen, ruhen bei Tag fest angedrückt an Zweigen und Stämmen, und schnellen bei Berührung lebhaft um sich. Verpuppung in einem lichten Gewebe zwischen Blättern und dgl. Wenige Wochen später schlüpft der Falter. – Überwinterung im Eizustand.

Dem vorigen äußerlich und in der Lebensweise sehr ähnliche Or-
(40) densbänder sind u. a.: Das **Blaue Ordensband,** *Catócala fráxini* Linné, unser größter Eulenfalter, über dessen schwarze Hinterflügel ei-
(67) ne breite, hellblaue Querbinde zieht; Raupe vorwiegend auf Pap-
(70) peln, auch anderen Laubhölzern des Auwaldes; Puppe groß,
(41) schlank, blau bereift. – Das **Gelbe Ordensband,** *Catócala fulmínea* Scopoli, mit schwarzer, am Hinterwinkel unterbrochener Saumbinde und schlingenförmiger schwarzer Mittelbinde auf gelben Hinterflügeln; Raupe auf Schlehe, Weißdorn, Traubenkirsche, auch an Pflaumenbäumchen.

Kiefernsaateule

Agrótis vestigiális Rottenburg

(41) Falter: Vorderflügel aschgrau, bräunlich gemischt, von feinen schwarzen Adern durchzogen und mit deutlichen dunklen Makeln; aus der Wurzel ausstrahlend eine hellere Längslinie. Hinterflügel gelbgrau.

(67) Raupe: 16beinig, nackt, erdfarben grünlich oder rötlichgraubraun („Erdraupe"), mit feiner doppelter schwarzer Rückenlinie und blaß weißlichen Seitenlinien, 4 dunklen Punkten auf jedem Ring und glänzend braunem Kopf und Halsschild.

Puppe: Hell rotbraun, am Hinterende 2 kurze Dornen.

Der Schmetterling fliegt im August/September, auch bei Tag, und legt seine Eier mit Vorliebe an sandigen Stellen mit Gras- und Unkrautwuchs einzeln am Boden ab. Die im September erscheinenden lichtscheuen Raupen befallen, tagsüber an Wurzeln im Boden versteckt, nachts über der Erde, junge Gräser und Kräuter, aber auch, besonders ab März, wenn sie aus der Kältestarre erwacht sind, 1- bis 3jährige Laub- und Nadelhölzer, vor allem Kiefern, die sie an Wurzeln, Rinde und Nadeln benagen, so daß sie vertrocknen. Keimlinge und einjährige Pflanzen werden nicht selten in der Nähe des Wurzelknotens durchgebissen, so daß sie am Boden liegen, und der Wurzelteil verzehrt. Verpuppung im Juli in lockerem Gespinst meist im Boden. Ab Anfang August schlüpft der Falter. – Generation einfach. Die halbwüchsige Raupe überwintert.

Wintersaateule

Agrótis ségetum Schiffermüller

(41) Falter: Vorderflügel gelblichbraun oder rötlich graubraun bis braunschwarz, mit schwach vortretender Zeichnung, die Makeln fein schwarz umrandet. Hinterflügel glänzend milchweiß, auf den Adern und beim ♀ auch vor dem Saum etwas gebräunt.

Raupe: 16beinig, nackt, fettglänzend, erdfarben braun bis graugrünlich („Erdraupe"), mit doppelter dunkler Rücken- und breiter brauner Seitenlinie, 4 matten Punkten auf jedem Ring und glänzend hellbraunem Kopf.

Puppe: Hellbraun, mit lang gegabelter Spitze am Hinterende.

Der häufige Schmetterling fliegt, zuweilen auch im Sonnenschein, Ende Mai, Juni, und oft nochmals im Herbst, vorwiegend in Feld- und Gemüseanbaugebieten, und legt seine Eier einzeln am Boden oder an tiefstehenden Blättern und unteren Stengelteilen der verschiedensten Pflanzen ab. Die im Juni erscheinenden Raupen befressen, ähnlich wie die der Kiefernsaateule, bis Oktober, tagsüber im Boden versteckt, die Wurzeln, bei trübem Wetter und nachts die oberirdischen Teile von Gräsern, Getreide, Rüben und Kartoffeln, aber auch Saatpflanzen der Laub- und Nadelhölzer, die teils abgebissen, teils unterirdisch bis zum Wurzelknoten entrindet werden, so daß sie vertrocknen. Nach ihrer Winterruhe 10 bis 15 cm unter der Erde folgt im April/Mai die Verpuppung 5 bis 10 cm tief im Boden. – Generation meist doppelt.

Gammaeule

Autógrapha (Plúsia) gámma Linné

(41) Falter: Vorderflügel graubraun, mit silbernem Schimmer und rötlich gemischt, in der Mitte eine dem griechischen Buchstaben Gamma (γ) ähnliche Silberzeichnung, der Saum gewellt. Hinterflügel gelblichgrau mit breitem, dunklem Saum. Brust dunkel-, Hinterleib hellgrau.
(67) Raupe: 12füßiger Halbspanner, nach vorn auffallend schlanker werdend, hell- bis bläulichgrün, mit einzelnen Borstenhärchen besetzt, mit feinen weißen Rückenlinien und schmalem gelbem Seitenstreifen; Kopf braungrün, an den Seiten schwarz.
Puppe: Matt schwarzbraun, in einem weißlichen Gewebe.

Der von Mai bis September überall häufige, durch alljährliche Zuwanderung aus dem Süden (Nordafrika) verstärkt auftretende, auch bei Tag fliegende Schmetterling, dessen Flügel, beim Ruhen dachförmig gestellt, bei Beunruhigung zittern, saugt geschäftig an Blumen Nektar und legt seine Eier an allen möglichen Kräutern, sowie land- und forstwirtschaftlichen Kulturpflanzen ab. Die von April bis Oktober dort frei lebenden, spannerartig sich bewegenden Raupen befressen mit Vorliebe Kiefernsämlinge und 2- bis 3jährige Kiefernpflänzchen. Verpuppung oberirdisch an den Fraßpflanzen in einem weißen, wolligen, lockeren Gespinst. Nach 2 bis 4 Wochen Puppenruhe schlüpft der Falter. – 1 bis 3 sich überschneidende Generationen im Jahr. Im Herbst Rückflug eines Teiles der Falter nach dem Süden.

Braunes Ordensband, Mondeule

Pseudóphia lunáris Schiffermüller

(41) Falter: Vorderflügel grünlichgrau bis rotbraun mit 2 helleren Querlinien, hinter der hinteren Querlinie am dunkelsten, im Mittelfeld ein schwarzbrauner Halbmond und ein schwarzes Pünktchen, vor den Fransen eine feine Punktreihe. Hinterflügel gelbbraun, Saumhälfte dunkler, mit gelblicher Saumlinie.
(67) Raupe: Rötlichbraun, mit rötlicher Seitenlinie über den Füßen, 2 rotgelben Warzen auf dem 4. und 2 gelben Spitzen auf dem 11. Ring; das 1. Bauchfußpaar verkümmert.
Puppe: Schwarzbraun, in einem leichten Gespinst.

Der im Mai/Juni in lichten Eichenwäldern, Laubmischwäldern und buschigen Heiden fliegende Schmetterling legt seine Eier mit Vorliebe an 2- bis 6jährige Eichen, deren zarte Triebe und Blätter von den im Juli/August lebenden Raupen befressen werden. Verpuppung anschließend in einem leichten Gewebe zwischen Blättern und Moos am Boden. Die Puppe überwintert.

Erbseneule

Maméstra písi Linné

(40) Falter: Vorderflügel glänzend rotbraun, violettgrau gemischt, mit zackiger weißer Linie vor dem Saum, deren Ende am Innenwinkel einen scharf hervortretenden Hakenfleck bildet. Hinterflügel hell, mit dunklem Saum.

Raupe: Rotbraun oder braungrün, nackt, 4 hochgelbe Längsstreifen, Unterseite fleischfarben.

Puppe: Rotbraun, mit hellen Einschnitten.

Der häufige Schmetterling, der in der Ruhe die Flügel dachförmig trägt, fliegt im Mai/Juni bei Nacht, und legt seine Eier an vielen krautartigen Pflanzen sowie an Weißdorn, Heckenkirsche, Weide und anderen Holzgewächsen ab, auf denen von Juli bis September die Raupen leben, welche bei Störungen den Vorderkörper aufrichten und lebhaft hin und her bewegen. Vereinzelt sind sie an 1- bis 5jährigen Fichten, Kiefern und Lärchen schädlich geworden. Verpuppung im Herbst in einem schwachen Erdgespinst. – Meist nur 1 Generation im Jahr. Die Puppe überwintert.

Weidenkahneule, Weidenkahnspinner

Eárias chloróna Linné

(41) Falter: Dem Eichenwickler ähnlich, mit hellgrünen Vorderflügeln, jedoch weißen Hinterflügeln.

(67) Raupe: 16beinig, in der Mitte am stärksten, weißlich oder grünlich, mit braunem Kopf und bräunlichen Seitenstreifen.

(70) Puppe: Gedrungen, braun, bläulich bereift, in gelblichweißem Gehäuse.

Der Schmetterling fliegt im April/Mai und im Juli/August des Nachts in Auen, an Teichen und Seen und legt seine Eier einzeln an die Spitzen junger Weidentriebe, besonders der Korbweide. Die stets einzeln lebenden Raupen erscheinen im Mai bzw. Juli/August und verspinnen die Blätter an der Spitze mit wenigen Fäden zu ei-
(82) nem nach der Seite gebogenen festen Wickel, unter dessen Schutz sie leben und die inneren Blätter des Wickels sowie die noch wei-

chen Triebspitzen fressen, wodurch das Längenwachstum der Ruten fast unmöglich gemacht wird und sperriger Wuchs, also Entwertung der Ruten erfolgt. Verpuppung Ende Juni, Anfang Juli bzw. im September, Anfang Oktober außerhalb der Wickel an Zweigen oder Blättern in einem weißen, kahnförmigen, dichten Kokon. – Generation doppelt. Es überwintert die Puppe der zweiten Generation.

Buchenkahneule, Buchenkahnspinner
Béna fagána Fabricius (= *Hylóphila prasinána* Linné)

(41) Falter: Körper ziemlich plump, Brust lang und dicht behaart, Fühler rot. Vorderflügel mit schrägem Saum, grün, mit 3 verwaschenen, weißlichen Querstreifen und schmal roten (♂) oder gelben (♀) Rändern; Hinterflügel gelblich (♂) oder weißlich (♀).

(67) Raupe: Nackt, dick, gelbgrün, gelb gerieselt, mit 3 gelblichen Rückenlinien, auf den ausgestreckten Nachschiebern je 1 roter Strich.

Puppe: Rücken dunkelviolett, die Unterseite sowie die Flügelscheiden gelblich; in kahnförmigem, gelblichbraunem, ziemlich festem Gespinst.

Der im Mai/Juni in Laub-, besonders Buchenwäldern nachts fliegende Schmetterling legt seine Eier an Buchen, Eichen und Birken ab, auf denen die sehr beweglichen, den Kopf häufig unter den Nackenschild zurückziehenden Raupen von Juli bis September frei leben, worauf sie sich auf einem Blatt in einem länglichrunden Gespinst verpuppen. Die Puppe fällt mit dem Blatt zur Erde und überwintert.

Kiefernspinner
Dendrólimus píni Linné

(34) Falter: Färbung sehr veränderlich, schwankt zwischen braunrot und schiefergrau.
(35) Vorderflügel mit brauner, von schwärzlichen Zickzacklinien eingefaßter Querbinde und weißem Punktfleck. Hinterflügel rotbraun. Körper plump.
(58) Eier: Knapp hanfkorngroß, erst blaugrün, später grau.
(64) Raupe: Unbestimmt und verschieden gefärbt, meist aschgrau oder braun, stark behaart, mit 2 stahlblauen Nackenstreifen auf dem 2. und 3. Brustring, die besonders deutlich bei der Schreckstellung hervortreten.
(71) Puppe: Schwarzbraun, gedrungen, an beiden Enden stumpf abgerundet; von
(71) einem watteartigen, gelbgrauen, spindelförmigen Kokon umschlossen, der stellenweise mit den stahlblauen Nackenhaaren der Raupe durchsetzt ist.

Der in reinen Kiefernwäldern auf armen Standorten bisweilen massenhaft auftretende Schmetterling schwärmt Anfang Juli bis Anfang August. Tagsüber sitzt er gewöhnlich regungslos, seiner schützenden Färbung wegen kaum bemerkbar, am Stamm und fliegt nachts umher, die lebhafteren ♂♂ bei Störung auch tags. Das ♀ legt seine Eier einzeln oder in lockeren Gruppen an dünnen Zweigen und Nadeln der unteren Kronenhälfte, seltener an der Rinde des Stammes ab. Befallen werden vorzugsweise ältere Kiefern, gelegentlich auch Fichte und Tanne. 2 bis 3 Wochen nach der Eiablage, im August, kriechen die Raupen aus, fressen bis Frostbeginn im Oktober/November in der Krone, überwintern sodann halbwüchsig am Fuß der Fraßbäume zusammengerollt in der Bodendecke, und baumen im März wieder auf, um den Nadelfraß in der Krone fortzusetzen. Verpuppung im Juni in einem spindelförmigen Kokon zwischen der Schuppenborke am Stamm oder zwischen Zweigen. Nach etwa 5 Wochen Puppenruhe, im Juli schlüpft der Falter. – Generation meist einfach, im Norden 2jährig.

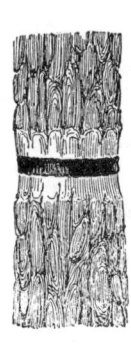

Wichtiger Kiefernschädling! Im Februar angebrachte Leimringe versperren den Raupen nach der Überwinterung den Weg zur Krone zum sehr gefährlichen Frühjahrsfraß.

Ringelspinner

Malacosóma neústria Linné

(36) Falter: Ockergelb bis rotbraun; auf den Vorderflügeln ein breites, von helleren Linien eingefaßtes Querband.
(58) Eier: Halbkugelig, grau; in Ringeln um jüngste Zweige (daher Name).
(65) Raupe: Langgestreckt, dünn und weich behaart, mit weißer Rückenlinie und blauen Seitenstreifen („Livreeraupe"), auf dem blaugrauen Kopf 2 schwarze Flecken.
(71) Puppe: Schwarz, in einem mehlig bestäubten, gelbweißen Kokon.

Der weit verbreitete Schmetterling fliegt an Juliabenden in Gärten, an Waldrändern und Hecken. Eiablage in regelmäßigen, dichten, spiraligen Ringeln an dünnen Zweigen von Schlehe, Vogelkirsche, Eiche und anderen Laub-, insbesondere Obstbäumen, wo die im folgenden April auskriechenden Raupen gesellig anfangs Blatt- und Blütenknospen, später die Blätter fressen. Solange sie noch nicht erwachsen sind, bewohnen sie gemeinsam Gespinste, meist in Astgabeln; später zerstreuen sie sich und leben vereinzelt. Verpuppung im Juni zwischen Blättern oder in Rindenritzen; im Juli schlüpft der Falter. – Generation einfach, die Eier überwintern. – Weniger forstlich als an Obstbäumen schädlich. Eiringel durch Überleimen oder Abschneiden vernichten!

Wollafter, Birkennestspinner

Eriogáster lanéstris Linné

(37) Falter: Dickleibig. Vorderflügel rotbraun mit weißem Querstreifen, in der Mitte und an der Wurzel je 1 weißer Fleck; Hinterflügel heller, der weiße Querstreifen verloschen. Hinterleibsende des ♀ grau wollig.
(64) Raupe: Tief schwarzblau oder schwarzbraun, mäßig dicht aber lang behaart, auf dem Rücken 2 Reihen rotgelber Warzen, seitlich darunter auf jedem Ring meist 3 weiße Punkte.
(71) Puppe: Gedrungen, ockergelb, in kurzem, festem, ledergelbem Kokon.

Der Schmetterling fliegt im April auf sonnigen Schlägen mit Birkengebüsch, an Hängen und auf Heideflächen. Die Eier werden in ei-
(58) nem spiralförmigen Band um einjährige Triebe geklebt und mit der grauen Afterwolle des ♀ bedeckt. Die im Mai auskriechenden Raupen leben gesellig in großen, weißen Raupennestern auf Birken, Linden und anderen Laubhölzern, die sie entblättern. Zuletzt fressen sie vereinzelt und verpuppen sich im Juli am Boden unter Laub. Der Falter schlüpft im April des nächsten, mitunter auch erst eines späteren Jahres. – Generation meist einfach. Die Puppen überwintern und überliegen oft mehrere Jahre. – Forstliche Bedeutung im allgemeinen gering; meist nur an Allee- und Randbäumen und vor allem an Obstbäumen schädlich.

Eichenspinner, Quittenvogel

Lasiocámpa quércus Linné

(36) Falter: ♂ kastanienbraun, ♀ ockergelb; auf den Vorderflügeln ein weißer Mittelfleck, auf beiden Flügeln eine gelbe, nach außen verwaschene Querbinde.
(64) Raupe: Behaart, braungelb, mit schwarzen, weißpunktierten Ringeinschnitten, an den Seiten ein weißer Längsstreifen und weiße Schrägstriche.
(70) Puppe: Schwarzbraun, in festem, braunem Kokon.

Der Schmetterling fliegt im Juli/August am Rande von Mischwäldern, auf Moor- und Heideflächen und legt seine Eier einzeln an verschiedenste Nahrungspflanzen, vorwiegend Laubhölzer, auch Heidelbeere und Heidekraut. Die Raupen fressen bis spät in den Herbst und nach ihrer Überwinterung bis Mai, um sich anschließend zu verpuppen.

Nagelfleck
Aglia tau Linné

(36) Falter: ♂ rötlich gelbbraun, ♀ bleicher; vor dem Saum ein dunkelbrauner Querstreifen. In jeder Flügelmitte ein blauer, schwarz eingefaßter Augenfleck mit weißem, nagelförmigem Kern (Name!).

(64) Raupe: In der Jugend grünlich, mit 5 langen, roten Dornen auf dem Rücken; erwachsen grün, mit gelben Pünktchen, an den Seiten weißliche Schrägstreifen und oberhalb der Füße je eine weißliche Längslinie, auf dem Rücken höckerig.

Der schöne Schmetterling ist ein Bewohner alter lichter Buchenwälder und Mischwälder. Die ♂♂ fliegen im April/Mai bei Tag lebhaft umher, während die ♀♀ meist regungslos an Buchenstämmen sitzen. Die noch im Mai aus den Eiern schlüpfenden Raupen befressen bis Juli die Blätter der Buchen, aber auch anderer Laubhölzer, worauf sie sich zwischen Moos und dürren Blättern in einem locke-
(70) ren Gespinst über der Erde verpuppen. Die Puppen überwintern.

Sichelflügel
Drépana falcatária Linné

(37) Falter: Braungelb, oft bleich, mit dunkleren gezackten Querlinien; Vorderflügel mit rostbraunem Schrägstreifen aus der sichelförmigen Spitze (Name!), in der Mitte ein rundliches Fleckchen.

(65) Raupe: Oben braunrot, unten grünlich, am Anfang eines jeden Ringes ein dunkler Strich.

Der Schmetterling fliegt im Mai und in warmen Gebieten nochmals im Juli/August in der Dämmerung. Seine Raupe lebt auf Birken und Erlen zwischen zusammengezogenen Blättern, welche sie befrißt, und wo auch die Verpuppung stattfindet. – Generation meist 2fach.

Die Spanner

Geometrídae

Mittelgroße bis kleine, meist schmächtige, den Tagfaltern ähnliche Schmetterlinge mit verhältnismäßig großen, breiten, zarten, in der Ruhe meist flach ausgebreiteten Flügeln; bei einigen Arten haben die ♀♀ verkümmerte Flügel oder sind flügellos. Raupen nackt, dünn, meist nur 10beinig.
Die meisten Spanner fliegen während der Dämmerung oder nachts, einige Arten bei Tag. Die Raupen bewegen sich, da die vorderen Bauchfüße fehlen, „spannend" fort, indem sie sich abwechselnd krümmen und strecken (daher „Spanner"), und manche halten sich in der Ruhe nur mit den Hinterfüßen fest und strecken den Körper frei in die Luft, so daß sie kleinen Zweigresten täuschend ähnlich sind. – Einige wenige Arten können sowohl in der Land- wie in der Forstwirtschaft großen Schaden verursachen.

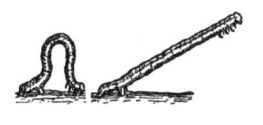

Kiefernspanner

Búpalus piniárius Linné

(39) Falter: ♂ gelblichweiß; Spitze der Vorderflügel und Ränder aller Flügel scharf abgesetzt sepiabraun; Fühler doppelt gekämmt. ♀ rostgelb, mit verwaschenen dunklen Binden am Außenrand und in der Mitte; Fühler fadenförmig.
(58) Eier: Glatt, oval, oben etwas eingedrückt, hellgrün.
(67) Raupe: 10beinig, gelblichgrün, nackt, schlank, mit 3 weißen, auf den grünen Kopf übergreifenden Rückenstreifen und je einem gelben Seitenstreifen dicht unter den Atemlöchern.
(71) Puppe: Erst grün, später glänzend braun mit grünlichen Flügelscheiden; Hinterende einspitzig.

Der im Nadelwald häufige, zur Massenvermehrung neigende Schmetterling schwärmt im Mai/Juni, vereinzelt bis August tagsüber, am lebhaftesten vormittags bei sonnigem, windstillem Wetter, vorzugsweise in 20- bis 70jährigen Kiefernbeständen auf mageren Böden, und zwar in der Wipfelregion, wo das ♀ seine Eier in perlschnurähnlichen, zierlichen Reihen an der Unterseite vorjähriger Kiefernnadeln ablegt; in der Ruhe trägt er die Flügel nach Tagfalterart ganz oder halb erhoben. Die im Juli schlüpfenden, sehr langsam wachsenden Raupen spinnen lebhaft und fressen Kiefern-, notfalls auch Fichten- und Tannennadeln bis Oktober, worauf sie sich an einem Faden herabspinnen, um sich im November, oft aber erst viel

später, teils in der Bodendecke unter Moos, teils im Boden selbst ohne Gespinst zu verpuppen. Der Falter schlüpft im Mai/Juni. Gesunde Puppen bewegen sich beim Berühren lebhaft. – Generation einfach. Die Puppe überwintert.
Da bei dem Spannerfraß, welcher erst zu verhältnismäßig später Jahreszeit stattfindet, die Knospen meist erhalten bleiben und auch die Entnadelung erst gegen Herbst eintritt, überwindet die Kiefer einen einmaligen Spanner-Kahlfraß; mehrmaliger führt jedoch zum Tod der Bestände, besonders bei Zusammentreffen mit kalten Wintern. Zur Überwachung des Schädlings auf Falterflug im Juni achten und Puppen im Winterlager probesammeln, jedoch nicht vor Ende November!

Gemeinsam mit dem vorigen, ohne jedoch besonders schädlich zu werden, fressen auf der Kiefer und anderen Nadelhölzern:
(39) Der **Gebänderte Kiefernspanner,** *Hylaéa fasciária* Linné (= *Ellópia prosapiára* Linné); Falter fleischrötlich oder lauchgrün, mit breiter dunklerer, beiderseits heller begrenzter Mittelbinde der dem Ringelspinner ähnlichen Vorderflügel und etwas verwischter,
(67) saumwärts heller begrenzter Querlinie der Hinterflügel; Raupe 12beinig, rindenfarbig rotbraun, weißlich gemischt, mit dunklen, dreieckigen Rückenflecken und dunkelbraunem Kopf. –
(39) Der **Veilgraue Kiefernspanner,** *Semiothísa lituráta* Clerck; Falter veilgrau (Name!), dunkel gesprenkelt, mit rotgelber Querbinde hinter der Flügelmitte, auf den Vorderflügeln je 3 schwärzliche, am Vorderrand stark verdickte Querlinien, von denen sich 2 auch auf den mit einer deutlichen Hinterecke versehenen Hinterflügeln fortsetzen; Raupe gelbgrün, der des Kiefernspanners ähnlich, aber rotköpfig.

Entfernte Ähnlichkeit mit dem Kiefernspanner hat der in Kiefernwäldern, auf Heide- und Moorflächen gleichfalls bei Tag fliegende,
(39) mitunter in großer Zahl auftretende, forstlich unschädliche **Heidekrautspanner,** *Ematúrga atomária* Linné; die braungesprenkelten Flügel haben vorn 3 bis 4, hinten 2 bis 3 braune Querbinden und sind beim ♀ von weißlicher, beim ♂, dessen Fühler stark gekämmt sind,
(67) von ockergelber Grundfarbe. Raupe schlank, gelbbraun, an den Seiten hell gestreift, mit dunkler Rückenzeichnung; lebt an Heidekraut und anderen niederen Pflanzen.

Zapfenspanner

Eupithécia abietária Goeze (= *E. píni* Ratzeburg)

(39) Falter: Klein, zart. Vorderflügel hellgrau, mit schwarzem Mittelfleck; Mittelfeld von bräunlich-roten Querbinden eingefaßt, Wellenlinie hell gezackt. Hinterflügel bräunlichgrau, mit 2 dunklen Querlinien.

(67) Raupe: Kurz, gedrungen, fleischrot, mit schwarzen Punktwarzen, schwarzem Kopf und Nackenschild.

Der Schmetterling fliegt im Mai/Juni, mit Vorliebe in Fichtenwäldern. Die Raupen, die sich nicht spannend, sondern kriechend bewegen, leben vorwiegend in jungen Fichtenzapfen, auch Tannenzapfen, von denen sie sich nähren. Die angegriffenen Zapfen, auf welchen sich charakteristische, rotbraune Kothäufchen finden, vertrocknen vor der Reife und fallen meist ab. – Generation 2jährig. Überwinterung als Puppe.

Gemeiner Frostspanner

Operóphthera (Cheimatóbia) brumáta Linné

(39) Falter: ♂ Vorderflügel gelbgrau, etwas rötlich, mit verloschenen dunklen Wellenlinien; Hinterflügel heller. ♀ graubraun, weißlich gesprenkelt, mit kurzen Flügelstummeln.

Eier: Mohnkorngroß, erst gelblichgrün, später rotgelb.

(67) Raupe: 10beinig, gelblichgrün, kahl, mit grünem Kopf, einer feinen, dunklen Rückenlinie und jederseits 3 weißlichen Längsstreifen.

(70) Puppe: Gedrungen, gelbbraun, am Hinterende 2 kleine Dornen; in lockerem Gespinst.

Der häufige Schmetterling erscheint beim Auftreten der ersten Nachtfröste (daher Name) in Laubwäldern und Obstgärten, wo von Oktober bis Dezember das ♂ in der Abenddämmerung fliegt, während das flugunfähige ♀ behende an Bäumen emporklettert, um seine Eier in der Krone an Knospen und in Rindenritzen der Zweige vieler Laubholzarten, in erster Linie Obstbäumen, abzulegen. Dort zerfressen die Ende April oder im Mai auskriechenden Raupen, welche in der Ruhe eine hufeisenförmige Haltung einnehmen, die aufbrechenden Blatt- und Blütenknospen sowie später, in lockeren Blattgespinsten lebend, die entfalteten Blätter, benagen auch junge Früchte, besonders Kirschen, bis sie sich im Juni an einem Faden herablassen, um sich am Fuß ihrer Fraßbäume einige cm tief im Boden zu verpuppen. Ab Oktober schlüpft der Falter. – Generation einfach. Die Eier überwintern.

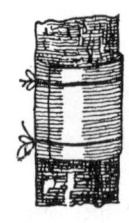

Durch wiederholten starken Raupenfraß an Waldbäumen werden Mast und Zuwachs gemindert. Am meisten leidet der Obstbau. Zum Schutz der Obstbäume legt man im September um die Stämme und Pfähle Leimringe, die den ♀♀ nach ihrem Ausschlüpfen aus der im Boden ruhenden Puppe das Aufsteigen in die Baumkronen unmöglich machen.

Dem vorigen äußerlich und in der Lebensweise sehr ähnlich ist der ihm nahe verwandte

Buchenfrostspanner

Operóphthera fágata Scharfenberg (= *Cheimatóbia boreáta* Hübner),

der jedoch weniger häufig, als Falter etwas größer, blasser und noch weniger gezeichnet, und dessen Raupe schwarzköpfig ist. Diese lebt auf Buchen und Birken stets in einem umgebogenen, zusammengesponnenen Blatt, meist an den unteren Zweigen der Bäume, und befrißt nachts dessen Ränder und Spitze. Sie vernichtet durch ihren Fraß auch nicht selten völlig den Buchenaufschlag.

Großer Frostspanner

Eránnis (Hybérnia) defoliária Clerck

(39) Falter: ♂ Vorderflügel gelblich, grob rostbraun bestäubt, mit 2 stark geschwungenen, braunen Querbinden, von denen die äußere auf der Innenseite scharf schwarz gerandet ist; Hinterflügel bleichgelb, bräunlich gesprenkelt. ♀ völlig flügellos, gelb, schwarz gefleckt.
(67) Raupe: 10beinig, schlank, lichtgelb, mit rotbraunem Kopf und breitem, rotbraunem, fein schwarz eingefaßtem Rückenstreifen und braunrot gefleckten Seitenstreifen.
Puppe: Rötlichbraun, spitzig endigend.

Der Falter fliegt Ende September, Anfang Oktober bis November in Laub- und Mischwäldern. Die Raupe lebt frei auf den Blättern verschiedener Laubhölzer. Sie frißt einzeln, spinnt die Blätter nicht zusammen und verpuppt sich meist erst im Juli. Sonst Lebensweise wie beim Gemeinen Frostspanner. Oft fressen die Raupen des Gemeinen, des Buchen- und des Großen Frostspanners gemeinsam. – Wird forstlich hauptsächlich an Eichen schädlich. Bekämpfung im Obstbau durch rechtzeitig angelegte Leimringe.

Eichenspanner

Énnomos quercinária Hufnagel

(39) Falter: Bräunlichgelb, Flügelränder geeckt; Vorderflügel mit 2 braunen, beschatteten Querlinien, von denen sich die äußere auf die Hinterflügel zart fortsetzt.

(67) Raupe: 10beinig, schlank, rotbraun, mit Querwülsten und Warzen.

Der Falter fliegt von Juli bis Oktober bei Nacht. In der Ruhe stellt er die Flügel aufrecht. Seine Eier legt er in Platten auf Buchen, Eichen und anderen Laubhölzern, auch Obstbäumen ab, wo die ausschlüpfenden Raupen im Sommer leben und sich zwischen Blättern oder in Astwinkeln, leicht eingesponnen, verpuppen. Die Puppe liefert nach meist 4 Wochen den Falter.

Birkenspanner

Bíston (Amphidásis) betulária Linné

(39) Falter: Weiß, über und über mit schwarzen Pünktchen und Sprenkeln besät, die stellenweise, besonders am Vorderrand der Vorderflügel, zu Flecken und Linien zusammenfließen. ♂ und ♀ geflügelt. ♀ viel größer und weniger schlank. Fühler des ♂ doppelt gekämmt. – Außer überwiegend weißen Faltern gibt es zahlreiche Übergänge bis zur schwarzen Abart.

Raupe: Rindenfarbig braun, gelblichgrün oder grau, gestreckt, mit dunkler, zuweilen fehlender Rückenlinie und großen, hellen Warzen auf dem 8. und 11. Ring und rostroten Luftlöchern.

Puppe: Glänzend rotbraun, dick, mit einfachem, gekerbtem Endstachel.

Der in Birkenschlägen und Laubwäldern häufige Schmetterling, einer unserer größten Spanner, fliegt Mai bis Juli. Tagsüber sitzt er meist regungslos an Baumstämmen. Die Eier werden einzeln an Blättern abgelegt, nach 2 bis 3 Wochen erscheinen die Larven. Seine in Ruhe steif aufragende, einem trockenen Zweigrest täuschend ähnliche Raupe lebt von Juli bis Oktober auf fast allen Laubholzarten, mitunter auch an Nadelholz, und verpuppt sich anschließend im Boden, worauf im darauffolgenden Mai/Juni der Falter schlüpft. – Die Puppe überwintert.

Die Glasschwärmer

Sesiídae (= Aegeriídae)

Kleine, höchstens hornissengroße, wespenähnliche Schmetterlinge, mit langen, schmalen, nur teilweise beschuppten Flügeln, welche größtenteils, die Hinterflügel immer, glashell sind; am Hinterleibsende meist ein Haarschopf. Raupen 16füßig, beinfarben, nur mit einzelnstehenden Haaren besetzt; Kopf hornig, meist dunkel. Puppen schlank, mit Dörnchenreihen auf den Hinterleibsringen. Die Falter fliegen rasch, meist bei Tag im Sonnenschein. Die Raupen leben in Pflanzenstengeln oder im Holz, vorherrschend in Laubhölzern, wo sie Gänge fressen und sich verpuppen. Die stark beweglichen Puppen schieben sich, bevor der Falter schlüpft, mit Hilfe der Dörnchen bis zur Hälfte aus ihrer Höhle heraus.

Hornissenschwärmer
Aegéria (Trochílium) apifórmis Clerck

(43) Falter: In Größe und Aussehen hornissenähnlich, schwarzbraun und lebhaft gelb; Flügel glasig durchscheinend, Vorderrand, Fransen und Adern rostbraun beschuppt.

(67) Raupe: Weißlichgelb, mit rotbraunem Kopf und dunkler Rückenlinie.

(71) Puppe: Rotbraun, langgestreckt, mit Dörnchen am Hinterleib; in einem groben Kokon.

Der Schmetterling fliegt, auffällig summend, im Juni/Juli an Flüssen und Bächen, in Pappelplantagen und -kulturen, bei hellem Sonnenschein meist träge an Stämmen sitzend, und streut seine Eier einzeln vorzugsweise an jüngere, bis 20jährige Pappeln, besonders Schwarzpappeln und Aspen, im Bereich des Wurzelknotens an die Rinde oder auf die Erde, bisweilen auch an frische Stöcke. Dort fressen die im August schlüpfenden Raupen zunächst plätzend unter der Rinde und bohren im darauffolgenden Jahr in den Wurzeln und den unteren Stammteilen walzenrunde, an den Großen Pappelbock erinnernde, verhältnismäßig kurze Längsgänge, in denen sie sich nach der zweiten Überwinterung verpuppen. Vorher nagt die Raupe ein Ausflugloch und fertigt unmittelbar dahinter ein festes, mit Genagsel und Raupenkot vermischtes Gespinst, aus dem sich die Puppe kurz vor dem Schlüpfen des Schmetterlings teilweise hervorschiebt, um diesen sofort ins Freie gelangen zu lassen. Zum Teil verlassen die Raupen auch ihre Fraßgänge, um sich in der Nähe im Boden zu verpuppen. Der Falter schlüpft im Juni. Die leeren Puppenhüllen ragen aus dem Holz. – Generation 2jährig. – Die durchwühlten Stämmchen gehen meist ein, werden auch vom Wind gebrochen. Man erkennt den Fraß an dem zutage liegenden Genagsel und dem Bohrpfropfen am Ausflugloch.

Erlenglasschwärmer

Sésia (Synánthedon) spheciförmis Gerning

(43) Falter: Körper blauschwarz und gelb, mit grobem, blauschwarzem Afterbusch. Flügel glashell, Vorderrand, Saum und Mittelfleck violettschwarz bzw. schwärzlichbraun.

Der Ende Mai/Juni vor allem in Bruchwäldern und Moorheiden fliegende Schmetterling legt seine Eier meist einzeln an junge Erlen, seltener Birken, von 2 bis 5 cm Durchmesser tief unten am Wurzelstock ab, wo die ausschlüpfende Raupe zunächst unter der Rinde plätzend frißt und dann im Holz einen kurzen, gerade aufsteigenden Gang nagt, an dessen Ende sie sich im Frühjahr des 3. Kalenderjahres dicht unter der Rinde in einem dünnen, aus lockerem Gespinst und kurzen Nagespänen bestehenden Kokon verpuppt. Bevor der Falter schlüpft, schiebt sich die Puppe gewöhnlich halb aus dem Holz hervor. – Generation 2jährig. – Befallene Stämmchen gehen ein.

Die Holzbohrer

Cossídae

Ansehnliche Schmetterlinge mit plumpem, dicht anliegend behaartem Körper, kräftigen, in der Ruhe dachförmig gestellten Flügeln und langem, beim ♀ mit Legeröhre versehenem Hinterleib; ♀ weit größer als ♂, Fühler des ♂ gekämmt oder geblättert. Raupen 16füßig, kaum behaart, mit starkem Gebiß und dunklem, glänzendem Nackenschild. Puppen langgestreckt, mit Stacheln am beweglichen Hinterleib.

Die Falter fliegen bei Nacht. Ihre im Holz lebenden kräftigen Raupen verpuppen sich in einem mit Holzspänen vermischten Gespinst, aus dem sich die Puppe vor dem Ausschlüpfen des Falters zur Hälfte hervorschiebt.

Weidenbohrer

Cóssus cóssus Linné

(43) Falter: Groß und plump, graubraun, weißgrau gerieselt, mit zahlreichen schwärzlichen Querlinien auf den kräftigen Vorderflügeln; Hinterleib lang, stumpf, weißlich geringelt, beim ♀ mit vorstreckbarer Legeröhre; Fühler beim ♂ gekämmt, beim ♀ gesägt. ♀ größer.

Eier: Länglichrund, hellbraun, schwarz gestreift.

(67) Raupe: Sehr groß, etwas abgeflacht, gelblich-fleischfarben mit braunrotem Rücken, einzelnen Haaren, schwärzlichem Kopf und schwärzlich geflecktem Nackenschild. Riecht nach Holzessig.
(71) Puppe: Groß, gedrungen, rotbraun, Hinterleib gelb und am Rücken gestachelt; in einem aus Holzspänen gefertigten Gewebe.

Der träge Schmetterling schwärmt im Juni/Juli bei Nacht. Das ♀ legt seine Eier häufchenweise in Rindenritzen vorzugsweise älterer, stärkerer, einzelnstehender Weiden, Pappeln, auch Obstbäume und anderer Laubhölzer, vor allem am Wurzelstock ab. Dort fressen die im Juli schlüpfenden, mit kräftigen Kiefern ausgestatteten Raupen erst unter der Rinde gemeinsam plätzend, später im Holz jede für sich einen besonderen, unregelmäßigen, meist aufsteigenden, großen, flachen, oft sehr breiten und langen, zuletzt fingerdicken Gang, wobei das Genagsel durch eine untere Öffnung ausgeworfen wird. Verpuppung der oft in großer Zahl gemeinsam eine Stammpartie bewohnenden Raupen nach zumeist dreimaliger Überwinterung im Mai des 4. Kalenderjahres, meist dicht unter der Rinde des Fraßbaumes in einer mit Holzspänen ausgekleideten Puppenwiege, zuweilen aber auch in Kokons in der Bodendecke nahe dem Fraßbaum. Bevor der Falter im Juni/Juli schlüpft, schiebt sich die Puppe halb aus dem Kokon oder aus dem Stamm, unter dessen Rinde sie saß, hervor. – Generation meist 3jährig.

Die Gänge entwerten das Holz technisch und begünstigen die Windbruchgefahr. Befall ist an den Auswurföffnungen und dem am Stammfuß sich ansammelnden Genagsel zu erkennen.

Blausieb

Zeuzéra pyrína Linné

(43) Falter: Kopf und Rumpf weißfilzig behaart, auf dem Rücken 6 blaue Flecken. Flügel weiß mit zahlreichen rundlichen, stahlblauen Flecken, besonders auf den Vorderflügeln. ♂ klein, Fühler in der Wurzelhälfte stark gekämmt. ♀ groß, mit langer Legeröhre.
Eier: Walzenförmig, an beiden Seiten flach gerundet, weich, fleischfarben.
(67) Raupe: Dick, walzig, wachsgelb, mit schwärzlichen Warzenreihen auf Ring 2 bis 11; Kopf, Nackenschild und letzter Ring dunkelbraun.
(71) Puppe: Hellbraun, bauchwärts etwas eingekrümmt, mit Stachelkränzen und kurz schnabelförmigem Kopfende.

Der auffallende, nur vereinzelt auftretende Schmetterling fliegt im Juni/Juli bei Nacht. Das ♀ legt seine Eier meist einzeln an schwachen Stämmchen in Heisterstärke oder an Ästen freistehender Laubhölzer, besonders Harthölzer, ab; dort vor allem an Blattstielen und Knospen, seltener in Rindenrissen oder Verletzungen. Die im August schlüpfende Raupe bohrt sich zunächst in das Blatt oder den jungen Trieb ein, plätzt sodann unter der Rinde und bohrt schließlich im Innern des Holzes einen aufsteigenden, drehrunden Gang, wobei der Unrat von Zeit zu Zeit durch eine besondere Öffnung ausgeworfen wird. Nach zweimaliger Überwinterung verwandelt sich die meist einzeln im Holz lebende Raupe im Frühjahr des 3. Kalenderjahres dicht unter der Rinde nahe der Auswurföffnung zur Puppe, die sich kurz vor dem Schlüpfen des Falters im Juni etwas über die Rindenöffnung vorschiebt. – Generation 2jährig.

Kann im Obstbau, in Baumschulen und Heisterpflanzungen schädlich werden. Die befallenen Stämmchen gehen meist ein, wenn sie nicht vorher an der Angriffsstelle vom Wind oder Schnee abgebrochen werden. Die Raupengänge entwerten das Holz technisch. Man erkennt den Befall am ausgeworfenen, mit Raupenkot vermischten Genagsel.

Die Widderchen

Zygaenídae

Kleine, meist buntgefärbte und plump gebaute Schmetterlinge mit schmalen, langen, in der Ruhe dachförmig gestellten Flügeln; Vorderflügel oft bläulich oder grünlich mit dunkelroten Flecken („Blutströpfchen") oder einfarbig grün; Fühler meist keulenförmig verdickt. Raupen 16füßig, dick, mit gewölbtem Rücken, meist lichtgelb, reihenweise schwarz gefleckt, fein behaart, mit kleinem, rundem, stark einziehbarem Kopf.

Die im Sommer in lichten Wäldern und auf Wiesen bei Sonnenschein sehr häufig, oft zu mehreren auf einem Blütenkopf anzutreffenden Schmetterlinge fliegen ziemlich schwerfällig schwirrend bei Tag und lassen sich leicht erhaschen. Ihre trägen, auf allen möglichen Blütenpflanzen lebenden Raupen überwintern und verpuppen sich im Frühjahr in einem pergamentartigen ovalen oder spindelförmigen, meist an der Fraßpflanze befestigten, glänzend gelben oder weißen Gespinst, aus dem sich die Puppe vor dem Schlüpfen des Falters weit herausarbeitet.

Steinbrechwidderchen

Zygaéna filipéndulae Linné

(43) Falter: Vorderflügel schwarzgrün, mit 6 roten Flecken, wovon die beiden länglichen an der Flügelwurzel oft zusammenfließen; Hinterflügel hochrot, mit schmalem, schwarzem Außenrand. Fühlerkeule spindelförmig.
(67) Raupe: Goldgelb, mit 2 Reihen großer schwarzer Flecken auf dem Rücken und je einer Reihe kleiner schwarzer Flecken an den Seiten.
(70) Puppe: Schwarz, mit braungelbem Hinterleib; in länglichem, schwarzgelbem Gehäuse.

Der etwas träge Schmetterling, ein sog. „Blutströpfchen", von Juni bis August auf Waldwiesen und an sonnigen Waldrändern überall häufig, legt seine Eier einzeln auf Hornklee, Steinbrech und anderen niederen Pflanzen ab, an denen die alsbald schlüpfenden, langsamen, bei Berührung sich totstellenden Raupen bis Mai nächsten Jahres leben und sich dann in einem länglichen, oben schwefelgelben, unten grauen papierartigen, an Stengeln, Halmen und dgl. befestigten Gespinst verpuppen. – Die Raupe überwintert.

Die Zünsler

Pyralídae

Die Zünsler, im allgemeinen größer als die Wickler, sind schlank gebaute Schmetterlinge mit schmal-dreieckigen Vorder- und breiten, gerundeten, faltbaren Hinterflügeln. Raupen meist gestreckt, schwach behaart, 16-, auch 14beinig.
Die Falter, welche die Flügel in der Ruhe dachförmig oder horizontal übereinandergeschoben halten, fliegen meist bei Nacht. Die mit starkem Spinnvermögen ausgezeichneten Raupen leben meist in Gespinstgängen an sehr verschiedenen Pflanzen und Pflanzenteilen oder an toten organischen Stoffen.

Kiefernsamenzünsler

Ephéstia elutélla Hübner

(43) Falter: Vorderflügel schmal, bräunlichgrau, am Innenrand rötlich, mit 2 hellgrauen, schwach gewellten Querstreifen. Hinterflügel weißlichgrau.
Raupe: Verschieden gefärbt, weißlich bis bräunlich, Kopf hell gelbbraun, Nackenschild längsgeteilt; mit gelbbraunen, je 1 Borstenhaar tragenden Wärzchen und dunkler Afterklappe.

Der von Juni bis August fliegende Schmetterling belegt mit seinen weißen Eiern die verschiedensten pflanzlichen Stoffe (Dörrobst, Heu usw.), auch in Darren aufbewahrte trockene Kiefernsamen. Die Raupe frißt die Körner aus und verspinnt die leeren Hüllen lose miteinander.

Fichtenzapfenzünsler
Dioryctria abietélla Schiffermüller

(43) Falter: Vorderflügel schmal, aschgrau, fein schwarz bestäubt, mit weißlichen, braun bis schwarz gesäumten Zeichnungen. Hinterflügel breiter, weißlich, grau bestäubt.

Raupe: Oben braun- bis kirschrot, Rückenmitte dunkler, beiderseits je 1 heller Längsstreifen.

Der im Juni/Juli fliegende, im Nadelwald häufig vorkommende Schmetterling legt seine Eier einzeln oder zu mehreren hauptsächlich an junge Zapfen, aber auch an Endtriebe der Fichten, Tannen, Kiefern und Lärchen ab. Die von den Ende Juli schlüpfenden Rau-
(83) pen vorzugsweise befressenen Fichtenzapfen zeigen Harzfluß vermischt mit krümeligem Kot zwischen den Schuppen und fallen, früh sich bräunend und oft gekrümmt, meist vorzeitig ab, während die in Kulturen und Stangenhölzern bis 10 m Höhe befallenen Triebe sich bräunen und einkrümmen, vertrocknen und zusammenschrumpfen. Mitunter frißt die Raupe auch an verharzten, pilzkranken Stellen des Baumes. Im Oktober verläßt die Raupe ihre Fraßstelle durch eine runde Öffnung, um in der Bodendecke in einem scheibenförmigen, weißen Gespinst zu überwintern und sich im darauffolgenden Mai/Juni meist in einem neuen, mit Erde und Pflanzenteilen verklebten Kokon zu verpuppen. – Generation einfach, in heißen Sommern auch doppelt.

Harzzünsler
Dioryctria splendidélla Herrich-Schäffer

(43) Falter: Der vorigen Art ähnlich, aber größer. Am Vorderflügelinnenrand ein fahlrötlicher Fleck.

Raupe: Farblos oder grünlichgrau bis rosafarbig, meist ohne Längsstreifung, mit feinen schwarzen Punkten.

Der Schmetterling fliegt Ende Juli, Anfang August. Die Raupe lebt hauptsächlich in verharzenden Wunden der vom Kienzopf oder vom Blasenrost oder vom Hallimasch befallenen Kiefern und Fichten sowie in den vom Rotwild im Sommer verursachten Schälwunden, frißt hier meist bis zum Splint reichende Gänge oder platzartige Höhlungen und erzeugt auffällige Harzausflüsse, in denen sie sich in einer mit feinem Gewebe ausgekleideten Höhle verpuppt. – Generation einfach.

Eichentriebzünsler

Acróbasis zélleri Ragonot

(43) Falter: Vorderflügel rötlich aschgrau, an der Wurzel rostrot; vorderer Querstreifen weiß, hinterer grau, gezackt; mit 2 schwarzen Punkten im Mittelfeld.
Raupe: Gelblichgrün, mit 3 dunklen Längslinien, Kopf dunkel, Nackenschild mit 4 schwarzen Punkten.

Der im Juli fliegende Schmetterling legt seine Eier einzeln an die Knospen der Spitze von Eichenheistern. Die Raupe befrißt im Mai/Juni des darauffolgenden Jahres nachts die Blätter nur auf der Oberseite, so daß sich diese bald bräunen und zu einem unordentlichen, lockeren, von der Ferne den Blattnestern des Goldafters nicht unähnlichen Ballen krümmen, in dem sich die Raupe tagsüber in einem röhrigen Gespinst aufhält. Im Unterschied zu den Goldafter-Blattnestern verlaufen hier die Gespinstfäden nur im Nestinneren. Verpuppung gegen Ende Juni in einem lockeren, mit Erde vermischten Gespinst am Boden. – Generation 1jährig. Das Ei überwintert.

Die Wickler

Tortricídae

Kleine, ziemlich kräftig gebaute Schmetterlinge mit gestreckten, meist durch rasche Verbreiterung der Wurzelgegend „geschulterten" und dadurch fast länglich-viereckigen bzw. trapezoiden Vorderflügeln, diese oft lebhaft gefärbt und mannigfaltig gezeichnet. Flügel in der Ruhe meist dachförmig gestellt. Raupen 16füßig.
Die Wickler fliegen vorherrschend in der Dämmerung. Die lebhaften, mit starkem Spinnvermögen ausgestatteten Raupen leben meist zwischen versponnenen Blättern und Nadeln (daher Name), manche auch in Knospen und Früchten, in der Rinde oder im Mark.

Fichtennestwickler
Epinótia (Epibléma) tedélla Clerck

(43) Falter: Vorderflügel goldbraun, mit silberweißen Querbinden und grauen Fransen; Hinterflügel graubräunlich, mit hellen Fransen.
Raupe: Licht gelbbraun, mit 2 braunroten Rückenstreifen; Kopf und Nackenschild braunschwarz.

Der öfters massenhaft auftretende, von Mai bis Juli schwärmende Schmetterling legt seine Eier einzeln an die Nadeln der Fichten vom Dickungsalter bis zum Altholz. In älteren Beständen beschränkt sich der Befall meist auf die unteren Kronenteile. Die nach etwa 2 Wochen schlüpfende Raupe höhlt hauptsächlich im August/September Fichtennadeln von der Basis zur Spitze hin aus und verspinnt sie durch kaum sichtbare Spinnfäden zu einem kleinen, mit Kotkrümelchen und Nadelresten durchsetzten lockeren Nest, läßt sich ausgewachsen im Oktober oder später an einem Faden zum Boden herab und verpuppt sich dort im April, worauf nach 6 bis 8 Wochen der Falter schlüpft. – Generation einfach. Die Raupe überwintert in der Bodenstreu. – Schaden meist nicht erheblich, vor allem weil die Knospen verschont bleiben.

Einen ähnlichen, jedoch schon im Juni/Juli erfolgenden Gespinst-
(43) fraß an den jungen Maitrieben der Fichte verursacht der **Kleine Fichtennadelmarkwickler**, *Asthénia pygmaeána* Hübner, der braungrau marmorierte Vorderflügel mit bleigrauen Binden an der Spitze und an der Grenze des Wurzelfeldes besitzt. Seine anfangs gelbliche, später grüne Raupe verpuppt sich im August in weißem, mit Streuteilen verklebtem Kokon im Boden. Die Puppe überwintert.

Fichtentriebwickler
Parasyndémis (Cacoécia) histrionána Froelich

(43) Falter: Vorderflügel gelblichgrau, mit zackigen, braunen Wellenlinien und Querstrichen; eine ziemlich breite, schwarzbraune Querbinde in der Mitte hell unterbrochen. Hinterflügel graubraun, Fransen heller.
Raupe: Oben grasgrün, mit dunklerer Mittellinie, kastanienbraunem Kopf und braungrünem Nackenschild.

Der Falter fliegt im Juli und legt seine schuppenförmigen Eier sich dachziegelartig überdeckend an Fichten-, auch Tannennadeln ab. Die ausschlüpfende Raupe frißt zunächst in lockerer Umspinnung an den Nadeln vornehmlich 10- bis 30jähriger Fichten; nach ihrer Überwinterung im Nadelgespinst greift sie auch die Maitriebe an, befrißt sie einseitig und bewirkt dadurch Krümmung der Triebe. Verpuppung meist im Juni am Fraßort. – Generation einfach. Die Art wird von zahlreichen Larvenparasiten meist geringgehalten.

Fichtenrindenwickler

Laspeyrésia pactolána Zeller

(43) Falter: Vorderflügel olivbraun, mit doppelter weißlicher geknickter Querlinie kurz vor der Mitte und weißlichen Strichelnam Vorderrand. Hinterflügel graubraun.
Raupe: Blaßrötlich, Kopf und Nackenschild hellbraun.

Der im Mai/Juni schwärmende Schmetterling legt seine Eier am Stamm zwischen oder unmittelbar unter die Astquirle vorzugsweise kränkelnder 5- bis 20jähriger Fichten, die unter Frost, Dürre, Wildverbiß usw. gelitten haben. Die im Juni/Juli auskriechenden Raupen bohren sich in die Rinde ein und fressen im Herbst und im darauffolgenden Frühjahr kurze, breite, mit Gespinstfäden ausgekleidete unregelmäßige Gänge in das Rindengewebe, teils bis in die Splintoberfläche, was Harzausfluß, Rindenwucherungen, Anschwellung der Quirle, Krüppelwuchs und bei stärkerem Fraß Absterben des über der Fraßstelle liegenden Baumteils zur Folge hat. Verpuppung im Mai im Fraßgang nahe der Auswurföffnung. Vor dem Ausschlüpfen des Falters schiebt sich die Puppe aus der Rinde hervor. – Generation einfach. Überwinterung als Raupe am Fraßort.

Fichtenzapfenwickler

Laspeyrésia strobilélla Linné

(43) Falter: Vorderflügel olivbraun, 2 gebogene Bleilinien durch die Mitte, mehrere Bleilinien im Saumfeld; Hinterflügel schwarzgrau, mit weißlichen Fransen.
Raupe: Gelblichweiß, Kopf und Nackenschild hellbraun.

Der Mitte April bis Juni bei Tag schwärmende Schmetterling legt seine Eier an junge Fichtenzapfen, in denen die ausschlüpfenden Raupen zunächst das Mark der Spindel, später Fruchtschuppen und reife Samenkörner befressen und sich im März/April verpuppen. Die befallenen Zapfen öffnen sich oft nur ungenügend, sind aber in der Regel normal ausgebildet, also nicht gekrümmt. Der Befall läßt sich an den zur Hälfte zwischen den Zapfenschuppen herausragenden, leeren Puppenhülsen erkennen. – Generation einfach. Überwinterung als Raupe im Zapfen. – Bei stärkerem Auftreten kommt es zum völligen Verlust des Samenertrags.

Kiefernnadelwickler
Archips (Cacoécia) piceána Linné

(43) Falter: ♀ größer als ♂. Vorderflügel mit konkav gerandetem Saum; beim ♂ rötlichbraun, gefleckt, beim ♀ gelblichbraun, dunkel gegittert.
Raupe: Erst hellgrün, später bräunlichgrün, mit braunem Nackenschild.

Der im Juni/Juli fliegende Schmetterling legt seine Eier an die Nadeln der Kiefer, auch der Fichte, Tanne und Lärche. Die ausschlüpfende Raupe benagt im Herbst einige röhrenförmig versponnene Nadeln von innen her. Nach der Überwinterung werden die zarten Nadeln der Maitriebe befressen, bei Kiefer vielfach auch die Achse des jungen Triebes ausgehöhlt, so daß er welkt und umknickt. Verpuppung Anfang Juni am Fraßort.

Kiefernquirlwickler
Rhyaciónia dupIána Hübner

(43) Falter: Vorderflügel dunkelbraungrau, von weißgrauen, zu 4 Binden vereinigten Wellenlinien durchzogen, Spitze rostgelb.
Raupe: Bräunlichrosa.

Der schon Ende März und im April fliegende Schmetterling legt seine Eier einzeln an die den Winterknospen 2- bis 6jähriger Kiefern nächstgelegenen Nadeln. Die Anfang Mai schlüpfende Raupe frißt von der Spitze her den oberen Teil des gerade in der Streckung begriffenen Maitriebs aus, meist zu mehreren je Trieb. Die ausgehöhlten Triebenden knicken um und vertrocknen rasch. Verpuppung im August in einem grauweißen Kokon an der Stammbasis, in der Bodenstreu oder am Fraßort. Die Puppe, die den fertigen Falter enthält überwintert.

Kieferntriebwickler
Rhyaciónia (Tórtrix) buoliána Schiffermüller

(43) Falter: Vorderflügel ziegelrot mit silbrigen Querlinien; Hinterflügel einfarbig bräunlichgrau mit gelblichen Fransen.
Eier: Länglich, oberseits leicht gewölbt, unterseits eben, erst hellgelb, später bräunlich.
Raupe: Anfangs dunkel-, später rötlich hellbraun, kahl; Kopf und Nackenschild glänzend schwarz.
Puppe: Gelbbraun, am Hinterleib Stacheln.

Der im Juni/Juli während der Abendstunden oft in großer Menge in jungen Beständen schwärmende Schmetterling legt seine Eier einzeln an Knospenschuppen, Nadeln oder die Rinde der Triebe meist 6- bis 12jähriger Kiefern, vorzugsweise im Bereich des Mitteltriebs. Die alsbald ausschlüpfende Raupe bohrt sich zunächst in mehrere Nadelpaare an deren Basis ein und befrißt diese, danach wandert sie zu den Knospen des Maitriebs, um sich zur Überwinterung in eine Quirlknospe einzubohren und zu den benachbarten Nadeln ein zeltartiges Gespinst zu errichten, das im Laufe der Zeit mit Harz und Fraßresten ausgekleidet wird. Im folgenden Frühjahr frißt sie im Trieb, der meist daran eingeht, bisweilen auch posthornartig verkrümmt, wenn er nur einseitig im Mark befressen wurde und sich nach dem Umknicken bogenförmig wieder aufrichtet. Oft gehen alle Knospen des Quirls zugrunde, indem die Raupe von einer zur anderen übergeht; dann entstehen durch Bildung zahlreicher Kurztriebe mit großen Nadeln bürsten- oder besenförmige Büschel. Verpuppung im Juni im unteren Teil eines Maitriebs, aus dem sich die Puppe etwas hervorschiebt, ehe sie nach 3 Wochen den Falter entläßt. – Generation einfach.

(82)

Schadet vor allem in lückigen Kiefernkulturen auf dürftigem Boden und in sonnigen Lagen bei massenhaftem Vorkommen und Fraßwiederholung durch teilweise oder völlige Zerstörung der Terminaltriebe erheblich. Befallene Triebe Mitte Mai bis Mitte Juni ausbrechen und verbrennen!

Kiefernknospenwickler
Blastéthia turionélla Linné (= *Olethreútes turionána* Hübner)

(43) Falter: Vorderflügel braungrau oder braungelb, mit zahlreichen bleigrauen Querlinien, im Saumfeld rostgelb. Hinterflügel beim ♂ weißlich, mit grauer Spitze, beim ♀ mehr grau, an der Spitze rostgelb bestäubt.
Raupe: Gelbbraun, Kopf und Nackenschild schwarz.

Der im Mai/Juni fliegende Schmetterling legt seine Eier einzeln hauptsächlich an die Mittelknospe eines Quirls, meist des Kronentriebs von 6- bis 15jährigen Kiefern. Die Ende Juni, anfangs Juli schlüpfende Raupe bohrt sich in die Knospe ein und höhlt sie aus, so daß sie abstirbt und von den Seitenknospen überwachsen wird. Werden auch die Seitenknospen zerstört, kann es durch Bildung von Scheidentrieben wie beim Kieferntriebwickler zu Bürstenbüscheln kommen. Verpuppung im April/Mai in der mit feinen Fäden ausgesponnenen, ausgefressenen Knospe, in der die Raupe bereits überwintert hat und an deren Grunde sich ein Harzkegel gebildet hat.

Kiefernharzgallenwickler

Petróva resinélla Linné

43) **Falter:** Vorderflügel schwarzbraun, mit glänzenden, bleigrauen Querlinien. Hinterflügel braungrau.

Eier: Denen des Kieferntriebwicklers sehr ähnlich.

67) **Raupe:** Gelbbraun, mit großem dunkelbraunem Kopf und kleinen dunklen Wärzchen.

Puppe: Am Vorderteil dunkel, fast schwarz gefärbt.

Der ziemlich häufige, im Mai/Juni abends schwärmende Schmetterling legt seine Eier an den Nadeln der Maitriebe meist über 10jähriger Kiefern ab. Dort fertigt die alsbald schlüpfende Raupe, nach anfänglichem Fraß in den Nadelscheiden, unter dem Endknospenquirl eines Zweiges zunächst ein dünnes, zeltartiges Gespinst, unter dessen Schutz sie die Triebrinde benagt, um sich schließlich in den Trieb einzubohren, und baut dieses allmählich mit Harz, Kotresten usw. zu einer im 1. Jahr erbsengroßen Harzgalle aus, die sie im nächsten Jahr durch Fortsetzung des im Herbst begonnenen Fraßes in der Markröhre mit einer zweiten, etwa kirschgroßen, länglich-knolligen, aus mehreren Kammern bestehenden, allmählich verhärten-
(81) den, schmutzigweißen Harzgalle umkleidet. Der Trieb oberhalb der Galle kann eingehen, entwickelt sich aber, wenn kräftig genug, meist normal weiter. Verpuppung im April des 3. Kalenderjahres in der Galle, in der die Raupe bereits zweimal überwintert hat. Die Puppe schiebt sich, kurz bevor sie nach etwa einmonatiger Ruhe den Falter entläßt, teilweise aus der durch die Sonne erweichten Galle heraus. – Generation 2jährig. – Schaden im allgemeinen unbedeutend, da der Fraß vorwiegend an Seitentrieben in schwachwüchsigen Kiefernwäldern höherer Lagen stattfindet.

Tannentriebwickler

Choristoneúra (Cacoécia) murinána Hübner

(43) **Falter:** Dem Fichtentriebwickler ähnlich, jedoch düsterer. Vorderflügel bräunlichgrau, dunkel gegittert, mit einer dunkelbraunen, an Breite wechselnden Schrägbinde im Mittelfeld. Färbung und Zeichnung sehr veränderlich.

Eier: Grünlich, flach, von elliptischem Umriß mit breitem, hutkrempenähnlichem hellerem Rand.

Raupe: Lichtgrün, mit glänzend schwarzem Kopf und braunschwarzem Nackenschild.

Der zuweilen massenhaft auftretende Schmetterling schwärmt im Juni/Juli nach Sonnenuntergang und legt seine Eier hauptsächlich in der Wipfelregion älterer Tannen an der Oberseite der Nadeln in 2- bis 3reihigen Zeilen ab, in denen sich die Eier dachziegelartig überdecken. Die nach etwa 12 Tagen ausschlüpfenden Raupen suchen zur Überwinterung Rindenrisse, Knospenschuppenreste und ähnliche Schlupfwinkel auf. Im nächsten Frühjahr höhlen sie zunächst austreibende Nadel- und Blütenknospen unter Fertigung eines ersten kleinen Gespinstes zwischen Nadel und Knospe aus, benagen mitunter auch die zarte Rinde der jungen Triebe, so daß sich diese krümmen oder oben absterben. Sie spinnen, jede für sich, mit zunehmender Streckung der Triebe die Nadeln zu Röhren zusammen, die ständig verlängert werden, und von denen aus sie die jungen Nadeln der Maitriebe der obersten Kronenregion befressen, wodurch dann im Spätsommer das an Frostschaden erinnernde Bild kahler Endtriebe in der Tannenkrone entsteht. Verpuppung im Juni gewöhnlich in der Wohnröhre, bei Übervermehrung auch in der Bodenstreu, am Stamm oder in der Krone. Nach zweiwöchiger Puppenruhe schlüpft der Falter. – Generation einfach.

Tannenknospenwickler

Epinótia (Epibléma) nigricána Herrich-Schäffer

(43) **Falter:** Vorderflügel dunkelbraungrau mit bleigrauen Schrägbinden, weißlichen Vorderrandshäkchen und dunkelbraunen Fransen. Hinterflügel dunkelgrau mit etwas helleren Fransen.

Raupe: Rotbraun, behaart, Kopf und Nackenschild schwarz.

Der im Juni/Juli bei und nach Sonnenuntergang schwärmende Schmetterling legt seine Eier einzeln oder höchstens zu dreien an die Basis der Tannenknospen, welche von der Raupe, die von Knospe zu Knospe wandert, im Herbst und verstärkt im darauffolgenden Frühjahr ausgehöhlt werden. Mit zunehmender Raupengröße werden auch größere Knospen bis hin zur Gipfelknospe angegangen. Verpuppung im Mai in der Bodenstreu nach Abspinnen der Raupen. – Generation einfach. Die Raupe überwintert in einer ausgehöhlten Knospe. – Der Befall ist an dem feinen, kotfreien, die Knospen überziehenden Gespinst, der Gespinströhre und dem seitlichen Einbohrloch kenntlich.

Grauer Lärchenwickler

Zeiráphera (Semásia) diniána Guenée

43) Falter: Vorderflügel langgestreckt, glänzend hellgrau, mit brauner, veränderlicher Gitter- und Bindenzeichnung. Hinterflügel braungrau.
Raupe: a) der „Lärchenform" im letzten Stadium dunkelgrau oder schwärzlich, Kopf und Nackenschild glänzend schwarz.
b) der „Arven- und Fichtenform" im letzten Stadium gelblichgrau mit 2 hellen Längsstreifen, Kopf orangegelb bis dunkelbraun.
Puppe: Rotbraun.

Der in 2 biologischen Rassen, der „Lärchenform" und der „Arven-Fichten-Form" auftretende Schmetterling schwärmt je nach Höhenlage und Witterung von Ende Juli bis September vorzugsweise in lichten Beständen in sonniger, freier Lage, zumal an Südhängen, am Nachmittag und vor allem in der Dämmerung oft massenhaft um die Baumwipfel, wo er an Lärchen und in der zweiten Rasse an Fichten, Kiefern und Zirben seine Eier ablegt. Die je nach Höhenlage bereits im April oder erst im Mai/Juni schlüpfende Raupe frißt an der Lärche zunächst in einem Gespinstsäckchen innerhalb eines Nadelbüschels, spinnt später die inneren Nadeln eines neuen Kurztriebs (83) zu einem Trichter zusammen, um sie von dessen Innenseite her zu befressen, und verzehrt vollwüchsig die Nadeln in verschwenderischer Manier, auch ganz oder so, daß nur ein dünner Faden übrig bleibt. Nach starkem Fraß röten sich die von mit Nadelresten behangenen Gespinstschleiern durchsetzten Baumkronen. An Fichte, Kiefer und Zirbe werden nur die jungen Triebe, und zwar sowohl deren Nadeln als auch die zarte Rinde befressen. Verpuppung im Juli in einem lockeren Gespinst in der Bodendecke, bei der „Arven-Fichten-Form" vereinzelt auch auf dem Baum. Nach 3- bis 4-, bei der „Arven-Fichten-Form" nach 2- bis 3wöchiger Puppenruhe schlüpft der Falter. – Generation einfach. Die Eier überwintern. – Kräftige Lärchen erleiden durch den Raupenfraß Zuwachsverlust, schwächere gehen ein. Fichten werden bei öfterer Wiederholung des Fraßes gipfeldürr und ihre Kronen verlichten stark. Zirben erfahren lediglich Zuwachsverlust, da ausschließlich Jahrestriebe angegriffen werden.

Lärchenrindenwickler

Laspeyrésia zebeána Ratzeburg

(43) Falter: Vorderflügel dunkelolivgrün bis schwärzlichgrau, mit weißen Häkchen am Vorderrand und samtschwarzen Fleckchen. Spiegelfleck lila eingefaßt, mit tiefschwarzen Querstrichen.

Raupe: Einfarbig hellgrau oder schmutzig gelbgrün, Kopf und Nackenschild braun.
Puppe: Glänzend schwarzbraun, mit abgestumpftem Hinterende.

(83) Der im Mai schwärmende Schmetterling legt seine Eier einzeln an Lärchen ab, vorwiegend an die Stämmchen und Äste 4- bis 10jähriger und die Zweige älterer, am liebsten an die Basis einjähriger Triebe. Die im Mai/Juni auskriechende und in die Rinde bis zum Splint sich einbohrende Raupe frißt 2 Jahre lang im Innern der Zweige und verursacht dadurch knotenartige Anschwellungen, die im 1. Jahr erbsen-, im 2. Jahr haselnußgroß und zum Teil rissig werden und aus denen mit Kotkrümelchen gemischtes Harz austritt. Die oft zahlreichen Gallen bewirken das Eingehen von Seiten- und Haupttrieben und bilden Eingangspforten für die Sporen des Lärchenkrebspilzes. Im April des 3. Kalenderjahres verpuppt sich die Raupe in der Galle, in der sie (wie die des Kiefernharzgallenwicklers) bereits zweimal überwintert hat. Vor dem Schlüpfen des Falters im Mai schiebt sich die Puppe aus der Kotauswurföffnung der Galle etwas heraus. – Generation 2jährig.

Grüner Eichenwickler

Tórtrix viridána Linné

(43) Falter: Vorderflügel schon an der Wurzel stark verbreitert und im ganzen fast gleichbreit, lebhaft hellgrün. Hinterflügel grau.
Eier: Scheibenförmig, zunächst blaßgelb, später braun.

(67) Raupe: Grün, mit schwarzem Kopf und schwarzen, feinbehaarten Wärzchen.
Puppe: Gestreckt, fast schwarz.

(83) Der im Juni, auch Juli am Tag und in der Abenddämmerung oft massenhaft schwärmende Schmetterling legt seine Eier stets paarweise, in kittartiger Masse eingebettet, an der Rinde von Zweigen und an Blattnarben meist im oberen Kronenbereich älterer und vorzugsweise alleinstehender Eichen, ab. Die im April/Mai des nächsten Jahres schlüpfende, sehr bewegliche, lebhaft spinnende Raupe bohrt sich zunächst in die eben aufbrechende Knospe ein, lebt aber später frei zwischen Blättern, die von ihr zerfressen und durch Gespinste zusammengezogen werden. Bei Kahlfraß hängen die Spinnfäden häufig wie Schleier von den Bäumen. Verpuppung Ende Mai, Anfang Juni, meist innerhalb der zusammengesponnenen Blattwickel, vereinzelt in Rindenrissen, bei Massenbefall auch am Unter-

wuchs und an der Bodenflora. 2 bis 3 Wochen später schlüpft der Falter. – Generation 1jährig. Die Eier überwintern.
Wiederholter Kahlfraß des stellenweise hartnäckigen Schädlings verursacht Zuwachsverlust, Zopfdürre, vermehrte Bildung von Wasserreisern und Einbußen am Mastertrag.

Birkennestwickler

Acléris (Acálla)ferrugána Treitschke

(43) Falter: Vorderflügel trapezoid, mit geschwungenem Saum, ockergelb bis zimtbraun, dunkel gesprenkelt, mit 3 dunklen, zuweilen zu einem Dreieck vereinigten, oft sehr undeutlichen Vorderrandflecken. Hinterflügel grau, selten weißlich.
Raupe: Hellgrün, ohne Zeichnung, Kopf und Nackenschild schwarz.

Der im Frühjahr und zahlreicher im Herbst fliegende Schmetterling legt seine Eier an vorwiegend junge Birken, auch an Eichen und andere Laubhölzer. Die Raupe zieht die Blätter mittels Gespinstfäden zu Wickeln zusammen, füllt diese mit einem zähen Gespinst und skelettiert sie von innen her. – Generation doppelt. Die Falter der 2. Generation überwintern unter abgefallenem Laub.

Eichelwickler

Laspeyrésia splendána Hübner

(43) Falter: Vorderflügel bräunlich-weißgrau, bräunlich gewässert, mit gelbbraunem, schwarzgestricheltem Spiegel; Hinterflügel braungrau.
Raupe: Weißlich, Kopf blaßbraun.

Der Schmetterling fliegt im Juni/Juli und legt seine Eier einzeln an die jungen Früchte von Eichen, auch Buchen und Edelkastanien. Die Raupe lebt in den Eicheln, frißt sie ganz oder teilweise aus, läßt sich mit ihnen meist vorzeitig zu Boden fallen, bohrt sich dann heraus, überwintert in einem glasartigen, braunen Kokon in Rindenritzen oder im Boden und verpuppt sich im Frühjahr einige Wochen vor der Flugzeit.

Dem vorigen äußerlich und in der Lebensweise ähnlich ist der **Buchelwickler,** *Laspeyrésia fagiglandána* Zeller (= *L. grossána* Haworth), dessen Raupe in Bucheln, zuweilen auch in Haselnüssen frißt.

Die Motten

Sehr kleine, oft winzige, zart gebaute Schmetterlinge mit langen, schmalen, meist etwas zugespitzten Flügeln, die am Rand lange Fransen tragen und in der Ruhe meist dachförmig gehalten werden. Raupen teilweise 16beinig, minierende mitunter ganz fußlos. Puppen durch lange Flügelscheiden ausgezeichnet.
Die Motten fliegen fast durchweg nur in der Dämmerung und nachts. Ihre Raupen leben meist verborgen.

Tannennadelmotte
Argyrésthia fundélla Fischer v. Rößlerstamm

(43) Falter: Vorderflügel weiß, mit bräunlichen, gegen die Spitze zu gehäuften Querstricheln.
Raupe: Mattgrün, mit schwarzem Kopf und dunkel gekörneltem Nackenschild.

Die Ende Mai, Anfang Juni in den Abendstunden schwärmende Motte belegt die Oberseite der Tannennadeln etwa in der Mitte mit je 1 Ei. Die Raupe bohrt sich in die Nadel ein, miniert sie zur Spitze hin, überwintert im Nadelinnern, setzt im nächsten Frühjahr ihren Fraß in anderen Nadeln fort und verpuppt sich Anfang Mai auf der Unterseite einer unversehrten Nadel in einem weißen, spindelför-
(71) migen Gespinst, worauf etwa 3 Wochen später der neue Falter schlüpft. Die ausgefressenen Nadeln fallen größtenteils ab.

Kiefernknospentriebmotte
Exoteleía (Heríngia) dodecélla Linné

(43) Falter: Vorderflügel graubraun mit verwaschenen, hellgrauen Querbinden und 6 paarweise übereinanderstehenden, aufgeworfenen schwarzen Punkten.
Raupe: Rotbraun, Kopf und Nackenschild schwarz.

Die in ihrer Lebensweise dem Kieferntriebwickler ähnliche und häufig mit diesem zusammen auftretende Motte fliegt Ende Mai bis Juli und befällt vorzugsweise 5- bis 15jährige Kiefern, an deren Nadeln sie die Eier ablegt. Die Raupe miniert ab Mitte Juni in den Nadeln, überwintert dort, frißt sich im nächsten Frühjahr ab April in die Knospen ein und höhlt sie aus; vor dem Eingangsloch spinnt sie eine kurze weiße Gespinströhre. Verpuppung am letzten Fraßort ab Mai. – Generation einfach.

Kiefernnadelmotte

Ocneróstoma piniariélla Zeller

(43) Falter: Flügel sehr schmal, mit langen, gelblichgrauen Fransen. Vorderflügel perlmutterfarbig, glänzend, mit schwachem, grauem Anflug. Hinterflügel grau.
Raupe: Schlank, graugrün, mit kleinem, schwarzem Kopf und dunkelbraunem Nackenschild.

Die jährlich in 1 bis 2 Generationen auftretende Motte belegt zwischen Juni und August die Innenseite meist älterer Kiefernnadeln nahe der Spitze mit je 1 Ei. Hier bohrt sich die ausschlüpfende Raupe in die Nadel ein, miniert sie abwärtsfressend, überwintert in ihr, geht im erwachsenen Zustand nach außen und verspinnt die minierte Nadel und verschiedene benachbarte zu einem Bündel, in dem sie sich in einem weichen, seidenartigen Gespinst verpuppt.

Lärchenminiermotte

Coleóphora laricélla Hübner

(43) Falter: Flügel schmal, grau, langgefranst.
Eier: Zierlich halbkugelig, von der Form eines gerippten Napfkuchens, erst dottergelb, dann grau.
Raupe: Schmal, rotbraun, Kopf und Nackenschild dunkel.
Puppe: Schmal, braunschwarz; im Sack liegend.

Die in sonnigen, geschützten Lagen oft in Mengen auftretende Motte schwärmt im Mai/Juni bei Tag und legt ihre Eier einzeln an die Nadeln von Lärchen jeglichen Alters, vorzugsweise 10- bis 50jähriger. Die nach kurzer Eiruhe auskriechende Raupe bohrt sich in die Nadel ein und höhlt bis September deren Spitzenhälfte aus, so daß sie weißlich wird, umknickt und wie erfroren aussieht. Vor Eintritt des Nadelabfalls schneidet sie aus dem ausgefressenen Nadelteil ein
(83) oben und unten offenes Säckchen, unter dessen Schutz sie Kopf und Brustsegmente vorstreckend wandert und in Rindenritzen oder zwischen Flechten am Stamm, vor allem aber an Kurztriebknospen, das Säckchen zuvor an beiden Enden verschließend und an der Unterlage festspinnend, überwintert. Im nächsten März/April frißt sie sich von neuem in Lärchennadeln ein, höhlt sie, von einer zur anderen kriechend, aber die einzelstehenden Langtriebnadeln verschonend, etwa zur Hälfte aus und fertigt aus dem alten, zu eng gewordenen Säckchen, das bisweilen auch durch Flickwerk erweitert wird, und einer neu ausgehöhlten Nadel, beide wie zwei Handschuhfinger nebeneinanderbringend, der Länge nach aufschneidend und seit-

(83) lich wieder miteinander verbindend, ein neues, geräumigeres Säckchen, das sie vor der meist Anfang Mai darin stattfindenden Verpuppung an einer Nadel festspinnt. Bevor die Motte nach kurzer Puppenruhe gewöhnlich Ende Mai schlüpft, schiebt sich die Puppe etwas aus dem Sack hervor. – Generation 1jährig.

Die Raupe verursacht besonders durch den Frühjahrsfraß gelegentlich starken Zuwachsverlust und kann durch wiederholte Angriffe die Lärchen oft so schwächen, daß sie kränkeln und nicht selten eingehen.

Lärchentriebmotte

Blastotére laevigatélla Herrich-Schäffer

(43) Falter: Vorderflügel glänzend silbergrau, am Vorderrand etwas dunkler, Hinterflügel mit langen Fransen.
Raupe: Erst hellgelb, später hell rötlichgrau, mit schwarzem Kopf.

Die Ende Mai, Anfang Juni schwärmende Motte legt ihre Eier an jüngeren, vor allem 1 bis 4 m hohen Lärchen einzeln am unteren Teil diesjähriger Langtriebe ab, in denen die ausschlüpfende Raupe im Herbst und darauffolgenden Frühjahr einen Gang frißt. Hierdurch stirbt der größte Teil des befallenen Langtriebs meist ab und bleibt im Frühjahr unbenadelt, während der übrige Teil des Triebs unterhalb der Fraßstelle sich normal mit Kurztriebbüscheln begrünt. Verpuppung im Mai im Fraßgang kurz hinter einem von der Raupe zuvor genagten und versponnenen Flugloch. – Generation einfach.

Gespinstmotte

Hyponomeúta padélla Linné

(43) Falter: Vorderflügel weiß, bräunlichgrau angeflogen, mit 3 unregelmäßigen Längsreihen schwarzer Punkte. Hinterflügel braungrau.
Raupe: 16füßig, nach vorn und hinten verschmälert, grau, grünlich oder gelblich, dunkel punktiert, Kopf und Nackenschild dunkel.

Die in manchen Jahren massenhaft auftretende, Ende Juni, Anfang Juli schwärmende Motte legt ihre Eier in Häufchen an die Rinde dünner Zweige von Schlehe, Weißdorn, Pflaumenbäumchen und anderen Holzarten und überdeckt sie mit einem rasch erhärtenden, durchsichtigen Schleim, unter dem die nach einigen Wochen ausschlüpfenden Raupen überwintern. Im darauffolgenden Frühjahr bohren sich die jungen Raupen zunächst zu mehreren in die aufbrechenden Knospen ein, höhlen sie aus und befressen später die Blätter gesellig unter dem Schutz großer, zäher, die Zweigspitzen überziehender Gespinstschleier, in denen sie sich Anfang Juni in spindelförmigen, weißen, dicht aneinanderliegenden Kokons verpuppen. – Generation einfach. – Bei starkem Befall gleichen die kahlgefressenen, gänzlich von den grauweißen Gespinsten überzogenen Bäume und Sträucher einer Winterlandschaft.

Eichenminiermotte

Tischéria complanélla Hübner

(43) Falter: Vorderflügel dottergelb, mit schwach gebräunten Rändern; Hinterflügel grau, lang befranst.
(67) Raupe: Flachgedrückt, gelb, mit verkümmerten Beinen.

Die häufige, im Mai/Juni schwärmende Motte legt ihre Eier mit dem Legebohrer in das Blattgewebe vorzugsweise junger Eichen. Die ausschlüpfenden Raupen minieren während des Sommers in den Blättern, wodurch sich die Oberhaut in anfangs gesonderten, (81) später oft zusammenfließenden weißen Blasen abhebt, was den befallenen Pflanzen ein auffallendes Aussehen verleiht. Die Raupen bleiben auch nach dem Fallen der Blätter in den Minen, überwintern und verpuppen sich im nächsten Frühjahr darin. – Generation einfach.

Eichenknospenmotte

Coleóphora lutipennélla Zeller

(43) Falter: Vorderflügel lehmig ockergelb, Hinterflügel grau; Fühler hell und dunkel geringelt.
Raupe: Grau, mit scharfem Kopf.

Die im Juli fliegende Motte legt ihre Eier einzeln an Eichenknospen. Die ausschlüpfende Raupe frißt zunächst in der Knospe und lebt später als Sackträger an Blättern.

Erlenknospenmotte

Coleóphora serratélla Linné (= *C. fuscedinélla* Zeller)

(43) Falter: Vorderflügel dunkel braungrau, beim ♂ mehr gelblich. Hinterflügel dunkelgrau.
Raupe: Rotbraun, schwarzköpfig, infolge Verkümmerung der letzten Fußpaare scheinbar nur 12füßig; mit braunem bis gelbbraunem, auf dem Rücken gekieltem Röhrensack; Jugendsack hornförmig gekrümmt.

Die im Juni/Juli schwärmende Motte legt ihre Eier vor allem in den Winkeln der Blattadern nahe dem Blattgrund in den äußersten Kronenpartien vorzugsweise der Erlen, auch Birken ab. Die ausschlüpfende Raupe frißt Minen in die Blätter, auf denen sie als Sackträger lebt. Sie überwintert und nimmt Anfang April ihre Fraßtätigkeit wieder auf. – Generation einfach.

Ahornminiermotte

Stigmélla (Neptícula) sericopéza Zeller

(43) Falter: Vorderflügel schwarzbraun, die Wurzel, eine Schrägbinde vor der Mitte und 2 Flecken in der Endhälfte gelblich. Hinterflügel grau.
Raupe: Bernsteinfarbig.

Die Raupe der sehr kleinen Motte miniert in Ahornfrüchten, den größten Teil des Samens ausfressend. Die besetzten Früchte fallen vorzeitig ab. – Mindestens 2 Generationen im Jahr.

Fliedermotte

Gracilária (Xanthospilápterix) syringélla Fabricius

(43) Falter: Vorderflügel gelblich olivbraun, weiß querbindig gefleckt, dunkelbraun bepunktet. Hinterflügel graubraun.
Raupe: Erst glashell, plattgedrückt, bein- und haarlos; später beborstet, weiß oder grünlich, mit dunklerer Rückenlinie und bräunlichem Kopf, 14füßig.

Die oft in großer Menge auftretende Motte schwärmt im Mai und legt ihre Eier auf Flieder, auch Esche und Liguster, und zwar stets an der Blattunterseite entlang einer Blattader ab. Die Raupen minieren erst gemeinsam in den Blättern, so daß diese mißfarbig braun werden, und rollen später jeweils ein frisches Blatt mit Hilfe einiger beim Eintrocknen sich zusammenziehender Spinnfäden in gemeinsamer Tätigkeit, wobei die Hauptrippe eingebissen wird, von der
(82) Unterseite her, an der Spitze beginnend, zu einem Wickel zusammen, in dem sie das Gewebe der Blattoberseite befressen. – Mindestens 2 Generationen jährlich.

Eschenzwieselmotte

Práys curtiséllus Duponchel

(43) Falter: Vorderflügel weiß, ein graubrauner Dreiecksfleck am Vorderrand, dunkle Fleckchen am Saum. Hinterflügel braungrau.
Raupe: Erst honiggelb mit braunem, später schmutziggrün mit schwarzem Kopf.

Die im Juni schwärmende Motte legt ihre Eier an die Blätter der Esche, vorzugsweise an junge Pflanzen und Heister. Die ausschlüpfenden Raupen minieren anfänglich in den Blättern, fressen später frei an den Blättern, die leicht zusammengesponnen werden, und verpuppen sich schließlich meist am Boden zwischen dürrem Laub, worauf nach etwa achttägiger Puppenruhe im August der Falter schlüpft, der seine Eier wiederum an die Blätter der Esche legt. Die Raupen der 2. Brut minieren im September ebenso wie zuvor die Juliraupen in den Blättern, bohren sich aber Anfang Oktober, vor (83) Laubabfall, in die Gipfelknospen der Esche ein, überwintern hier, nagen im darauffolgenden Frühjahr die Knospe, mitunter auch ein Stück des Triebes abwärts aus, fressen dann wieder frei an den gerade austreibenden Eschenblättern, und verpuppen sich in einem lokkeren, hängemattenartigen Gespinst am Zweig, worauf nach höchstens 3wöchiger Puppenruhe der neue Falter im Juni schlüpft. – Generation doppelt.

Der Blattfraß ist belanglos; hingegen schädigt der Knospenfraß der Herbstraupe die Eschenpflanzen empfindlich durch Zwieselbildung, indem nach Zerstörung der Gipfelknospe die beiden Seitenknospen zur Entwicklung gelangen. – In Baumschulen kann der Zwieselbildung durch einen Schrägschnitt, der mit der befallenen Gipfelknospe eine der beiden Seitenknospen entfernt. vorgebeugt werden.

Grüner Langfühler

Adéla reaumurélla Linné (= *A. viridélla* Scopoli)

(43) Falter: Fühler des ♂ fast dreimal so lang als die Vorderflügel, beim ♀ kürzer. Vorderflügel dunkelgrün, lebhaft metallglänzend, am Vorderrand kupferig. Hinterflügel dunkel.

Raupe: Gelblichweiß, Kopf und Nackenschild schwarz.

Die ♂♂ der zeitig im April/Mai fliegenden, häufigen Motte tanzen oft im Sonnenschein an Waldrändern in dichten Schwärmen mückenartig um Buschwerk auf und nieder, bisweilen sogar bis hinauf in den Wipfelbereich der Altbäume, wobei sie die langen Fühler mit nach hinten gebogener Spitze senkrecht emporhalten, während sich die ♀♀ im Unterholz versteckt halten. Die Raupen minieren anfangs in den Blättern von Buche und Eiche und fertigen sich später aus Blattstückchen ein flaches, ovales, an beiden Seiten offenes Säckchen. Mit diesem lassen sie sich zu Boden fallen und fressen von ihm aus an dem abgefallenen Laub, in dem sie auch überwintern.

SONSTIGE KERFE

Die Springschwänze
Collémbola

Die Springschwänze sind sehr klein und flügellos und tragen auf der Bauchseite ihres vorletzten Hinterleibsringes meist eine Sprunggabel, mit deren Hilfe sie in die Höhe zu schnellen und ziemlich weit zu springen vermögen (daher Name).

Weit verbreitet und häufig in großen Massen auftretend, lieben sie feuchte Aufenthaltsorte im Wald, unter Rinden, in moderndem Holz, im Moos und in der Waldstreu. Einige Arten hüpfen behende auf Wasserflächen umher. Die Nahrung besteht vorzugsweise aus weichen, verwesenden Stoffen tierischer wie pflanzlicher Herkunft. Sie haben wesentlichen Anteil an der Erzeugung fruchtbarer Erdschichten. Einige Arten greifen mitunter auch lebende Pflanzen, insbesondere zarte Keimpflanzen an und schaden dadurch.

Schneefloh
Entomóbrya nivális Linné

(55) Vollkerf: Winzig klein, gelblichweiß mit vielen dunklen Punkten.

Man findet den sehr lebhaften, allgemein verbreiteten Schneefloh an Bäumen, unter Steinen, im modernden Holz und gelegentlich auch in so großen Mengen auf Schnee, daß dieser wie mit Schießpulver bestreut erscheint.

Kugelspringer
Sminthúrus fúscus Linné

Vollkerf: Sehr klein, von kugeliger Gestalt, glänzend schwarzbraun.

Der kleine, waldbewohnende, einem hüpfenden Punkt gleichende Kugelspringer findet sich auf der Rinde von Baumstämmen, wo er sich von Algen nährt.

Die Netzflügler

Planipénnia

Die Netzflügler haben vier netzförmig reich geaderte, häutige und meist gleich große Flügel, die in der Ruhe dachförmig gehalten werden. Larven 6beinig.
Vollkerfe und Larven leben räuberisch und nähren sich hauptsächlich von kleinen Kerfen, die sie aussaugen. Verpuppung meist in einem Kokon. Vollkommene Verwandlung. – Fast alle Arten sind nützlich.

Ameisenjungfer

Myrméleon formicárius Linné

(55) Vollkerf: Libellenähnlich, schwarzbraun, Fühler an der Spitze keulig verdickt, Flügel in der Ruhe dachartig gelegt.
(69) Larve: „Ameisenlöwe", bräunlich bis grauschwarz, gedrungen, in der Mitte am breitesten, stark behaart, wobei die Haare von hinten nach vorn gerichtet sind, am Kopf mächtige Saugzangen.
Puppe: In festem, rundem, mit Sand verklebtem Kokon.

Die von Juli bis August in Nadelwäldern der Ebene vorkommende, sich von kleinen unbehaarten Raupen, Blattläusen und anderen zarthäutigen Insekten nährende Ameisenjungfer fliegt abends schwerfällig und taumelnd über sandige Wege und Blößen, während sie tagsüber mit dachförmig gelagerten Flügeln an Zweigen und Stämmen ruht. Das ♀ streut seine Eier über trockenem Sand aus. Die rückwärts laufende Larve fängt mit Hilfe eines selbst gegrabenen
(68) kleinen Sandtrichters, an dessen Grund sie sitzt und nur den Kopf mit den Saugzangen hervorragen läßt, Ameisen und andere kleine Tierchen, die sie aussaugt, und deren leere Hüllen sie aus dem Trichter schleudert. Verpuppung im Juni unter dem Fangtrichter, worauf im Juli die Ameisenjungfer schlüpft. – Überwinterung als Larve. – Forstlich ohne Bedeutung.

Florfliege

Chrysópa cárnea Stephens

(55) Vollkerf: Zart, grün, mit 4 verhältnismäßig großen, grüngeaderten, glänzenden, den Hinterleib weit überragenden Flügeln; große, goldglänzende Augen und lange, dünne Fühler.
(58) Eier: Langgestielt, oval, grünlich.
(69) Larve: „Blattlauslöwe", buntgefärbt, lanzettförmig; großer Kopf mit langen, dünnen, einwärts gekrümmten Saugzangen.

Puppe: In festem, rundlichem, bräunlichem oder weißlichem, erbsengroßem Kokon.

Die häufig an Bäumen und Sträuchern, im Herbst und Winter auch in warmen Räumen an den Fenstern anzutreffende Florfliege fliegt erst bei Einbruch der Dämmerung und nährt sich hauptsächlich von Blattläusen, die rasch verzehrt werden. Das ♀ befestigt im Frühjahr seine Eier auf haarfeinen Stielchen am Blatt, so daß man glaubt eine Art Schimmelpilzrasen zu sehen. Die Larven hausen oft verheerend in Blattlauskolonien und bedecken ihren Leib mit den Häuten der ausgesaugten Opfer und sonstigen, auch pflanzlichen Resten. Verpuppung in einem an einem Blatt oder Zweig befestigten Kokon, aus dem im Sommer die Florfliege schlüpft. – Überwinterung als Imago. – Die Florfliege ist äußerst nützlich, da sie die Blattlausvermehrung in Grenzen hält.

*

Kamelhalsfliege
Raphídia notáta Fabricius

(55) Vollkerf: Auffallend halsartig verlängerte und etwas aufwärts getragene Vorderbrust; beweglicher, herzförmiger Kopf mit scharfen Kiefern; 4 reich geäderte, netzförmige Flügel; ♀ mit langer Legeröhre.
(69) Larve: Rindenbraun, langgestreckt, flach; fast quadratischer Kopf auf langem Hals; 6 kurze Beine, Leib hinten verschmälert.

Die bei hellem Sonnenschein rege, an Gebüsch und sonnigen Waldrändern vorkommende, nur stellenweise häufige Kamelhalsfliege lebt von April bis Juni räuberisch von anderen Kerfen, ihren „Hals" dabei blitzartig vorschnellend, und legt ihre Eier in Baumrinden ab. Die sehr behende, bei Beunruhigung ebenso rasch rückwärts wie vorwärts laufende Larve stellt an und unter Nadelholzrinde eifrig Borkenkäferbrut, auch Nonneneiern nach. Verpuppung im Frühjahr ohne Kokon unter Rindenschuppen oder in morschem Holz. – Nützlich im Kampf gegen forstschädliche Kerfe.

Skorpionsfliege
Panórpa commúnis Linné

(55) Vollkerf: Schlank, langbeinig, bräunlich bis schwärzlich, mit 4 großen gescheckten Flügeln, Kopf schnabelartig verlängert. Das beim ♂ auffallend verdickte, mit einer Greifzange ausgestattete Hinterleibsende wird ähnlich wie beim angreifenden Skorpion nach oben und vorn erhoben getragen (daher Name), ist

jedoch keine Angriffs- oder Wehreinrichtung, sondern dient lediglich dem Festhalten des ♀ bei der Begattung.

(69) Larve: Raupenförmig; am Hinterleibsende 4 ausstülpbare Zapfen, die der Fortbewegung dienen.

Die verbreitet vorkommende Skorpionsfliege lebt von Mai bis September auf niederen Büschen und Sträuchern, wo der Boden nicht zu trocken ist. Sie fliegt gewandt, aber nur kurze Strecken. Die Nahrung besteht aus toten oder verwundeten Kerfen, doch nimmt sie auch Honigtau und Blütennektar zu sich. Eiablage in den Erdboden, in dem die ziemlich trägen Larven von verwesenden tierischen und pflanzlichen Stoffen leben und sich verpuppen. – 2 Generationen. Überwinterung teils als Larve, teils als Puppe.

Die Libellen

Odonáta

Die Libellen oder Wasserjungfern sind große, schlank gebaute, oft auffallend gefärbte, metallisch schimmernde Kerfe mit 4 gleichlangen, glasartigen, dicht netzartig geäderten Flügeln, kurzen, pfriemenförmigen Fühlern, mächtigen Augen und kräftigen, beißenden Mundwerkzeugen; Hinterleib sehr lang, oft stabförmig. Die Larven haben lange, gut entwickelte Beine, zur vorschnellbaren Fangmaske umgebildete Unterlippe und verhältnismäßig dicken Hinterleib. Die häufig vorkommenden, fluggewandten Libellen jagen vorzugsweise im hellen Sonnenschein über Teichen, an Waldrändern und über Waldkulturen nach anderen Kerfen, die sie im Flug erbeuten, während sie nachts mit den Vorderbeinen an Bäumen und Sträuchern hängen. Das ♀ legt seine Eier frei in das Wasser oder in aufgeschlitzte Stengel von Wasserpflanzen ab. Die Larven leben räuberisch im Wasser und werden oft der Fischbrut gefährlich. – Verwandlung unvollkommen.

Blauflügel-Prachtlibelle

Calópteryx vírgo Linné

(54) Libelle: ♂ stahlblau glänzend, mit tiefblauen Flügeln; ♀ metallisch smaragdgrün, mit graubraunen, durchsichtigen Flügeln, die in Spitzennähe am Vorderrand ein weißes Mal tragen.
Eier: Spindelförmig.
(68) Larve: Schlank, langbeinig, bräunlich bis rotbraun.

Die stark rückgängige, in den Bergen ziemlich hoch hinaufsteigende, prächtige Libelle ist von Mai bis September an fließenden Gewässern mit schattenspendender Ufervegetation, vor allem an erlenbestandenen Wiesenbächen anzutreffen. Ihr Flug ist etwas taumelnd; das ♀ sitzt meist träge an den Uferpflanzen. Die Eier werden einzeln mit dem Legestachel in den untergetauchten Teil von aus dem Wasser ragenden Pflanzen geschoben. Die in ihren Bewegungen langsamen, im Wasser lebenden Larven überwintern. – Generation 2jährig.

Braune Mosaikjungfer

Aéshna grándis Linné

(55) Libelle: Rotbraun mit 2 gelben Bruststreifen; Rückenmitte zwischen den Flügeln sowie Hinterleibsringe beim ♂ blau gefleckt, beim ♀ alle Flecken gelblich bis hellgrau; Flügel licht goldbraun.
(68) Larve: Flacher Kopf, helmförmige Fangmaske; Hinterleib bräunlich, schlank, in der Mitte am breitesten, mit Stacheln an den Seiten.

Die in waldigen Gebirgsgegenden häufige Libelle fliegt von Juli bis Oktober schnell und reißend vorzugsweise an Teichen und Wasserläufen, oft aber auch weit vom Gewässer entfernt im Wald. Das ♀ legt seine Eier in schwimmende, abgestorbene Pflanzenteile, Treibholz und torfige Uferwände. Die Larven leben an Wasserpflanzen stehender Gewässer.

Vierfleck

Libéllula quadrimaculáta Linné

(54) Libelle: Brust metallisch rötlich bis grünlich, dicht weißlichgelb behaart; kurzer, kräftiger, an den Seiten gekanteter Hinterleib, der vorne bräunlich, hinten schwärzlich, mit gelben Seitenflecken versehen ist. Jeder der 4 Flügel hat außer dem länglichen dunklen Mal in der Nähe der Flügelspitze noch einen kleinen schwarzen Fleck in der Mitte des Vorderrandes (daher Name); Hinterflügel am Grund dunkel gefärbt.
Eier: Lang, oval, zunächst weiß, dann gelb und später braun. Gallerthüllen verkleben sie zu Eiballen.
Larve: Trüb graubraun, wenig gezeichnet, breit gedrungen, Beine stark behaart.

Die überall häufige Libelle fliegt meist an stehenden Gewässern, aber auch vom Wasser entfernt. Gelegentlich werden nach dem Schlüpfen Schwärme gebildet, die ausgedehnte Wanderzüge antreten. Von freistehenden Pflanzenstengeln aus jagt die Libelle in pfeilschnellem Flug von Mai bis August ihre Beute und stellt u. a. auch Nonnenfaltern nach. Das ♀ schlägt beim Flug sein Hinterleibsende rhythmisch auf das Wasser, wobei es die Eier ablegt. Die Larven entwickeln sich am Grund stehender, am liebsten torfiger Gewässer und überwintern zweimal, bis die Libelle schlüpft.

Die Schrecken

Saltatória

Die Schrecken (Heuschrecken und Grillen) sind mittelgroße bis große, bräunliche oder grünliche Kerfe mit pferdeähnlichem Kopf, kräftig beißenden Mundteilen, schmalen Vorder- und breiten, in der Ruhe gefalteten Hinterflügeln. Hinterbeine in der Regel Sprungbeine mit stark verdickten Schenkeln. Die Larven sind den Vollkerfen ähnlich, nur kleiner und zunächst flügellos.

Die Schrecken fliegen meist nur kurze Strecken. Sie nähren sich von pflanzlichen und tierischen Stoffen. Die ♂♂ der meisten Arten zirpen. – Die Generation ist 1jährig, die Verwandlung unvollkommen.

Warzenbeißer

Décticus verrucívorus Linné

(54) Schrecke: Ziemlich plump gebaut, vorherrschend grün oder braun, Halsschild mit deutlichem Längskiel, sämtliche Flügel gut entwickelt; Legeröhre des ♀ lang, nur mäßig aufwärts gebogen.

Der auf Wiesen, besonders kurzrasigen Bergwiesen, und Kleefeldern, aber auch in Nadelholzkulturen anzutreffende, weit springende und nur am Tag zirpende Warzenbeißer ist ein Bodentier, das sich vorwiegend von anderen Kerfen nährt, befrißt aber auch Pflanzen und schadet dadurch. Das ♀ legt seine Eier einzeln mit Hilfe der Legeröhre in lockeren Boden, worauf im April des nächsten Jahres die Larven schlüpfen. – Nach dem Volksglauben soll ein beim Beißen abgegebener Darmsaft Warzen verätzen, daher Name.

Grünes Heupferd

Tettigónia (Locústa) viridíssima Linné

(55) Schrecke: Schlank gebaut, grasgrün; Flügel viel länger als der Hinterleib, beim ♀ auch die weit vorstehende, ziemlich gerade Legeröhre überragend.

Das überall, außer in höheren Gebirgsgegenden, in Gärten, auf Feldern, Buschwerk und Bäumen, besonders in den Wipfeln anzutref-

fende Grüne Heupferd lebt überwiegend räuberisch von anderen
Kerfen, benagt aber gelegentlich auch junge Holzpflanzen. Das ♂
zirpt im Spätsommer und Herbst ab Mittag bis tief in die Nacht, vor
allem an warmen Abenden laut, eintönig und ohne Unterbrechung.
Das ♀ legt seine Eier mittels der Legeröhre in lockeres Erdreich,
worauf im folgenden Frühjahr die gleichfalls räuberisch lebenden
(68) Larven schlüpfen. – Nützlich.

Nadelholz-Säbelschrecke

Barbitistes constrictus Brahm

(55) Schrecke: Braun oder grün, schwarz gefleckt, mit sehr kurzen Vorder- und völlig
verkümmerten Hinterflügeln; ♀ mit langer Legeröhre.

Die seltene, in Nadelwäldern des Ostens vorkommende Sichelschrecke frißt in Kiefern- und Fichtenjunghölzern an Nadeln, Trieben und Knospen.

Eichenschrecke

Meconéma thalássinum de Geer

(55) Schrecke: Klein, zart, hellgrün, mit sehr langen, leicht abbrechenden Fühlern; ♀
mit langer, säbelförmiger Legeröhre.

Die weit verbreitete, nur auf Bäumen, meist in den Kronen alter Eichen, auch Linden, im Spätsommer und Herbst vorkommende Schrecke zirpt nicht, kann aber durch Trommeln mit dem Hinterbein auf die Unterlage einen schnurrenden Ton erzeugen. Nachts macht sie Jagd auf kleine, zarthäutige Insekten, während sie am Tage auf Blattunterseiten ruht. Sie legt ihre Eier in Rindenritzen vorzugsweise alter Eichen, auch in Eichengallen, worauf im Frühjahr des nächsten Jahres die Larven schlüpfen. – Sehr nützlich.

Sattelschrecke

Ephippíger ephippíger Fieber

(54) Schrecke: Plump, eigenartig geformt, mit graugrünem Kopf und oben dunkelgrünem, unten hellerem Hinterleib; Halsschild sattelförmig eingedrückt, Flügel zu runden Schuppen verkümmert; die lange Legeröhre des ♀ ist fast gerade.

Die nur in wärmeren, niederschlagsarmen Gegenden, z. B. in den Weinbaugebieten der Rheinpfalz, auf Laub- und Nadelhölzern im Herbst anzutreffende Sattelschrecke ist flugunfähig und nährt sich von Eichenlaub, Löwenzahn und Brombeerblättern, doch wird auch gern tierische Kost angenommen. ♂ und ♀ zirpen laut und metallisch.

Maulwurfsgrille, Werre

Gryllotálpa gryllotálpa Linné

(55) Grille: Lang, zylindrisch, dunkelbraun, samtartig behaart, mit mächtiger Vorderbrust, zu handförmigen Grabschaufeln umgebildeten Vorderbeinen und langer Schwanzgabel; Flügeldecken kurz, die häutigen Unterflügel lang und breit, in der Ruhe wie ein paar Schwänzchen den Hinterleib überragend. ♂ mit Schrillorgan.

Eier: Hanfkorngroß, etwas plattgedrückt, glatt, gelblichweiß, zähschalig.

Larve: Anfangs weißlich und ohne Grabfüße, ameisenähnlich, später bräunlich, dem Vollkerf sehr ähnlich.

Die unverkennbare Maulwurfsgrille liebt frischen, lockeren, sandigen, nicht beschatteten Boden, ohne jedoch feuchten, lehmigen oder moorigen zu meiden. Sie kann notfalls schwimmen, ist scheu und vorsichtig und lebt hauptsächlich unterirdisch in selbstgegrabenen, etwa fingerdicken Gängen, die teils so flach unter der Erdoberfläche dahinstreichen, daß der Boden in Form einer geschlängelten Linie aufgeworfen ist, teils tiefer in die Erde dringen. Sie nährt sich von Schnecken, Engerlingen und anderen Kerfenlarven, aber auch von Wurzeln, keimenden Samen und dgl. Zur Schwärmzeit im Juni/Juli kommt die Maulwurfsgrille nachts, vorwiegend bei schwülem Wetter, häufiger an die Oberfläche, läßt ein eintöniges Schrillen hören und fliegt dann auch schwerfällig, wellenförmig in geringer Höhe über den Boden hin, am liebsten zum Licht. Das ♀ legt seine Eier innerhalb des Gangsystems etwa 10 cm bis 1 m tief unter der Bodenoberfläche in ein etwa kartoffelgroßes, durch Befeuchten mit Speichel und Festdrücken innen geglättetes Nest und bewacht diese und die nach 1 bis 3 Wochen schlüpfenden Larven sorgfältig. Nach wiederum einigen Wochen zerstreuen sich die Larven, fressen zunächst Humusstoffe, später feine Würzelchen dicht unter der Oberfläche und überwintern im Boden. – Generation meist 2jährig. Verwandlung unvollkommen.

Durch Verzehren zahlreicher unterirdischer Schädlinge einigermaßen nützlich, wurde die früher häufige Maulwurfsgrille durch Befressen ober- und unterirdischer Pflanzenteile sowie durch ihre Grabarbeit, wobei sie Wurzeln zerreißt und zerbeißt und Keimpflanzen aushebt, vor allem in Saat- und Pflanzgärten zum gefürchteten Schädling.

Waldgrille

Nemóbius sylvéstris Fabricius

(55) Grille: Dunkelbraun, mit einigen helleren Flecken verziert; Vorderflügel sehr kurz; ♀ mit langer, gerader Legeröhre.

Die Waldgrille lebt verbreitet und meist häufig von Juni/Juli bis Spätherbst in lichten Wäldern und an sonnigen Waldrändern unter Moos und abgefallenem Laub. Sie vermag schnell zu laufen, auch zu springen. Am Nachmittag und Abend zirpt das ♂ fein aus dem Versteck.

Blauflügelige Ödlandschrecke

Oedípoda caeruléscens Linné

(54) Schrecke: Gelbbraun; Vorderflügel mit dunkler Wurzel und 2 dunklen Querbinden, Hinterflügel prächtig blau mit breiter, schwarzer Querbinde.

Die ziemlich selten gewordene Blauflügelige Ödlandschrecke ist nur stellenweise häufig an trockenen, spärlich bewachsenen Orten, in Steinbrüchen, Sandgruben und an trockenen Waldrändern anzutreffen, wo sie durch ihre Färbung in Ruhestellung gut getarnt Gräser befrißt.

Dornschrecke

Tétrix (Acrýdium) subuláta Linné

(55) Schrecke: Bräunlich; langer, rückwärts gerichteter, dicht über dem Hinterleib verlaufender und ihn meist überragender Fortsatz des stark entwickelten Halsschildes; Vorderflügel zu runden Schuppen verkümmert, Hinterflügel voll ausgebildet.

Die verbreitet auf feuchten Wiesen, an Waldrändern, besonders gern auf ausgetrockneten Schlammflächen an Gewässerufern, gelegentlich aber auch an trockenen Plätzen vorkommende Dornschrecke befrißt neben Moosen und Flechten auch zarte Getreide- und junge Kiefernpflänzchen, Eichen- und Buchenaufschlag und kann dadurch schädlich werden.

*

Gemeiner Ohrwurm

Forfícula auriculária Linné

(55) Vollkerf: Langgestreckt, flach, glänzend braun, mit kurzen, glatten Flügeldecken, darunter großen, halbkreisförmigen, mehrfach zusammengefalteten Unterflügeln; am Hinterleibsende große Greifzange, beim ♂ gekrümmt, beim ♀ fast gerade.

Eier: Rundlich, weißlich, weichschalig.
Larve: Hellgelblich, dem Vollkerf ähnlich, noch flügellos.

Der überall auf Blumen, Früchten, unter Rinde und Steinen, auch in Behausungen anzutreffende Gemeine Ohrwurm meidet das helle Tageslicht, lebt gesellig und nährt sich von weichen Pflanzenteilen wie auch von Blattläusen und anderer tierischer Kost. Das ♀ legt seine Eier im Herbst in einer kleinen Erdkammer unter einem Stein oder Holzstück ab, bewacht sie sorgfältig und bleibt bei den im Frühjahr schlüpfenden Larven, bis diese fast erwachsen sind.

*

Lärchenblasenfuß

Taéniothrips larícivorus Kratochvil

(55) Vollkerf: Winzig klein, langgestreckt, ♂ orangegelb, ♀ schwarzbraun; stechend saugende Mundwerkzeuge, Haftblasen zwischen den Fußklauen; Flügel schmal, mit fransenartiger Randbehaarung.
Larve: Weißlich bis gelblich.

Der als Vollkerf und Larve an jüngsten Langtrieben und Langtriebnadeln vorzugsweise junger Lärchen saugende Blasenfuß verursacht die sog. Lärchenwipfelkrankheit. Das ♀ legt seine glänzend weißen, bohnenförmigen Eier ab Mai vorwiegend in die jungen Längstriebnadeln der Lärchen. Nach etwa 2 Wochen schlüpfen die Larven der ersten, im Juli die der Folgegeneration. Der verursachte Schaden zeigt sich zunächst in einer Verfärbung. Die Nadeln werden grau, krümmen sich und fallen frühzeitig ab, die Triebrinde reißt ein, verharzt und wird schorfig. Nach Absterben der Wipfeltriebe treten Hemmungen des Höhenwachstums, Verbuschung der Krone und Stammkrümmung ein. – Generation doppelt. Es überwintern die ♀♀ der 2. Generation unter den Knospenschuppen der Fichte.

*

Kleine Waldschabe

Ectóbius lappónicus Linné

(55) Vollkerf: Klein, platt, Flügeldecken braungelb, den Hinterleib beim ♂ überragend, beim ♀ nur teilweise bedeckend; Unterflügel beim ♀ verkümmert.

Die Kleine Waldschabe lebt verbreitet im Wald auf niederen Pflanzen und Buschwerk. Das ♂ fliegt bei Sonnenschein lebhaft umher, besonders an Waldrändern, während das flugunfähige ♀ am Boden bleibt. – Unschädlicher Waldbewohner.

* * *

Wanzen, Zirpen und Pflanzenläuse stimmen im Bau ihrer Mundteile, die zur herabgezogenen Saugröhre, dem sog. Schnabel mit darin liegenden Stechborsten umgewandelt sind, überein und werden deshalb unter der Bezeichnung

Schnabelkerfe

Rhynchóta

zusammengefaßt. Sie nähren sich saftsaugend an Pflanzen und Tieren. Verwandlung fast allgemein unvollkommen.

Die Wanzen

Heteróptera

Vorwiegend flach, mit großem Halsschild und an die Brust anlegbarem Saugrüssel. Vorderflügel am Grund lederartig verdickt, in der Spitzenhälfte häutig; Hinterflügel ganz häutig. Vielfach mit Duftdrüsen, die einen widerlichen Geruch verbreiten. Die Larven ähneln den Vollkerfen.

Die im Wald lebenden, meist scheuen und behenden Wanzen saugen teils an Raupen und Blattläusen, teils an Pflanzen. Verwandlung unvollkommen. Forstliche Bedeutung im allgemeinen gering.

Kiefernrindenwanze

Áradus cinnamómeus Panzer

(53) Wanze: Klein, rindenbraun, plattgedrückt, in der Jugend fleischrot; Flügeldecken oft verkürzt. Der Bettwanze nicht unähnlich.

Die weit verbreitete, lichtscheue Wanze legt ihre Eier Ende April bis Anfang Juni an die Rinde 5- bis 30jähriger Kiefern, auch junger Lärchen, wo sie, wie später auch ihre Larve, unter Rindenschuppen sitzt und im Bast saugt, wodurch bei massenhaftem Auftreten die
(84) Rinde in Querrissen aufplatzt und später abfällt. Die Triebe bleiben verkürzt und vergilben, mehrjährige Nadeln fallen vom Kroneninneren her beginnend ab, die Bäume können sogar von oben herab absterben. – Generation 2jährig. Überwinterung als Larve und erwachsene Wanze an der Stammbasis oder in der Bodenstreu.

Feuerwanze

Pyrrhócoris ápterus Linné

(53) Wanze: Mittelgroß, flach, auffallend schwarz und rot gezeichnet; keine Unterflügel.
Larve: Hinterleib zunächst ganz rot, Flügelansätze schwarz.

Die oft scharenweise am Fuß alter Linden, Ulmen und anderer Bäume anzutreffende Feuerwanze lebt hauptsächlich von den Säften toter Kerfe, abgefallener Früchte und modernder Reste.

Rotbeinige Baumwanze

Pentátoma rúfipes Linné

(53) Wanze: Dunkelbraun, Beine rötlich; Spitze des großen, die Mitte des Hinterleibs überragenden Schildchens auffallend gelbrot; Halsschild beiderseits in einen stumpfen Fortsatz verlängert.

Die weit verbreitete Wanze lebt auf Sträuchern und Bäumen, im Sommer oft paarweise, und saugt an den Wirtspflanzen sowie auch an weichhäutigen, meist toten Kerfen.

Beerenwanze

Dolýcoris baccárum Linné

(53) Wanze: Olivbraun, behaart, weißgelbe Schildchenspitze; schwarz und gelb geringelte Fühler und ebenso gefärbte Hinterleibsseiten.
Eier: In scheibenförmigen Gelegen aneinandergereiht.

Die im Wald und im Garten auf Kirschbäumen, Himbeer- und Stachelbeersträuchern und auf anderen Gewächsen häufig anzutreffende Beerenwanze fliegt, vom warmen Sonnenschein aus dem Winterquartier am Boden unter Steinen oder ähnlichen Schlupfwinkeln hervorgelockt, im Frühling lebhaft umher und klebt ihre Eier an Blätter. Durch ihren widerlichen Geruch, der sich auf Garten- und Waldbeeren überträgt, auf denen sie oft sitzt, wird sie lästig.

Saumwanze

Córeus marginátus Linné

(53) Wanze: Rötlichgrau, fein schwarz punktiert, Hinterleibsrücken rot; Deckflügel bronzefarbig, die vorspringenden Seitenteile des Hinterleibs unbedeckt lassend.

Die einen charakteristischen Duft verströmende Saumwanze fliegt bei sonnigem Wetter und sitzt gern auf Blütendolden. Vollkerf und Larve saugen an unreifen und reifen Früchten der Ampferarten.

Die Zikaden, Zirpen
Cicadína

Klein bis mittelgroß, 4 in der Ruhe steil dachförmig getragene Flügel, Hinterbeine meist Sprungbeine; Mundwerkzeuge stechend, ♀ mit Legestachel. Larven den Vollkerfen ähnlich, aber anfangs noch flügellos.

Die auf Bäumen, Sträuchern, Gräsern und Kräutern anzutreffenden munteren Zikaden können zum Teil schrillen, schnellen sich vor dem Flug erst in die Luft, nähren sich saugend von Pflanzensäften, und legen ihre Eier unter die Rinde oder in die Zweige der Wirtspflanzen. Die Larven einiger Arten hüllen sich in ein schaumartiges Sekret, den sog. Kuckucksspeichel ein. – Verwandlung unvollkommen.

Dornzikade
Centrótus cornútus Linné

(53) Zikade: Graubraun; Halsschild mit spitzem, fast bis an das Körperende reichendem Dornfortsatz und je einem kürzeren, seitlichen Zacken.

Die im lichten Laubwald, auf Sträuchern und im Gebüsch verbreitet vorkommende, einem Rindenvorsprung oder einem Pflanzendorn zum Verwechseln ähnliche und daher nur schwer zu bemerkende Dornzikade saugt an allerlei Kräutern und Kulturpflanzen und kann hierdurch sowie durch die bei der Eiablage gemachten Einschnitte junge Triebe und Schößlinge zum Absterben bringen.

Schaumzikade, Schaumzirpe
Philaénus spumárius Linné

(53) Zikade: Klein, gelbbraun, mit 2 hellen Flügelbinden.

Die weit verbreitete, besonders an krautartigen Gewächsen und gelegentlich auch an Forstgehölzen, jungen Weidentrieben und Kiefernpflänzchen, saugende Zikade vermag weite Sprünge auszuführen. Ihre kopfabwärts an der Wirtspflanze sitzenden Larven hüllen

(84) sich in eine speichelartige schaumige Masse, den „Kuckucksspeichel", der sie gegen Feinde und gegen Austrocknung sowie ungünstige Witterung schützt, und den sie selbst erzeugen, indem sie Luft aus den Atemöffnungen in ihre flüssigen Ausscheidungen, denen auch eine für Zähigkeit sorgende Komponente hinzugefügt wird, pressen. Bei Massenauftreten verkümmern die Weidentriebe, die Pflänzchen zeigen Wuchsstockungen und Verkrümmungen. Jungen Fasanen wird der Genuß von Schaumzirpen gefährlich. – Generation einfach. Die im Herbst zwischen Blattscheiden und Stengel abgelegten Eier überwintern.

Erlenzikade

Aphróphora álni Fallén

(53) Zikade: Bräunlich, mit beiderseits 2 weißlichen, durch eine schief verlaufende braune Binde getrennten Flecken.

Die Erlenzikade kommt in frischen Laubwäldern auf Erlen, Weiden, Pappeln und anderen Laubhölzern vor, an deren Ruten sie durch ihre dicht gereihten Saugstellen etwa 10 cm breite Ringwülste erzeugen und dadurch schaden. Ihre bleichgrauen Larven leben im Juni/Juli in sehr zähen Schaumballen an verschiedenen Kräutern und am Jungwuchs der Bäume.

Bergzikade, Singzikade

Cicadétta montána Scopoli

(53) Zikade: Dunkel, mit glasklaren, bräunlich geäderten Flügeln.

Die im Gebüsch und auf Bäumen, besonders Linden, auch Eichen und anderen, vereinzelt vorkommende Zikade liebt die sonnigsten Plätze und südlich gelegene Hänge. Das ♂ „singt", indem es in schneller Aufeinanderfolge etwa 10- bis 12mal den gleichen hohen Ton hervorbringt und diesen eintönigen Triller nach kurzer Unterbrechung immer wieder von neuem beginnt; beim Zusammentreffen mehrerer „singender" ♂♂ glaubt man einen einzigen, ununterbrochenen Ton zu vernehmen. – Kann durch die Eiablageeinschnitte in Zweige und Äste, die dadurch eingehen und leicht brechen, schaden. Die mit grabschaufelförmigen Vorderbeinen ausgestatteten Larven saugen unterirdisch an Wurzeln.

Ohrzikade

Lédra (Tetigónia) auríta Linné

(53) Zikade: Flach, dunkelgrün oder bräunlich, gefleckt; Halsschild mit 2 seitlichen, schief nach außen gebogenen ohrförmigen Fortsätzen.

Die seltsam aussehende Zikade kommt auf Erlen, Haseln und Eichen vor, wo sie gern auf der Rinde sitzt und dann nur schwer zu entdecken ist.

*

Erlenblattfloh

Psýlla álni Linné

Vollkerf: Sehr klein, zart, einer Kleinzikade nicht unähnlich; 4 durchsichtige Flügel, lange fadenförmige Fühler, Sprungbeine.
Larve: In weiße Wachsflocken gehüllt.

Der an Erlen, besonders Schwarzerlen, vorkommende Schnabelkerf saugt an jungen Trieben, Blättern und Blüten. Seine Larven leben oft haufenweise in den Blattachseln der Triebspitzen.

Die Blattläuse

Aphidína

Kleine, zarte, weichhäutige, geflügelte oder ungeflügelte Schnabelkerfe mit meist verhältnismäßig langen Fühlern und Schreitbeinen. Die 4 Flügel, wenn vorhanden, zart und groß, die hinteren erheblich kleiner als die vorderen. Auf dem Hinterleib häufig 2 Rückenröhren oder -poren, die ein wachsartiges Sekret absondern.
Die meist träge sitzenden oder langsam umherkrabbelnden Blattläuse kommen teils einzeln, teils scharenweise auf Laubblättern verschiedenster Art, aber auch auf Nadeln, Baumrinde, Gräsern und Kräutern und sogar auf Wurzeln vor. Sie stechen mit ihren Mundwerkzeugen die verschiedensten Pflanzenteile an, bewirken durch anhaltendes Saugen Vertrocknen, Rollung, Kräuselung oder Gallenbildung, namentlich an Laubhölzern, und scheiden den von Ameisen eifrig gesuchten glänzenden, klebrigen, zuckerhaltigen „Honigtau" aus. – Aus im Herbst abgelegten Wintereiern entstehen im Frühjahr ungeflügelte Stammütter *(Fundatrices),* die ohne Befruchtung *(parthenogenetisch)* geflügelte und ungeflügelte Jungfern hervorbringen, die sich während des Sommers in aufeinanderfolgenden Generationen jungfräulich fortpflanzen. Die letzte Jung-

ferngeneration erzeugt ♂♂ und ♀♀, welche im Herbst befruchtete Wintereier ablegen. Oft schiebt sich ein Wechsel in der Wirtspflanze ein. In diesem Fall bringen die aus den Wintereiern entstehenden Stammütter geflügelte Jungfern hervor, die auf einen Zwischen- oder Nebenwirt überfliegen und sich dort über Sommer in einer oder in mehreren Generationen jungfräulich fortpflanzen. Die letzte Generation ist geflügelt, kehrt auf den Hauptwirt zurück und erzeugt hier ♂♂ und ♀♀, die wiederum im Herbst befruchtete Wintereier ablegen.

Buchenblattbaumlaus, Buchenzierlaus
Phylláphis fági Linné

(53) Laus: Sehr klein, blaßgelb bis -grünlich, in bläulichweißer Wachswolle.

Die Eier werden im Herbst an den Knospenschuppen und an Zweigrindenrissen der Buche abgelegt, wo sie überwintern. Ende April bis Anfang Mai schlüpft die Stammutter, deren Nachkommen (Jungfern) im Mai/Juni oft massenweise, in bläulichweiße Wachswolle gehüllt und viel Honigtau ausscheidend, auf der Unterseite junger Buchenblätter entlang der Mittelrippen, sowie an zarten Triebspitzen saugen. Die geflügelte zweite Jungferngeneration sucht die Buchenkronen auf und bringt dort während des Sommers weitere ungeflügelte Jungferngenerationen mit geringer Vermehrungsrate hervor, bis schließlich im Herbst wieder ♂♂ und ♀♀ erzeugt werden, die Eier ablegen.

Befallene Blätter rollen sich oft an den Seiten nach unten ein, Triebspitzen verdorren, was sich besonders an Buchenkeimlingen, auf welche die Laus durch abfallende Knospenschuppen gelangt, schädlich auswirkt.

Buchenkrebsbaumlaus
Pterochlórus (Láchnus) exsiccátor Altum

(53) Laus: Klein, schwarzbraun.
Eier: Glänzend rotbraun.

Die meist kolonienweise an Zweigen und Stämmchen vorwiegend 20- bis 40jähriger, besonders freistehender Buchen saugende Laus verursacht krebsartige Wucherungen, so daß die Rinde der Länge nach aufreißt und das Gewebe später abstirbt. Die Wintereier werden unter aufgesprungener Rinde abgelegt. Kein Wirtswechsel. Befallene Bäume werden nachhaltig geschädigt.

Weißtannentrieblaus

Míndarus abietínus Koch

Laus: Geflügelt grün, Hinterleib schwarzbraun quergebändert; in der Jugend reichlich in weiße Wachswolle gehüllt. Ungeflügelt grau bis gelbgrün.
Eier: Länglich, silberglänzend.

Die Eier der alljährlich in nur 3 Generationen (♂ und ♀ Geschlechtstiere, Stammütter, Jungfern) auftretenden Tannentrieblaus werden bereits Ende Juni an den frischen Trieben der Tanne, vor allem in Knospennähe abgelegt, wo sie überwintern. Die daraus im Frühjahr sich entwickelnden Läuse saugen an Nadeln und Rinde
(85) der jungen Triebe, die dadurch mißgestaltet werden. Die sich aufwärts krümmenden Tannennadeln kehren die weißen Wachsstreifen der Unterseite großenteils nach außen, wodurch die befallenen Triebe grau erscheinen (Unterschied zur Tannentrieblaus!). – Bei starkem Befall sterben die Nadeln und Triebspitzen ab, Schaden im allgemeinen jedoch gering.

Ulmenbeutelgallenlaus, Birnenblutlaus

Schizoneúra lanuginósa Hartig

Laus: Schwarz, mit weißer Wolle bedeckt.

Die Stammütter der weit verbreitet und bisweilen massenhaft an freistehenden, strauchartigen Feldulmen, seltener Bergulmen vorkommenden Laus verursachen an Seitentrieben durch ihr Saugen an den Blattunterseiten zunächst das Einrollen der Blätter und mit ihrem Heranwachsen schließlich walnuß- bis kartoffelgroße blasige
(85) Auftreibungen mit höckeriger Oberfläche. Diese sind anfangs grün oder rötlich und samtartig behaart, werden später braun und rissig und zuletzt hart und trocken. Im Innern der Galle wachsen die beiden folgenden Jungferngenerationen heran, deren geflügelte zweite im Spätsommer auf den Birnbaum als Zwischenwirt überwechselt und dort weitere Jungferngenerationen erzeugt, die an den Birnbaumwurzeln saugen. Die letzte Jungferngeneration wechselt an den Hauptwirt Ulme zurück und bringt dort ♂ und ♀ Tiere hervor, die nach der Begattung, nur 1 Ei je ♀, in einer Rindenritze die Wintereier ablegen. – Durch die Gallenbildung wird die normale Entwicklung der Ulmentriebe verhindert. Die Schäden am Zwischenwirt sind meist gravierender.

Ulmenblattrollenlaus

Schizoneúra úlmi Linné

Laus: Ungeflügelt glänzend dunkelgrün, mit langer weißer Wachswolle; geflügelt braun bis schwarz und weiß bereift.

Die auf der Unterseite der Blätter von Berg- und Feldulme bisweilen massenhaft saugende Laus (Stammütter) verursacht Umrollen des Blattrandes, während die Blattfläche zwischen den Hauptadern blasig nach oben aufgetrieben wird. In diesen Blattrollgallen entwickelt sich die Folgegeneration, deren Nachkommen im Frühsommer auf Johannis- und Stachelbeersträucher als Zwischenwirt überwechseln, an deren Wurzeln die folgenden, dort erzeugten Jungferngenerationen saugen. Im Herbst erfolgt der Rückflug auf den Hauptwirt, wo ♂ und ♀ Geschlechtstiere entstehen, die in Rindenritzen am Stamm befruchtete Wintereier ablegen.

Ulmenblattgallenlaus

Byrsocrýpta (Tetraneúra) úlmi Linné

Laus: Ungeflügelt kugelig, grün, ohne Wachswollüberzug; geflügelt schwarz mit dunkelgrünem, schwach bereiftem Hinterleib.

Die Wintereier werden in Rindenritzen von Berg- und Feldulmen abgelegt. Die daraus hervorgehenden Läuse (Stammütter) saugen auf der Blattunterseite, wodurch auf der Blattoberseite zwischen den Blattrippen bohnenförmige, meist gestielte, glatte, anfangs grüne, vertrocknet braune Gallen entstehen. Ab Ende Juni öffnen sich die Gallen seitlich, worauf die in ihnen befindlichen geflügelten Jungläuse (Jungfern) auf verschiedene Gräser, auch auf Getreide, als Zwischenwirt überwechseln und sich hier als Wurzelläuse fortpflanzen. Rückkehr auf die Ulmen im September.

Eschenblattnestlaus = Tannenwurzellaus

Procíphilus fráxini Hartig (= *Pemphígus poschíngeri* Holzner)

Eschenlaus: Ungeflügelt braun, oft ganz mit weißer Wachswolle überdeckt. Geflügelt mit braunem Flügelmal, schwarzem Hinterleibsrand und weißlichen Beinen.

Tannenwurzellaus: Ungeflügelt blaßgelb, abgeplattet, breit; Hinterleib mit weißen, bürstenartigen, oft gekrümmten Wachsausscheidungen versehen. Geflügelt Vorderkörper schwärzlich, Hinterleib gelb und mit sehr langen Wachsfäden an den Seiten.

Die Wintereier werden an der Esche in Rindenspalten abgelegt. Die zur Zeit des Knospenaufbruchs daraus hervorkommenden ungeflügelten Eschenläuse (Stammütter) saugen wie ihre geflügelten Nachkommen am Grunde der Jungtriebe und an den jungen Blattstielen, wodurch diese eine Stauchung erfahren und verkrümmen und nest-
(84) artige Blattklumpen entstehen, die durch den Honigtau der sie bewohnenden Läuse oft ganz naß und klebrig erscheinen. Die geflügelten Eschenläuse (Jungfern) fliegen, sobald sie herangewachsen sind, auf junge, bis 8jährige Tannen als Zwischenwirt über und gebären dort die sehr beweglichen Larven der ungeflügelten Tannenwurzelläuse, die sich dort unter der Erde weiter vermehren und an den Tannenwurzeln saugen (ausnahmslos Jungferngenerationen). Die Tannen kränkeln infolgedessen, bilden verkürzte Triebe und sterben oft ab. Im Oktober entstehen geflügelte Tannenwurzeljungfern, die zur Esche zurückfliegen, um dort die zweigeschlechtliche Generation hervorzubringen, die befruchtete Eier ablegt. Ein Teil der Tannenwurzelläuse kann auch an den Wurzeln des Zwischenwirts überwintern. – Die Tannenwurzellaus wird vor allem in Pflanzgärten schädlich.

Die Fichtengallenläuse

Adélgidae

Sehr kleine, geflügelte oder ungeflügelte Schnabelkerfe mit kurzen Fühlern und Beinen, ohne Rückenröhren.
Die nur auf Nadelholz lebenden Fichtengallenläuse besitzen meist Wachsdrüsen und saugen an Nadeln, Knospen, Trieben und Rinde. Sie scheiden nur in geringem Maß Honigtau aus. Die verwickelte Lebensgeschichte der forstlich wichtigen Arten geht meist so vor sich, daß aus befruchteten, stets auf Fichten abgelegten Eiern ungeflügelte Stammütter *(Fundatrices)* entstehen, die Gallen erzeugen, in denen sich geflügelte Läuse entwickeln. Diese fliegen auf Kiefern, Tannen oder Lärchen über, legen an deren Nadeln ihre Eier ab, saugen ohne Gallen zu bilden und pflanzen sich in ungeflügelten, jungfräulichen Generationen fort, bis wieder geflügelte Jungfern entstehen, die auf die Fichten zurückfliegen und aus deren Eiern ♂♂ und ♀♀ schlüpfen, die befruchtete Eier ablegen, aus denen die Gallenmütter hervorgehen. Der vollkommene Entwicklungskreislauf ist zweijährig. – Durch die Gallenbildungen an Fichten und durch das Saugen an den Zwischenwirten werden die Läuse schädlich.

Strobenwollaus

Eopíneus stróbus Hartig (= *Píneus stróbi* Börner)

Laus: Sehr klein, dunkelrot bis schwarzgrün, von weißer Wachswolle bedeckt.

Die an Stroben aller Altersklassen am glattrindigen Stammteil, an älteren Zweigen und an über 2jährigen Nadeln saugende Laus kommt oft so massenhaft vor, daß Rinde und Zweige mit weißen Wachswollflocken, für deren Verbreitung der Wind sorgt, übersät erscheinen. Kein Wirtswechsel; es werden auch keine Gallen erzeugt. Durch das Fehlen des Hauptwirtes Schwarzfichte hat sich die ursprünglich aus Nordamerika eingeschleppte Strobenwollaus zu einer eigenen, sich rein parthenogenetisch fortpflanzenden Art entwickelt, die nicht mehr in der Lage ist, den vollkommenen Entwicklungskreislauf zu durchlaufen. Der einjährige Zyklus verläuft ausdauernd unvollkommen am Nebenwirt Strobe. Gelegentlich wandern im Herbst geflügelte Jungfern auf verschiedene nahegelegene Fichtenarten ab und erzeugen dort ausschließlich ♀♀, die, auch auf Schwarzfichten, ohne Nachkommen bleiben, da ♂♂ fehlen. – Befallene Rindenteile werden rissig, ältere Nadeln knicken um. Bedeutenderer Schaden entsteht meist nur in Baumschulen und Saatkämpen.

Grüne Fichtengroßgallenlaus

Sacchiphántes (Chérmes) víridis Ratzeburg

(53) Laus: Sehr klein, grün; teils ungeflügelt und dann meist mit bläulichgrauer oder
(52) weißer Wachswolle bedeckt; teils geflügelt.

Die Stammütter der die bekannten „Ananasgallen" hervorrufenden Laus überwintern im Larvenstadium an den Knospen junger bis 15jähriger, vorzugsweise freistehender, unter Frost, Rauch usw. leidender Fichten, wo sie im Mai von weißen Wachsfäden bedeckt Eier ablegen. Durch ihr Saugen an den Knospenbasen verursachen sie im Frühjahr an den Fichtenzweigen grüne, großschuppige, ananas-
(85) förmige große Gallen (Name!), an deren Spitze der Trieb normal weiterwächst. Im Juli/August öffnen sich die durch Anschwellen der Nadelbasen entstandenen Gallenkammern, deren samtartig behaarte Öffnungsränder rötlich sind, durch Einschrumpfung und entlassen die herangereiften Jungfern, die nach ihrer Häutung zur geflügelten Laus auf die Lärche überfliegen. Dort saugen sie an den Nadeln und legen Eier ab. Aus den daraus schlüpfenden, unter Rinden- und zwischen Knospenschuppen überwinternden Jungläusen gehen im darauffolgenden Frühjahr zum Teil geflügelte Nachkom-

men (Jungfern) hervor, die im Juni zur Fichte zurückfliegen, zum Teil ungeflügelte, die auf der Lärche verweilen und sich dort unabhängig und ungeschlechtlich weitervermehren. Die zum Hauptwirt Fichte zurückgekehrten Läuse legen nun Eier ab, denen ♂♂ und ♀♀ entschlüpfen, die sich auf den Fichtenzweigen paaren und deren ♀♀ im Juli je 1 befruchtetes Ei hervorbringen, aus dem sich wieder eine Stammutter entwickelt. Der vollkommene Kreislauf dauert 2 Jahre und umfaßt 5 verschiedene Generationen. – Befallene Lärchennadeln zeigen im Frühjahr Vergilbungen und Verkrümmungen, knicken an der Saugstelle um und fallen meist vorzeitig ab. Junge Fichten erleiden durch die in der Regel nur einzeln auftretenden Gallen Zuwachsverluste. Schaden meist unbedeutend.

Gelbe Fichtengroßgallenlaus

Sacchiphántes (Chérmes) abíetis Linné

Laus: Sehr klein, ungeflügelt gelblichgrün bis hellgrün, geflügelt ockergelb.

Der Kreislauf der Gelben Fichtengroßgallenlaus, einer Schwesterart von *S. víridis*, ist einjährig und vollzieht sich unvollkommen auf dem Hauptwirt Fichte. Die Fortpflanzung geschieht stets ungeschlechtlich in 2 verschiedenen Generationen.

Die ungeflügelten Stammütter *(Pseudofundatrices)*, die sich von jenen der vorigen Art vor allem dadurch unterscheiden, daß sie aus unbefruchteten Eiern hervorgehen, überwintern im Larvenstadium am Grunde der Triebknospen junger Fichten bis zum Stangenholzalter, wo sie im Frühjahr Eier ablegen und in derselben Weise wie ihre
(85) Schwesterart „Ananasgallen" erzeugen, in denen sich die Entwicklung ihrer Nachkommenschaft vollzieht. Die Gallenkammern öffnen sich im August, etwa 2 Wochen später als bei *S. víridis*. Nach ihrer Häutung zu geflügelten Jungfern besiedeln die Läuse weitere Äste ihrer Geburtspflanze oder fliegen auf benachbarte Fichten, um an den Nadeln zu saugen und Eier abzulegen, nie jedoch zur Lärche. Nach wenigen Tagen schlüpfen die jungen Larven der *Pseudofundatrices;* in sehr geringer Zahl entstehen dabei auch kurzrüsselige Larven, die nicht in der Lage sind an den Fichtennadeln zu saugen und deshalb bald zugrunde gehen. – Da die Gallen gewöhnlich gehäuft auftreten und oft mehrere *Pseudofundatrices* am selben Trieb saugen, so daß die gesamte Triebanlage in die Gallenbildung einbezogen wird, ist der verursachte Schaden hier deutlich größer.

Fichtenkleingallenlaus

Adélges láricis Vallot

(52) Laus: Sehr klein; teils ungeflügelt, grünlichbraun, teilweise mit langzottiger, schneeweißer Wachswolle bedeckt; teils geflügelt, dunkelrot oder schwärzlich und mit Wachswolle.

Der 2jährige Entwicklungskreislauf und die Generationsfolge verlaufen bei der Fichtenkleingallenlaus ähnlich wie bei der Grünen Fichtengroßgallenlaus. Hauptwirt ist wiederum die Fichte, an der die ♀♀ im Sommer je 1 befruchtetes Ei ablegen. Die aus diesen Eiern hervorgegangenen überwinterten Stammütter erzeugen vorwiegend an den Seitentrieben älterer, über 10jähriger, meist unterdrückter Randfichten weißlichgrüne, erdbeerförmige, verhältnis-
(85) mäßig kleine Gallen (Name!) von Haselnußgröße, auf deren Oberfläche oft Junglarven sitzen. Die Gallen sind endständig, da der gesamte Trieb in die Gallenbildung miteinbezogen wird. Im Juni entlassen die Gallenkammern die auf den Nebenwirt Lärche überwechselnde und dort an den Nadeln saugende Läusegeneration, deren Nachkommen auf der Zweigrinde überwintern und im darauffolgenden Frühjahr Eier ablegen. Aus diesen entwickeln sich zum Teil geflügelte, im Juni zur Fichte zurückkehrende, zum Teil ungeflügelte, auf der Lärche verweilende und sich dort als kleine Wachswollflöckchen oft massenhaft weitervermehrende Jungfern. Nur aus den nun auf dem Hauptwirt Fichte abgelegten Eiern entstehen wieder ♂♂ und ♀♀, zu deren Fortpflanzung es der Begattung bedarf. – Befall in der Regel nur vereinzelt. Schaden an der Fichte wie an der Lärche meist sehr gering.

Tannentrieblaus

Dreyfúsia nordmanniánae Eckstein

(53) Laus: Sehr klein, rot bis dunkelbraun, teils ungeflügelt und dann oft in dichte weiße Wachswolle gehüllt, teils geflügelt.

Die aus dem Schwarzen-Meer-Gebiet stammende, bei uns nur am Nebenwirt auftretende Laus befällt Tannen, besonders Nordmannstannen, jeden Alters, vor allem 8- bis 30jährige Jungtannen, vorzugsweise an lichten, warmen und trockenen Standorten, z. B. Dikkungsrändern an Südhängen. Aus den Eiern, welche die überwinterten Jungfern im April in rosettenförmigen Haufen an den Vorjahrestrieben ablegen, entwickeln sich teils Winterjungläuse, die sich an der glatten Rinde des Stammes und der jungen Triebe festsetzen,

im Herbst häuten, dann überwintern, und erst im Februar ihre Entwicklung fortsetzen, teils Sommerjungläuse, die sich an der Unterseite der Maitriebnadeln festsaugen, wodurch sich diese nach unten
(85) krümmen (Unterschied zur Weißtannentrieblaus!) und mißfarbig werden. Die bis zum Juni ausgewachsenen Sommerläuse häuten sich teils zu geflügelten Läusen, die, falls vorhanden, auf den Hauptwirt Orientfichte überfliegen oder zugrunde gehen, teils legen sie, als dichte Wollklümpchen auf der Unterseite der Tannenmaitriebnadeln auffallend, Eier ab, aus denen rindensaugende Winterläuse entstehen. In Mitteleuropa in Ermangelung des Hauptwirts Orientfichte *(Pícea orientális)* kein Wirtswechsel und keine Gallenbildung. Der Entwicklungskreislauf verläuft ausdauernd unvollkommen auf dem Nebenwirt Tanne bei rein parthenogenetischer Fortpflanzung. Die Verbreitung geschieht durch den Wind, der die in Wachswollflöckchen gekleideten Eier und Junglarven zu neuen Pflanzen trägt. Lediglich in Parkanlagen, in denen beide Wirtspflanzen nebeneinander vorkommen, kann der vollkommene 2jährige Kreislauf, bei dem auch ♂♂ und ♀♀ auftreten und ein Wirtswechsel stattfindet, durchlaufen werden. – Bei fortgesetztem Befall gehen vor allem Jungtannen ein; ihre Triebe verdorren.

Die Schildläuse

Cóccina

♂ winzig klein, meist geflügelt, mit wohl entwickelten Vorderflügeln und zu Kölbchen umgebildeten Hinterflügeln, nicht zur Nahrungsaufnahme befähigt. ♀ flügellos, mit kurzem Schnabel, aber langen Stechborsten, seltsam schildförmig, manchmal auch fast kugelig oder anders gestaltet, oder mit weißer Wachswolle bedeckt; vielfach unbeweglich.

Die Schildläuse leben an Blättern, Früchten und Stammteilen zahlreicher Holzgewächse und sonstiger Pflanzen. Die nur im Jugendstadium frei beweglichen ♀♀ saugen sich meist bald an einem Pflanzenteil fest, werden unbeweglich und schützen durch Wachsausscheidung oder mit ihrem an pflanzliche Gebilde erinnernden schildartig oder anders aussehenden Körper oft noch nach ihrem Tod ihre Brut. Sie verursachen teilweise Gallenbildungen, Rindenwucherungen, Aufreißen der Rinde und rundliche Vertiefungen. – Bedeutung in der Forstwirtschaft geringer als im Obst- und Weinbau.

Gemeine Napfschildlaus
Párthenolecánium córni Bouché

(53) Laus: ♂ geflügelt, mit 2 sehr langen Wachsfäden am Hinterende; selten. ♀ mit länglich-halbkugeligem, glattem, kastanienbraunem „Napf".
Eier: Feinem, gelblichweißem, körnigem Pulver ähnlich.
Larve: Bleichgelb, im zweiten Stadium rotbraun.

Die Gemeine Napfschildlaus lebt oft massenhaft an den verschiedensten, vornehmlich geschwächten 5- bis 25jährigen Laubhölzern, so an Robinie, Esche, Ulme, Erle, Hainbuche, Hasel, Ribes-Arten u.a.m. Die ♀♀, die, falls ♂♂ vorhanden sind, auch begattet sein können, schwellen stark an und legen im Mai/Juni unter dem Schild eine große Zahl von Eiern ab. Die im Juli schlüpfenden, anfangs sehr beweglichen Jungläuse saugen im Sommer an der Unterseite der Blätter, häuten sich, und wandern im Herbst zur Überwinterung an Zweige, Äste und Stämme. Im Frühling begeben sie sich an junge glattrindige Triebe, wo sie in Kolonien beisammensitzend ihre Entwicklung zur fertigen Laus fortsetzen. – Generation einfach. Bei starkem Befall können Jungpflanzen und Zweige absterben.

Fichtenquirlschildlaus
Physokérmes píceae Schrank

(53) Laus: ♂ winzig klein, geflügelt, am Hinterende 2 lange Borsten. ♀ mit Brutblase, glänzend braun, kugelig, erbsengroß, an Beeren erinnernd, beinlos, mit tiefem Spalt auf der Bauchseite.
Eier: Rötlich.
Larve: Blaßrot.

Die im Mai/Juni oft dicht gedrängt am Grund der vorjährigen Quirltriebe und am vorjährigen Längstrieb vorzugsweise 3- bis 15jähriger Jungfichten saugenden ♀♀ scheiden große Mengen Honigtau aus, der Ameisen anlockt und auf dem sich ein schwärzlicher Rußtaupilz ansiedelt. Das ♀ legt nach vorausgegangener Begattung seine zahlreichen Eier in die durch Einrollen seiner Seitenränder entstehende, kugelige Bruthöhle ab. Vom Juli an verlassen die schlüpfenden Larven die Brutblase, worauf sich die ♂ Larven an der Unterseite der Nadeln und die ♀ unter den Deckschuppen der diesjährigen Triebknospen oder am Holz außerhalb der Schuppen festsetzen. – Generation einfach. Überwinterung als Larve. Starker Befall hemmt durch Saftentzug den Längenwuchs. Als Lieferant von Honigtau jedoch überwiegend nützlich.

Eichenpockenschildlaus

Asterolecánium variolósum Ratzeburg

(53) Laus: ♀ klein, schmutzig dunkelgrün bis bräunlich, breit eiförmig mit schmälerem Hinterende; in stark gewölbter, glänzender, glasig durchscheinender, gelbgrauer Hülle.

Die sich an glattrindigen Teilen jüngerer, vorzugsweise unterdrückter Eichen festsaugende Laus wird von einem durch die Pflanze gebildeten Wulst ringförmig eingefaßt, wodurch grubenartige Vertiefungen entstehen, die nach Abfall der Läuse die Rinde pockennarbig erscheinen lassen. Fortpflanzung parthenogenetisch, Eiablage im Mai/Juni. Die Junglarven setzen sich nach kurzer Wanderung fest und sind dann zu keiner Ortsveränderung mehr fähig. – Generation einfach. Das ♀ überwintert. Bei starkem Befall verdicken die Maitriebe, vertrocknet die Bastschicht, springt die Rinde auf und sterben schließlich Äste und Stämmchen ab.

Buchenwollaus

Cryptocóccus fagisúga Lindinger (= *C. fági* Bärensprung)

(52) Laus: ♀ sehr klein, linsenförmig, hellgelb, schild- und beinlos, von feinem Wachsstaub bedeckt, zur Zeit der Eiablage mit schneeweißem, watteartigem Eisack.

Larve: Sehr klein, rötlich; anfangs rübenförmig und mit Beinen.

Die an Buchenstämmen besonders im unteren Teil, in älteren Beständen auch an den Ästen und freien Wurzeln saugende, bei Massenvorkommen einen dichten weißen Watteüberzug bildende Laus legt über Sommer ihre Eier in der Wolle ab, mit der diese durch den Wind auf benachbarte Bäume übertragen werden können. Fortpflanzung parthenogenetisch. Die im Sommer und Herbst schlüpfenden, zunächst beweglichen Larven setzen sich an der Buchenrinde fest und überwintern. – Generation einfach. Bei starkem Befall zeigt sich Schleimfluß, die Rinde platzt narbenartig auf, der Baum kann absterben.

Kommaschildlaus

Mytilocóccus úlmi Linné

(53) Laus: ♀ mit braunem, schmalem, kommaförmigem Schild; ♂ kleiner, mit schmalem parallelseitigem Schild.

Die Laus befällt die verschiedensten Laubhölzer, vorzugsweise Obstbäume, aber auch Nadelhölzer. Bei Massenauftreten erscheinen Zweige und Äste wie von einer Kruste bedeckt. Fortpflanzung teils parthenogenetisch, teils geschlechtlich. Die Eier überwintern geschützt unter dem Mutterschild. – Generation einfach. Die befallenen Bäume kümmern.

*   *   *

Die Gespinstblattwespen, Blattwespen, Holzwespen, Gallwespen, Schlupfwespen und alle anderen wespenartigen Kerfe zusammen mit den Bienen, Hummeln und Ameisen haben, von wenigen Ausnahmen abgesehen, 4 durchsichtige, fast immer deutlich geäderte, in der Ruhe auf den Rücken gelegte Hautflügel, die vorderen stets größer als die hinteren. Sie werden deshalb gemeinsam als

Hautflügler

Hymenóptera

bezeichnet. Ihre Mundteile sind kauend oder leckend-saugend. Die ♀♀ besitzen meist eine Legeröhre oder einen Wehrstachel mit Giftdrüse. – Verwandlung vollkommen.

Die Gespinstblattwespen

Pamphílidae

Wespen mit breitem Kopf, langen Fühlern und stark abgeflachtem, scharfrandigem, der Brust breit ansitzendem Hinterleib, keine Wespentaille; ♀ mit kurzer, sägeartiger, einziehbarer Legeröhre. Larven bauchfußlos mit verhältnismäßig langen Fühlern und Schwanzanhängen, den Schmetterlingsraupen ähnlich, aber 8beinig und deshalb Afterraupen, d. h. falsche Raupen, genannt. Verpuppung frei in einer Erdhöhle.

Die Afterraupen nähren sich von Nadeln und Blättern und leben in selbstgefertigten Blattröhren oder in sackartigen Gespinsten, die oft klebrig sind, so daß der Kot darin hängenbleibt (Kotsack-Blattwespen). Einige Arten können bei Übervermehrung vor allem an Kiefer und Fichte schädlich werden.

Große Kieferngespinstblattwespe

Acantholýda posticális Matsumara (= *A. nemorális* Thomson)

(46) Wespe: Kopf und Brust schwarz, mit gelben Zeichnungen. Hinterleib platt, braunschwarz, mit rötlichen Seitenrändern. Flügel glashell, Beine rostrot.

Eier: Kahnförmig, erst gelblichweiß, später bräunlichgelb.
(69) Afterraupe: 8beinig, blaßgrün bis gelb, mit braunen Längsstreifen.

Die im Mai/Juni (f. *serótina),* in einer frühfliegenden Form (f. *praécox)* schon im April schwärmende, nicht sehr flugtüchtige Wespe sucht vorwiegend 50- bis 100jährige Kiefernbestände vorzugsweise geringerer Bonität heim und legt ihre Eier einzeln, einen kleinen Spalt in das Nadelgewebe ritzend, in den das Ei teilweise eingeklemmt wird, an Vorjahresnadeln nahe der Spitze. Die 2 bis 3 Wochen nach der Eiablage schlüpfende Afterraupe lebt meist einzeln an den Trieben in einem lockeren, sackförmigen, weißen, von Nadelresten durchsetzten, aber fast kotfreien Gespinst mit Wohnröhre, verschwenderisch und ausdauernd Kiefernnadeln verzehrend, die sie abbeißt und in ihr Gespinst zieht. Im August begibt sie sich auf den Boden herab, vergräbt sich je nach Bodenart 5 bis 25 cm tief in der Erde, zieht sich etwas zusammen und liegt ohne Kokon in einer kleinen Höhle meist 1 bis 2 Jahre über. Jeweils im Herbst/Winter vor der eigentlichen Verpuppung wird das sog. Puppenauge ausgebildet (Vorpuppenstadium), das die im folgenden April/Mai stattfindende Verpuppung ankündigt. Nach 2wöchiger Puppenruhe schlüpft die Wespe. – Generation meist 2- bis 3jährig. – Bei Massenauftreten und damit verbundenem Kahlfraß können die Kiefern flächenweise absterben.

Stahlblaue Kieferngespinstblattwespe
Acantholýda erythrocéphala Linné

(46) Wespe: Glänzend stahlblau, Kopf des ♀ rot, Stirn des ♂ gelb; Flügel rauchgrau.
(58) Eier: Walzenförmig, anfangs dottergelb, später bräunlich oder rötlich.
(69) Afterraupe: Der vorigen ähnlich, jedoch auf dem Rücken mit Querreihen bräunlicher Flecken.

Die nicht sehr häufige Wespe fliegt hauptsächlich im April und legt ihre Eier meist reihenweise auf der Oberseite der Nadeln vorjähriger Triebe meist 10- bis 40jähriger, vorzugsweise schlechtwüchsiger Kiefern, auch Schwarzkiefer, Strobe, Zirbe, ab, am liebsten in sonnigen Lagen und auf unteren Zweigen. Die anfangs Mai erscheinenden Afterraupen beginnen an den Nadelbasen des vorjährigen Quirls mit der Fertigung eines röhrenförmigen Gespinstes, in das sie am Grund abgebissene Vorjahresnadeln ziehen und diese zu mehreren gemeinsam verzehren. So entstehen oft ausgedehnte Gespinste mit ballenförmigen Kotröhren. Ende Mai, Anfang Juni begeben sie sich unter die Bodendecke, um zu überwintern, gegebenenfalls auch ein weiteres Jahr zu überliegen, und sich im Frühjahr zu verpuppen, worauf nach etwa 3wöchiger Puppenruhe die Wespe schlüpft. – Generation überwiegend 1jährig. – Schaden meist nicht sehr bedeutend.

Kiefernkotsackblattwespe

Acantholýda hieroglýphica Christ

(46) Wespe: Verhältnismäßig groß, schwarz, mit gelben Zeichnungen auf Kopf und Brust und überwiegend rotgelbem Hinterleib; Flügel glänzend goldgelb, mit rauchgrauem Rand und großem braunem Randmal.
(58) Eier: Kahnförmig.
(69) Afterraupe: Der vorigen ähnlich. Bräunlichgrün, durch Querreihen dunklerer Fleckchen etwas gesprenkelt, mit dunklem Rücken- und Bauchstreifen.

Die weit verbreitete Wespe fliegt im Mai/Juni und legt je 1 Ei an je einen bereits voll entwickelten Maitrieb meist 2- bis 6jähriger Kiefern, auch Schwarzkiefern und Stroben. Bisweilen wird sogar nur 1 Ei je Pflanze, vorzugsweise auf dem Spitzentrieb abgelegt. Die Afterraupe lebt einzeln und kopfabwärts in einer stark von tiefbrau-
(87) nen Kotkrümelchen verklebten, sackartig sich senkenden Gespinströhre, die unterhalb des Knospenquirls beginnt und bis zur Basis des neuen Maitriebs reicht, und verzehrt Kiefernnadeln, bis sie sich Anfang August zur Winterruhe in den Boden begibt und dort meist im Mai des folgenden Jahres verpuppt, bisweilen auch überliegt. Die Wespe schlüpft nach etwa 10tägiger Puppenruhe. – Generation meist 1jährig. – Schaden im allgemeinen unbedeutend.

Fichtengespinstblattwespe

Cephálcia abíetis Linné

(46) Wespe: Kopf und Brust glänzend schwarz mit hellgelben Zeichnungen; Hinterleib vorn schwarz, sonst rötlichgelb; Flügel hell, gelblich.
(58) Eier: Walzenförmig, erst dunkel-, später graugrün.
(69) Afterraupe: Nach dem Alter verschieden gefärbt; anfangs meist grasgrün und dunkelköpfig, später heller mit einer deutlichen x-förmigen schwarzen Kopfzeichnung; 3 verwaschene dunklere, bräunliche Längsstreifen auf der Ober- und 1 auf der Unterseite und glänzend schwarze Fleckchen. Auch orangefarben.

Puppe: Meist grün, aber auch goldgelb.

Die im Mai/Juni schwärmende Wespe, deren ♂♂ an warmen sonnigen Tagen eifrig fliegen, während die schwerfälligen, nur notgedrungen fliegenden ♀♀ sich am Boden aufhalten oder kriechend am Baum bewegen, befällt hauptsächlich 60- bis 120jährige Fichtenbestände im Mittelgebirge, wobei sie sonnige Lagen, stark durchlichtete Orte und vorwüchsige Bäume in geschlossenen Beständen bevorzugt. Die Eier werden in kleinen Gelegen ringsum meist an vorjährigen Nadeln, in welche das ♀ feine Schlitze sägt, um die Eier darin festzuklemmen, in der Krone abgelegt. Die 2 bis 4 Wochen später schlüpfenden Afterraupen leben gesellig an Zweiggabeln und Astquirlen innerhalb gemeinsamer, loser, durch massenhaft sich anhäufende Kotkrümelchen zu dichten Ballen anwachsender, großer Gespinste, wobei jede Afterraupe ihre eigene Röhre bewohnt, und fressen 6 bis 8 Wochen hindurch ältere Fichtennadeln, die sie in ihr Gespinst zerren, meist unter Schonung der Maitriebe und der Knospen. Die braunen Kotsäcke werden bisweilen zu schwer, so daß sie herabhängen oder sogar teilweise zu Boden fallen und dadurch den Angriff verraten. Im August läßt sich die ausgewachsene Afterraupe zu Boden fallen, wo sie in einer Tiefe bis zu 30 cm in einer ovalen, innen geglätteten Höhlung ohne Gespinst in hakenförmig gekrümmter Stellung meist 2 bis 3 Jahre überliegt, bis sich im Herbst/Winter das Puppenauge ausbildet und sich sodann im folgenden Frühling die Verpuppung vollzieht, worauf nach etwa 2 bis 3 Wochen die Wespe schlüpft. – Generation meist 2- bis 3-, auch 1- oder 4jährig.

Da die Maitriebe gewöhnlich verschont bleiben, begrünen sich auch stark befressene Bestände meist wieder.

Die Blattwespen

Tenthredinoídea

Wespen ähnlich denen der Gespinstblattwespen, jedoch Fühler meist kürzer und kennzeichnend gestaltet; Larven meist 22beinige Afterraupen. Verpuppung in der Regel in einem festen Kokon, dessen eines Ende beim Ausschlüpfen als Deckel abgeschnitten wird.

Die Afterraupen nähren sich meist von Nadeln und Blättern und nehmen bei Beunruhigung vielfach eine S-, seltener U-förmige Schreckstellung ein. Einige zur Massenvermehrung neigende Arten können an Kiefer und Fichte recht schädlich werden.

Gemeine Kiefernbuschhornblattwespe

Díprion píni Linné

(46) Wespe: Verhältnismäßig klein, gedrungen; ♂ schwarz mit rötlicher Hinterleibspitze und doppeltgekämmten, buschigen Fühlern (daher Name); ♀ blaßgelb, nur Kopf und Hinterleibsmitte schwarz, Fühler borstenförmig und sägezähnig.

(58) Eier: Walzenrund, farblos; reihenweise an Kiefernnadeln, mit einem Schaumdach überdeckt.

(69) Afterraupe: 22beinig, bräunlichgelb oder grünlich, mit braunem Kopf, über jedem Bauchfuß ein schwarzer, liegender Strichpunkt.

(71) Puppe: In lederartigem, braunem Kokon.

Die weitverbreitete, hauptsächlich an Gemeiner Kiefer, aber auch an Bankskiefer, Schwarzkiefer und Strobe vorkommende, zur Massenvermehrung neigende Wespe befällt mit Vorliebe schlechtwüchsige, lückige Stangenhölzer auf geringen Böden und in sonnigen Lagen, besonders auch freistehende Randbäume, Überhälter und vorwüchsige Bäume. Sie schwärmt in wärmeren Gegenden im April/Mai und nochmals im Juli/August, in rauheren Lagen nur im Juni/Juli, wobei jeweils nur die ♂♂ fliegen, während die ♀♀ meist träge an den Zweigen umherkriechen. Zur Eiablage schneidet das ♀ mit der sägeartigen Legeröhre dicht aneinandergrenzende kleine Eitaschen in die Kiefernnadeln und belegt jede Tasche mit 1 Ei, das es zudem mit einem schaumigen, mit Sägemehl vermischten Sekret verklebt, so daß sehr kompakte, feste Eizeilen entstehen. Die nach etwa 3 bis 6 Wochen schlüpfenden Afterraupen leben träge in großen Gesellschaften an den Zweigen, verzehren vorjährige, beim Herbstfraß auch diesjährige Kiefernnadeln zunächst unter Verschonung der fädig stehenbleibenden Mittelrippe, später ganz, benagen plätzend die junge, saftige Zweigrinde, kleben die abgestreiften Häute ringförmig um die Nadeln und nehmen bei Beunruhigung, indem sie den Vorderkörper emporschnellen und weit zurückbiegen, auch das Hinterende wird aufgerichtet, eine charakteristische Schreckstellung ein, wobei gleichzeitig ein Tropfen Harzflüssigkeit aus ihrem Mund hervorquillt. Die im Frühjahr fressende Afterraupe verpuppt sich im Juli nach höchstens kurzer Ruhepause und einem nur wenige Tage währenden Vorpuppenstadium in dem zwischen den Nadeln an den Triebenden oder in der Streuschicht ruhenden Kokon, den die Wespe nach 1 bis 2 Wochen durch Abbeißen eines kreisrunden Deckels öffnet und verläßt; die im Herbst fressende Afterraupe spinnt sich im Oktober in der Erde, auch oberirdisch im Bodenbewuchs, in einen Kokon ein, überwintert darin unverpuppt und verwandelt sich nach kurzem Vorpuppenstadium im Frühjahr zur bald darauf schlüpfenden Wespe, kann u. U. aber auch 1 oder mehrere Jahre überliegen. – Generation in wärmeren Gegenden doppelt, in kälterem Klima einfach. Die Art variiert stark im Beginn und der Dauer ihrer Entwicklungsstadien angefangen von der Flugzeit bis hin zum mehrjährigen Überliegen.

Massenvermehrung führt vor allem in schlechtwüchsigen, jungen Beständen zu Licht- und Kahlfraß, besonders durch die im Herbst fressenden Afterraupen. Da jedoch die Knospen verschont bleiben, erholen sich die Kiefern meist wieder.

(46) Der vorigen äußerlich und in der Lebensweise ähnlich ist die weniger häufige **Blaßgelbe Kiefernbuschhornblattwespe**, *Díprion rufivéntris* Zirng.; ♀ blaßgelb, mit rotbraunen Flecken und Hinterleibsbinden; ♂ überwiegend schwarz, mit roter Hinterleibspitze.

Rotgelbe Kiefernbuschhornblattwespe

Neodíprion sértifer Geoffroy

(46) Wespe: Ziemlich langgestreckt; ♂ oben schwarz, unten braunrot; ♀ ganz rotgelb mit nur geringen dunklen Zeichnungen.

Afterraupe: Dunkelgrüngrau mit breitem weißlichem Längsstreifen auf dem Rücken und bleichgrünlichem Bauch, sowie mit Dornreihen und glänzend schwarzem Kopf.

Puppe: In hellbraunem, weichhäutigem Kokon.

Die im September/Oktober, im Hochgebirge bereits im August schwärmende Wespe befällt vorzugsweise 3- bis 20jährige Jungpflanzen der Gemeinen Kiefer, auch der Bergkiefer (Legföhre), Schwarzkiefer, Zirbe, Strobe und anderer Kiefern, besonders auf armen, sonnigen Standorten. Die Eier werden reihenweise mit kleinen Zwischenräumen in die Nadelkante versenkt und überwintern. Die im folgenden Frühjahr schlüpfende Afterraupe frißt im Mai/Juni, in Gebirgsgegenden meist im Juni/Juli, gesellig Kiefernnadeln unter Verschonung der Maitriebe, benagt auch die Triebrinde plätzend, und spinnt sich anschließend in der Bodendecke, seltener auch oberirdisch an den Kiefernzweigen oder in der Krautschicht in einen Kokon ein, in dem sie sich im September verpuppt, worauf die Wespe zum Schlüpfen einen Deckel mit schiefem Schnitt abschneidet. – Generation 1jährig, in Gebirgslagen über 1500 m durch Überliegen 2- oder mehrjährig. – Der Schaden besteht in Zuwachsverlusten.

Hellfüßige Kiefernbuschhornblattwespe

Microdíprion pállipes Fallén

(46) Wespe: Klein, ♂ und ♀ auf dem Rücken schwarzgefärbt.
(69) Afterraupe: Dunkelgraugrün mit schwarzem Kopf und hellen Längsstreifen auf Rücken und Seiten, bauchseits hellgrün.
Puppe: In kleinem, sehr hellem, dünnwandigem Kokon.

Die zweimal im Jahr schwärmende Wespe bevorzugt 5- bis 10jährige Jungkiefern und tritt in höheren, kühleren Lagen oft massenhaft in Kieferndickungen auf; im Alpenraum vor allem an Krummholzkiefern und Spirken, sowie in Zirbenwäldern. Die ♀♀ der 1. Generation legen die Eier an vorjährige, die der 2. Generation an diesjährige Kiefernnadeln in Reihen mit kleinen Zwischenräumen in die Nadelkante. Die ausschlüpfenden Afterraupen leben gesellig, fressen die Nadeln verschwenderisch und verspinnen sich in kleinen Kokons, die erste Generation an den Nadeln, meist um die Gipfelknospe herum, die zweite Generation in der Bodenauflage, wo sie überwintert. – Generation doppelt, im Hochgebirge 1- oder mehrjährig.

Kleine Fichtenblattwespe

Pristíphora abietína Christ

(46) Wespe: Klein, Fühler borstenförmig; ♂ gelb mit schwarzer Zeichnung; ♀ glänzend schwarzbraun mit lichteren Flecken.
Eier: Glasig durchscheinend, milchig bis gelblich, dünnschalig.
(69) Afterraupe: 20beinig, hellgrün mit schwarzen Augen; riecht wanzenartig.
Puppe: In einem erst hell-, später dunkelbraunen, dünnwandigen aber festen Kokon.

Die hauptsächlich im Mai schwärmende Wespe befällt vornehmlich 20- bis 60jährige, vielfach auch ältere, lichtstehende Fichten, besonders in sonnseitigen und windgeschützten Lagen. Das ♀ legt die Eier an die noch geschlossenen Nadelbündel der eben im Strecken begriffenen Maitriebe in den obersten Teilen der Krone, und zwar je Nadel 1 Ei in einen tiefen, taschenförmigen Schlitz längs einer Außenkante. Es werden zum Teil auch unbefruchtete Eier abgelegt, aus denen ausschließlich ♂♂ hervorgehen. Die wenige Tage später schlüpfenden Afterraupen leben getrennt, halten bei Beunruhigung ihr Hinterende S-förmig gekrümmt in die Höhe, wobei sie einen wanzenartigen Geruch verbreiten, und fressen ausschließlich, mit dem Kopf langsam hin- und herpendelnd, an den jungen Maitriebnadeln, die infolgedessen umknicken und sich röten, wodurch die

Gipfeltriebe von weitem wie erfroren aussehen. Nach nur etwa 3 Wochen Fraßzeit, Ende Mai/Juni, läßt sich die erwachsene Afterraupe zu Boden fallen, spinnt sich einige Zentimeter tief im Boden in einen Kokon ein, in welchem sie unverpuppt überwintert, und verwandelt sich im nächsten April, worauf 2 Wochen später, meist Anfang Mai, nachdem sie einen runden Deckel aus dem Kokon geschnitten hat, die Wespe schlüpft. – Generation 1jährig, doch kann die Afterraupe auch mehrere Jahre überliegen.

Fraßfolgen sind außer Zuwachsverlust Wipfelmißbildungen und Wipfeldürre, schließlich sogar allmähliches Absterben anhaltend stark befallener Fichten.

Große Lärchenblattwespe
Pristíphora erichsónii Hartig

(46) Wespe: Schwarz; Hinterleib größtenteils rot.
(69) Afterraupe: Grünlichgrau mit glänzend schwarzem Kopf; auf jedem Segment einzelne hellere Punkte sowie zerstreut schwarze Härchen; Stigmen braun.
Puppe: In erst grünlich-weißem, später braunem Kokon.

Die je nach Austreiben der Längstriebe Mai bis Juli schwärmende, gelegentlich massenhaft auftretende Wespe befällt Lärchen jeden Alters, bevorzugt jedoch Dickungen und Stangenhölzer. Das ♀ legt die Eier reihenweise in der Rinde junger, noch unverholzter Langtriebe in mit der Legeröhre gesägte Eitaschen ab, wodurch sich die Endtriebe in auffallender Weise hakenförmig einkrümmen. Die auskommenden trägen, aber gefräßigen Afterraupen befressen gesellig die Kurztriebnadelbüschel, begeben sich nach etwa 4 wöchigem Fraß im August in die Bodenstreu nahe dem Stammfuß, überwintern hier im Kokon, in dem sie sich im Mai verpuppen, worauf 2 bis 3 Wochen später die Wespe schlüpft. – Generation 1jährig.

Kleine Lärchenblattwespe
Pristíphora láricis Hartig

(46) Wespe: Gedrungen, schwarz, das 9. Rückensegment gelb.
(69) Afterraupe: Grün mit weißen Längsstreifen; Kopffarbe wie übriger Körper.
Puppe: In dunkelbraun bronzeartigem Kokon.

Die überall, wo es Lärchen gibt, vorkommende Wespe schwärmt im Frühjahr und meist nochmals im Sommer und versenkt ihre Eier einzeln in den Rand der Kurztriebnadeln an den mittleren Zweigen hauptsächlich junger Lärchen. Die 1 bis 2 Wochen nach der Eiablage schlüpfenden Afterraupen fressen 3 bis 4 Wochen lang Kurztrieb-, nur bei Massenvermehrung auch Langtriebnadeln, und verpuppen sich im Kokon im Boden nahe dem Stammfuß, die Afterraupen der 1. Generation gelegentlich auch auf ihrer Fraßpflanze. – Generation doppelt, auch einfach.

Im Spätsommer und Herbst befrißt gesellig Weiden-, auch Pappelblätter die große, bläulichgrüne, schwarzpunktierte, an den 3 ersten
(69) und den 3 letzten Leibesringen rotgelbe bis braunrote Afterraupe
(46) der **Braungelben Weidenblattwespe,** *Pteronídea sálicis* Linné.

Breitfüßige Birkenblattwespe
Croésus septentrionális Linné

(46) Wespe: Schwarz und rot; Schienenspitze und 1. Fußglied der Hinterbeine schaufelartig erweitert.
(69) Afterraupe: Grünlich, schwarz punktiert, vorn und hinten gelb, schwarzköpfig.

Die im Mai erscheinende Wespe belegt Birken und Erlen, auch andere Laubhölzer, an der Blattunterseite längs der Rippen mit eingeschobenen Eiern. Die ausschlüpfenden Afterraupen fressen, hintereinander auf dem Blattrand reitend und häufig den Hinterleib wie ein Fragezeichen aufschnellend, die Blätter bis zur Mittelrippe und verpuppen sich im Boden. – Meist 2 Generationen im Jahr.

Gelbe Pappelblattwespe
Trichiocámpus viminális Linné

(46) Wespe: Hinterleib rotgelb.
(69) Afterraupe: Hellgrün, weißlich behaart, schwarzköpfig; die ersten 2 bis 3 und die letzten 3 Leibesringe gelb; auf jedem Ring beiderseits ein größerer schwarzer Fleck auf dem Rücken und ein kleinerer über den Füßen.

Die auf verschiedenen Pappelarten, mitunter auch auf Salweide auftretende Wespe legt die Eier zweireihig in Eitaschen in den Blattstielen ab. Die ausschlüpfenden Afterraupen befressen zu mehreren, zunächst auf der Blattunterseite schabend, die Blätter, versammeln sich von Zeit zu Zeit, eine Rosette bildend, in der Blattmitte, um dann wieder parallel nebeneinander auf der Blattspreite sitzend, das Blatt von seinem Rand her kahlzufressen und sich später in losen Kokons in Rindenritzen, in der Streu oder im Boden einzuspinnen. – 1 bis 2 Generationen im Jahr. Überliegen kommt vor.

Rotfleckige Erlenblattwespe

Eriocámpa ováta Linné

(46) Wespe: Gedrungen, schwarz, Rückenteil der Mittelbrust rot.
Afterraupe: 22beinig, in weiße Wachsflocken gehüllt.

Die von Mai bis September schwärmende, sich vorwiegend parthenogenetisch fortpflanzende Wespe legt ihre Eier reihenweise in die Mittelrippe von Erlenblättern ab. Die auskommenden Afterraupen fressen von der Blattunterseite her unter Verschonung der Rippen und des Randes, der am Ende jedes Seitennervs als Zipfel erhalten bleibt, Löcher in die Blätter.

Kleine Lindenblattwespe

Caliróa annúlipes Klug

(46) Wespe: Glänzend schwarz; Vorderflügel schwärzlich getrübt, mit hellerer Spitze.
Afterraupe: Klein, Rumpf durch stark verdickten Brustteil tropfenförmig, mit hellem Schleim überzogen, nacktschneckenähnlich.

Die auf Linde, Eiche, Weide und Birke vorkommende Wespe versenkt ihre Eier in die Blattunterseite. Die auskommenden Afterraupen befressen über Sommer die Blätter von der Oberseite her schabend, so daß diese bis auf die Nerven skelettiert werden. – Bis zu 3 Generationen im Jahr.

Blauschwarze Birkenblattwespe

Árge pulláta Zaddach

(46) Wespe: Schwarz mit metallisch blauem Glanz, die Flügel schwärzlich getrübt.
(69) Afterraupe: 22beinig, gelb, mit blauschwarzem Kopf und ebensolchen, in 6 Längsreihen gruppierten Fleckchen.
Puppe: In gelblichem, elliptischem, festem Kokon.

Die im Mai/Anfang Juni schwärmende Wespe legt ihre Eier in kleine, je in einen Blattzahn der Birkenblätter gesägte Taschen ab. Die ausschlüpfenden Afterraupen verzehren die Blätter und verpuppen sich an den Zweigen der Birke.

Birkenknopfhornblattwespe
Címbex femoráta Linné

(46) Wespe: Groß, Fühler am Ende geknöpft (daher Name), Kopf hinter den Augen erweitert, Hinterleibsrücken gewölbt, Bauch flach; Färbung veränderlich, meist glänzend schwarz, Hinterleibsmitte oft gelb oder braungelb; Flügel mit breitem, scharf abgesetztem, schwarzbraunem Seitenrand.

(69) Afterraupe: Dick und groß, 22beinig, lebhaft grün, querrunzelig, mit schwarzem Rückenstreifen und ebensolchen Stigmen, Kopf gelb.

(71) Puppe: In großem, länglich-eiförmigem, dunkelbraunem, festem Kokon.

Die weit verbreitete, im Mai/Juni schwärmende träge Wespe legt die Eier einzeln in die vom ♀ gesägten Taschen an der Unterseite von
(86) Birkenblättern ab; außerdem ringelt sie, wohl des Saftes wegen, in scharfem, später überwallendem Schnitt dünnere Birkenzweige. Die auskommenden schwerfälligen Afterraupen ruhen bei Tag zusammengerollt auf der Blattunterseite, spritzen bei Störungen eine Flüssigkeit aus, und nähren sich vorwiegend nachts, auf dem Blattrand reitend, von Birkenblättern, die sie samt Mittelrippe verzehren. Ende August/September verspinnt sich die ausgewachsene Afterraupe an einem Zweig oder in der Streudecke in einen Kokon, in dem sie überwintert und im April sich verpuppt, worauf im Mai die Wespe, am Ende ihres Kokons einen kreisrunden Deckel abnagend, schlüpft. – Schaden meist unbedeutend.

Der vorigen in der Lebensweise sehr ähnlich ist die mattschwarze,
(46) lang und rauh braungelb behaarte **Pelzblattwespe,** *Trichiósoma lucórum* Linné, deren große, gelb- bis bläulichgrüne, querrunzelige Afterraupe ohne Rückenstreif außer an Birke auch an Weiden und Erlen die Blätter befrißt.

Weidenknopfhornblattwespe
Pseudoclavellária amerínae Linné

(46) Wespe: Schwarz; ♂ mit rötlichem, ♀ mit gelbem, schwarz gestreiftem Bauch und 4 hellgelben Binden oberseits.

Eier: Bananenförmig, zarthäutig.

Afterraupe: Bläulichgrün, mit Querrunzeln, meist mehlig bestäubt.

Puppe: In einem sehr großmaschig gesponnenen, gitterartigen, fast durchsichtigen Kokon von oft sehr unregelmäßiger Gestalt.

Die an Weiden, besonders glattblätterigen, und an Pappeln vorkommende Wespe legt im April/Mai in die vom ♀ in den Blattrand gesägten Taschen meist mehrere (3 bis 4) eng aneinanderliegende Eier ab. Die ausschlüpfenden Afterraupen bleiben anfangs gesellig beisammen, fressen später getrennt bei Tag und bei Nacht an den Blättern, auch der Blattstiel wird verzehrt, und verspinnen sich ausgewachsen in einen in Ritzen und Spalten, auch in mulmigem Weidenholz angesponnenen Kokon. – Generation einjährig.

Die Holzwespen
Siricidae

Große, langgestreckte, walzenförmige, kräftige Wespen ohne Einschnürung zwischen Brust und Hinterleib, die ♂♂ meist anders gefärbt, kleiner und schlanker als die ♀♀, letztere mit stark gesägtem, von 2 seitlichen Klappen eingefaßtem, in der Mitte des Leibes entspringendem, weit vorstehendem Legebohrer; Flügel in der Ruhe dem Körper flach anliegend. Larven langgestreckt, walzenförmig, weich, weißlich, ohne Bauchfüße, mit 6 verkümmerten Brustfüßen, am Hinterleibsende ein kurzer, aufwärts gerichteter Dorn.
Die von Juni bis September schwärmenden Wespen legen mit Hilfe des langen Legebohrers die Eier in stehende kränkelnde, meist rindenverletzte, oder in gefällte, aber noch saftreiche Stämme mit oder ohne Rinde, auch in frische Stöcke ab, diese gleichzeitig mit einem holzzerstörenden Pilz impfend (Ausnahme *Xéris spéctrum*), wozu jeweils einige Minuten benötigt werden. Die auskommende, ausschließlich im Holz lebende Larve frißt einen an Stärke zunehmenden, im Querschnitt kreisrunden, tief in das Holz dringenden, aber bogenförmig der Rinde sich wieder zuwendenden, mit Bohrmehl fest verstopften Gang, an dessen Ende, meist dicht unter der Oberfläche, sie sich in der Regel ohne Kokon verpuppt. Die fertigen Wespen nagen sich durch kreisrunde Fluglöcher von verschieden großem Durchmesser ins Freie. – Generation mindestens 2-, meist 3- und 4jährig. Infolge der langen Entwicklung bohren sich die Wespen oft erst nach Jahren aus verbautem Holz heraus. – Die Larvengänge entwerten das Holz technisch.

Riesenholzwespe
Urocérus (Sírex) gígas Linné

(50) Wespe: Kopf und Brust schwarz; Hinterleib beim ♂ rotgelb, nur am 1. und letzten Ring schwarzbraun, beim ♀ gelb mit breiter, schwarzer Binde auf dem 3. bis 6. Ring und langem Legebohrer.

(69) Larve: Weiß, mit 6 kurzen Brustfüßen, am Hinterleibsende ein harter, scharfer Dorn.

Die schmucken, großen, im Wald besonders an lichten, sonnigen Stellen im Sommer lebhaft und geräuschvoll umherschwirrenden

Wespen, welche trotz des etwas gefährlichen Eindrucks für den Menschen völlig harmlos sind, da sie nicht stechen können, befallen vorzugsweise stärkere Tannen und Fichten, auch Kiefern und Lärchen. Das ♀ treibt zur Eiablage seine Legeröhre fast senkrecht 0,5 bis 1 cm tief in das Holz kränkelnder, geschwächter Bäume, frisch gefällter Stämme oder stärkerer Stöcke hinein und legt bis zu 8 Eier je Einstichstelle ab. Oft liegen mehrere Einstichstellen nahe beieinander. Die nach 3 bis 4 Wochen auskommenden Larven fressen zunächst parallel zur Holzoberfläche senkrecht von der Eiröhre abzweigende, später tiefer in den Holzkörper vordringende, im über-
(87) nächsten Sommer zur Stammoberfläche zurückführende Gänge in
(71) das Holz, in welchen im darauffolgenden Frühjahr die Verpuppung stattfindet. Ab Juni verlassen die fertigen Wespen durch kreisrunde,
(87) glattrandige (Unterschied zum Hausbock) Fluglöcher ihre Entwicklungsstätte. – Generation 3jährig, bei starkem Austrocknungsgrad des Holzes auch 4- bis 5jährig. Es kommt vor, daß 2 oder 3 verschiedene Holzwespengenerationen gleichzeitig denselben Stamm bewohnen. – Es entsteht bisweilen beträchtlicher Schaden am Nadelnutzholz.

Blaue Kiefernholzwespe
Sírex (Paurúrus) juvéncus Linné

(50) Wespe: Stahlblau, Beine vorwiegend rotgelb; Hinterleib des ♂ vom 3. bis 7. Ring rotgelb; Legebohrer des ♀ kürzer als bei der Riesenholzwespe.

Die Wespe entwickelt sich vorzugsweise in Kiefer und Tanne, auch in Fichte. Das prächtig metallisch schillernde ♀ bevorzugt zur Eiablage Stangenhölzer oder an stärkeren Stämmen die oberen Partien mit dünner Rinde und fertigt meist mehrere Eiröhren je Einstichstelle an. Die Larven fressen sich durch die mit von Pilzfäden durchsetztem Bohrmehl dicht angefüllten Fraßgänge wieder zurück. – Generation 2- bis 3jährig.

Schwarze Fichtenholzwespe
Xéris spéctrum Linné

(50) Wespe: Schlank, schwarz; je 1 Fleck hinter den Augen und je 1 seitlicher Längsstreifen am vorderen Brustring gelb; Legebohrer des ♀ körperlang.

Die weniger häufige Wespe befällt Fichten, Tannen und Kiefern. Das ♀ besitzt einen dünneren und biegsameren Legebohrer als andere Holzwespenarten und legt mittels diesem ein verzweigtes Eiröhrensystem an, das aus 1 bis 5 Eiablageröhren je Einstichstelle bestehen kann.

Die Gallwespen

Cynípidae

Kleine, unscheinbare, meist dunkel gefärbte Wespen mit eiförmig, seitlich zusammengedrücktem, von den nur wenig geaderten Flügeln weit überragtem Hinterleib; ♀ mit nach oben gekrümmtem, nicht vorstehendem Legebohrer. Larven klein, weißlich, fußlos, meist dick und fleischig, stark bauchwärts gekrümmt, Kopf undeutlich.

Die Gallwespen befallen vorzugsweise unterdrückte, niedrig gewachsene Eichen, aber auch Rosen, Ahorn und andere Pflanzen, wobei die ♀♀ der verschiedenen Arten ihre gestielten Eier an oder in ganz bestimmte Pflanzenteile legen, welche unter der Reizwirkung des sich entwickelnden Eies und der Larven verschieden geformte Gallen bilden, in denen die Larven leben. Bei vielen Arten findet ein regelmäßiger Generationswechsel statt, indem eine geschlechtliche, aus ♂♂ und ♀♀ bestehende Generation abwechselt mit einer ungeschlechtlichen, nur aus unbefruchtet sich fortpflanzenden ♀♀ bestehenden, wobei beide Generationen sich weder in den Wespen noch in den Gallen gleichen. Verpuppung stets in der Galle, welche die neu entstandene Wespe durch Herausnagen oder auf einem durch die Larve vorbereiteten Weg verläßt. – Generationszyklus 1- oder 2jährig. – Es gibt auch Gallwespen, die keine eigenen Gallen erzeugen, sondern ihre Eier in die sich entwickelnden Gallen anderer Gallwespen legen, sowie Gallwespen, die diesen Namen zu Unrecht tragen, weil sie sich nach Art der Schlupfwespen in anderen Kerfen entwickeln. – Blatt- und Blütengallen sind im allgemeinen harmlos, während Knospen- und Rindengallen Krüppelwuchs zur Folge haben können.

Gemeine Eichengallwespe

Cýnips (Diplolépis) quércus-fólii Linné

(87) 1. Galle: Großer, kugeliger, fleischiger, einkammeriger „Gallapfel", anfangs grünlich, später gelblich und meist rotbackig, an der Oberfläche etwas höckerig; auf der Unterseite von Eichenblättern.
2. Galle: Kleine, eiförmige, an der Spitze abgerundete, samtartig behaarte Knospengalle, anfangs rot, später dunkelviolett; am Grund oft von Knospenschuppen umgeben; an Eiche.

(46) Die im Mai/Juni schwärmende Wespe legt befruchtete Eier unterseits in die Rippen junger Eichenblätter und erzeugt hierdurch die bekannten „Galläpfel", in denen sich ausschließlich ♀♀ entwickeln, die von November bis Februar aus den im Herbst mit den Blät-

tern zu Boden gefallenen Gallen schlüpfen. Diese ♀♀ legen alsbald unbefruchtete Eier in noch unentwickelte Eichenknospen und erzeugen dadurch unauffällige, einer normalen Knospe ähnliche Knospengallen, in denen sich ♂♂ und ♀♀ entwickeln, die im Mai/Juni schlüpfen. – Generation 1jährig.

Gleichfalls an der Unterseite von Eichenblättern erzeugt kugelige,
(87) etwas abgeflachte, rot und gelblichweiß gebänderte, harte Gallen die Gallwespe *Cýnips (Diplolépis) longivéntris* Hartig.

Eichenlinsengallwespe
Neurotérus quércus-baccárum Linné (= *lenticuláris* Olivier)

(87) 1. Galle: Flach linsenförmig, gelblichweiß mit rötlichem Buckel in der Mitte, mit feinem rotem oder braunem Haarüberzug; unterseits an Eichenblättern.
(87) 2. Galle: Weinbeerartig, grünlich, auch weißlich oder rötlich, etwas durchscheinend, fleischig, saftig: an Blättern und ♂ Blütenkätzchen der Eiche.

Die Wespe legt im Juni befruchtete Eier in junge Eichenblätter an der Sproßspitze und erzeugt dadurch an den Blattunterseiten oft massenhaft Linsengallen, die im Herbst abfallen, am Boden an Stärke und Umfang sogar noch etwas zunehmen, worauf im März die Wespen, die sich in der Galle entwickelt haben – ausschließlich ♀♀ – schlüpfen. Letztere legen unbefruchtete Eier in die Knospen der Eiche, worauf beim Aufbrechen der Knospen weinbeerartige Kugelgallen entstehen, in denen sich ♂ und ♀ Wespen entwickeln, die im Juni schlüpfen. – Generation 1jährig.

Zierlich, in der Mitte vertieft, anfangs flach, später mit wulstartigem Rand, mit anliegenden, nach außen gerichteten braunen Seidenhaaren dicht bedeckt ist die auf der Unterseite von Eichenblättern oft in großer Zahl erzeugte und am Boden überwinternde sog.
(87) „Napfgalle" der Gallwespe *Neurotérus numismális* Fourcroy, aus der ausschließlich ♀♀ hervorgehen. Die aus den von diesen ♀♀ abgelegten, unbefruchteten Eiern schlüpfenden Larven der zweigeschlechtlichen Generation entwickeln sich in kleinen hellgrünen, blasenartig flach gewölbten Gallen an Eichenlaub. –

Hopfenfruchtähnlich, anfangs grünlich und fest geschlossen, später braun und sich rosettenartig ausbreitend, ist die eine eichelförmige,
(87) einkammerige Innengalle einschließende „Eichenrose", welche nach der Ablage befruchteter Eier der Gallwespe *Ándricus foecundátrix* Hartig aus End- und Seitenknospen der Eiche entsteht. Die Innengalle fällt im Herbst zu Boden und entläßt erst im Frühjahr des nächsten oder übernächsten Jahres die ♀ Wespe, die unbefruch-

tete Eier ablegt. Die daraus hervorgehenden Larven erzeugen kleine, eiförmige, mit nach rückwärts gerichteten weißen Haaren besetzte Gallen am Grund ♂ Eichenblüten am Ende der Kätzchenspindel, aus denen im Juni ♂♂ und ♀♀ schlüpfen. –

(87) Braune, verholzende, in ihrer Form an Kohlrüben erinnernde und daher als „Kohlrübengallen" bezeichnete Anschwellungen des jungen Eichentriebs mit länglicher, oben durch eine dünne Haut geschlossener Höhlung und kleiner, brauner Innengalle erzeugt durch Eiablage in die Spitze von Achsel- und Endknospen der Eiche die Gallwespe *Ándricus inflátor* Hartig, deren eingeschlechtliche Generation sich in kugeligen grünen Knospengallen entwickelt, die nach Eintrocknung der fleischigen Außenschicht eine netzartige Runzelung zeigen. –

(87) Breitkegelförmige, anfangs rötliche und weiche, später braune und harte, tief längsgeriefte, erbsengroße Rindengallen erzeugt an 3- bis 5jährigen Eichenstämmchen, meist gehäuft in der Nähe des Wurzelhalses auftretend, die sonnige Lagen bevorzugende **Eichenwurzelknotengallwespe,** *Ándricus testaceípes* Hartig. Die Gallen dringen tief in den Holzkörper ein, reifen nur langsam und werden im Frühjahr des zweiten Jahres von den ausschließlich ♀ Wespen durch ein seitliches Fluglöch verlassen. Dicht besetzte Eichenstämmchen gehen häufig ein. Die im August schlüpfende zweigeschlechtliche Generation entwickelt sich in kleinen hellgrünen Gallen, die als längliche Verdickungen des Blattstiels oder der Mittelrippe von Eichenblättern in Erscheinung treten. –

Kleine, nierenförmige, anfangs grüne, später gelbliche oder rote Gallen erzeugt meist zahlreich, besonders an Stockausschlägen, auf der Unterseite der Eichenblätter, oft reihenweise an den Rippen, die Gallwespe *Trigonáspis megáptera* Panzer. Die Gallen fallen im Spätherbst zur Erde, überwintern und entlassen im folgenden Frühjahr ausschließlich ♀♀, die unbefruchtete Eier in die schlafenden Knospen der Eichenstämme oder auch an kleine Pflänzchen legen, wo die ausschlüpfenden Larven saftige, erbsen- bis kirschgroße, weißliche oder rote Kugelgallen hervorrufen.

Eichenschwammgallwespe

Biorrhíza pállida Olivier

(87) 1. Galle: Kugelig, erbsen- bis kirschengroß, einkammerig, anfangs weich und fleischfarbig, später holzig und dunkelbraun, oft traubig gehäuft und untereinander verschmelzend; an jungen Eichenwurzeln.

(87) 2. Galle: Schwammig, vielkammerig, rundlich, oft sehr groß, grünrot oder weißgrün, später lederfarbig, „Eichapfel" oder „Kartoffelgalle" genannt; an den Zweigspitzen der Eiche.

Die flügellosen ♀♀ der aus den „Eichäpfeln" geschlüpften Wespen graben sich im Juli in den Boden ein, legen befruchtete Eier in dünne Eichenwurzeln, wo die auskommenden Larven Wurzelgallen erzeugen, in denen sie sich in 16 bis 18 Monaten ausschließlich zu großen, flügellosen ♀♀ entwickeln, die im Winter schlüpfen, an den Eichen emporklettern und unbefruchtete Eier in die schwächeren Endknospen legen. Aus letzteren entstehen im Frühjahr an Eichen aller Altersklassen, hauptsächlich in einer Höhe von 5 bis 10 m, die auffallenden „Eichäpfel", in denen sich ♂ und ♀ Wespen entwickeln, die im Juli schlüpfen. – Entwicklungszyklus zweijährig.

Knopperngallwespe

Ándricus quércuscálicis Burgsdorff (= *Á. cérri* Beyer)

(87) 1. Galle: Erst grüne, fettig-klebrige, im Herbst braune, harte und trockene, dickwandige „Knopper", als unregelmäßiger, höckeriger Auswuchs mit runder Kaminöffnung am Scheitel und 5 bis 8 meist unterbrochenen Längskielen die Eichel oft ganz überziehend, dem Fruchtbecher ansitzend. Die kleine eiförmige Innengalle ist nur an einem Punkt mit der sonst hohlen helmartigen Außengalle verwachsen.

2. Galle: Klein, kegelförmig, dünnwandig, gelb bis bräunlich; an ♂ Blüten der Zerreiche.

Die hauptsächlich in Südosteuropa, aber auch in Mitteleuropa vor-
(46) kommende Gallwespe erzeugt vor allem an Stiel-, aber auch Traubeneichen die zwischen Fruchtbecher und Eichel oft zu mehreren hervorwachsenden, im Spätherbst abfallenden, ausschließlich ♀♀ beherbergenden Knoppern, die wegen ihres starken Gerbstoffgehaltes gesammelt und verwertet werden können.

Sonderbare, bis faustgroße, mit moosartig verzweigten, grünen bis
(87) roten Fasern zottig bewachsene Gallen, vielfach „Schlafäpfel" genannt, erzeugt an wilden Rosenbüschen durch ihren Stich d. h. die
(46) Eiablage in die Knospen die **Rosengallwespe,** *Diplolépis rósae* Linné. Die Fortpflanzung geschieht fast rein parthenogenetisch, da ♂♂ äußerst selten auftreten.

Riesengallwespe

Ibália leucospoídes Hochenwarth

Wespe: Groß, schwarz, mit grob quergerunzeltem Brustabschnitt und seitlich stark zusammengedrücktem, messerklingenförmigem, rotbraunem Hinterleib; Beine heller; ♀ mit langem dünnen Legebohrer von 2,5facher Hinterleibslänge; Flügel deutlich schwarz geädert.

Das ♀ der nach Art der Schlupfwespen parasitisch lebenden, großen Gallwespe von auffälliger Gestalt spürt junge Holzwespenlarven auf, die es, den haardünnen und äußerst biegsamen Legebohrer durch den Einstichkanal des Holzwespen-♀ einführend, ansticht und mit je einem Ei belegt. Die ausschlüpfende Gallwespenlarve frißt zunächst im, später am Wirt. – Entwicklung 2- bis 3jährig. Nützlich.

Die Schlupfwespen

Ichneumonídae u. Verwandte

Kleinste bis große Wespen mit verschieden geformtem Hinterleib; ♀ mit dreiteiligem, nicht sägeartigem Legebohrer, bestehend aus dem eigentlichen Bohrer und 2 Klappen. Larven weich, weißlich, augen- und beinlos.

Die ♀♀ der meist unruhig umhersuchenden, beständig mit den Fühlern wippenden, zuweilen in großer Zahl auftretenden Schlupfwespen legen ihre Eier häufig an, meist aber in die Larven, Puppen, Vollkerfe und Eier anderer Kerfe, in denen die auskommenden Larven parasitisch leben, indem sie die Körpersäfte nach und nach aussaugen. Einige wenige Arten fressen als Larven Nadelholzsamen in den Zapfen aus. Verpuppung innerhalb oder außerhalb des Wirtskörpers.

Viele Schlupfwespen können wesentlich dem Überhandnehmen forstschädlicher Kerfe entgegenwirken und dadurch sehr nützlich werden.

Riesenschlupfwespe, Pfeifenräumer

Rhýssa persuasória Linné

(48) Wespe: Groß, schwarz, mit weißen Flecken auf dem langen Hinterleib; ♀ mit sehr langem, roßhaarähnlichem Legebohrer.

Das ♀ der in Nadelwäldern verbreiteten stattlichen Schlupfwespe
(49) treibt zur Eiablage seinen Bohrer in einen Baumstamm, um eine mehrere cm tief im Holz steckende Holzwespenlarve zu treffen, diese zu lähmen und mit einem Ei zu belegen. Die auskommende Schlupfwespenlarve schmarotzt äußerlich an der Wirtslarve, die innerhalb von etwa 5 Wochen aufgefressen wird. Die ausgewachsene Larve verfertigt einen zarten Kokon und verpuppt sich darin im nächsten Frühjahr, kurz vor dem Schlüpfen der Wespe. – Generation einfach.

Eine der vorigen ähnliche, gleichfalls mit sehr langem Legebohrer ausgestattete und sich in Wäldern umhertreibende schwarze Schlupfwespe, *Ephiáltes manifestátor* Linné, versenkt zum Zwecke der Eiablage gleichfalls ihren Bohrer tief in das Holz, wobei sie sich jedoch wie ein Drehbohrer um diesen dreht, um vor allem Bockkäferlarven und -puppen zu treffen, an denen die auskommende Larve schmarotzt.

Schwarze Schlupfwespe
Pímpla instigátor Fabricius

(48) Wespe: Schwarz; Hinterleib kräftig, niedergedrückt; Legebohrer des ♀ kaum halb so lang wie der Hinterleib.

Die häufig vorkommende, wippend fliegende Schlupfwespe befällt zur Eiablage die Raupen der Nonne, des Kiefernspanners, der Forleule und anderer Schädlinge, in denen die auskommende Larve schmarotzt. Die Wespen überwintern unter Baumrinde oder an anderen Verstecken, meist zu mehreren beieinander.

Sichelwespe
Thérion (Exochílum) circumfléxum Linné

(48) Wespe: Schmächtig, vorherrschend rötlichgelb, Flügel bräunlich getrübt; Hinterleib seitlich zusammengedrückt, sichelartig gekrümmt; Legebohrer des ♀ kurz.

Die in Kiefernwäldern häufige, im Flug die Hinterbeine weit von sich streckende, sowie die Fühler aufwärts und den Hinterleib nach unten richtende, gern den Honigtau der Blattläuse aufnehmende Schlupfwespe befällt zur Eiablage vorzugsweise die Raupen des
(49) Kiefernspinners und der Forleule. Die auskommende Larve schmarotzt in der Raupe, auch in der Puppe, und verwandelt sich in einem von einem lockeren Gespinst umgebenen „Kotbecher", aus dem lediglich der Vorderkörper etwas herausragt, und der aus den Larvenexkrementen gebildet wird, worauf im Mai/Juni die Wespe schlüpft.

Das ♀ einer gleichfalls häufigen Schlupfwespe, *Cratichneúmon nigritárius* Gravenhorst, legt in der Bodenstreu je 1 Ei in die Puppen des Kiefernspanners, der Forleule und anderer Schmetterlinge, in denen sich sodann die auskommenden Larven entwickeln.

Mehrere der zu den Schlupfwespen gehörigen kleinen, zarten Brackwespen schmarotzen in den Raupen forstlich wichtiger Schmetterlinge, so z.B. *Microgáster gastropáchae* Bouché in der Kiefernspinnerraupe. Die reifen Larven verlassen meist den Wirt,

(70) um sich oft in großer Zahl auf der absterbenden Raupe in weiße Kokons (im Volksmund fälschlich „Raupeneier" genannt) einzuspinnen.

Eierwespchen
Téleas laeviúsculus Ratzeburg

(46) Wespe: Winzig klein, schwarz; Fühler beim ♂ faden-, beim ♀ keulenförmig.

Das ♀ legt seine Eier vorzugsweise in die des Kiefernspinners, in welchen die auskommenden Larven leben und sich verpuppen, worauf die Wespchen durch kreisrunde Löcher ausschlüpfen. – Sehr forstnützlich.

Puppenerzwespe
Pterómalus pupárum Linné

(46) Wespe: Sehr klein, metallisch grün, Fühler gekniet.

Das ♀ schiebt seine winzigen Eier zwischen die Körperringe von noch weichhäutigen Tagfalterpuppen, in deren Innerem die auskommenden Larven schmarotzen und sich verpuppen. Die Wespen schlüpfen meist so zahlreich durch kleine Löcher aus der Puppenhaut, daß diese fast einem Sieb gleicht.

Fichtensamenwespe
Megastígmus strobilóbius Ratzeburg (= *M. abíetis* Seitner)

(46) Wespe: Sehr klein, schwarz, mit schmalem gelbem Hinterrand auf der Vorderbrust und langem, aufwärtsgebogenem Legebohrer.

Das wenig fluglustige ♀ läuft an den Zweigen entlang und bohrt junge Fichtenzapfen an, um die darin befindlichen Samen mit seinen Eiern zu belegen. Die auskommenden Larven verzehren den Sameninhalt und verpuppen sich nach 1- oder mehrmaliger Überwinterung im Frühjahr, worauf sich nach etwa dreiwöchiger Puppenruhe die Wespe durch ein kreisrundes Flugloch nach außen nagt.

*

Sandwespe
Ammóphila sabulósa Linné

(48) Wespe: Mittelgroß, schlank, vorherrschend schwarz, mit langgestieltem, kolbenförmigem Hinterleib; Ende des Hinterleibstieles und Grund des verdickten Hinterleibs rot.

Die in trockenen, sandigen Gegenden auf blühendem Brombeergebüsch oder anderen Honigquellen häufig anzutreffende unruhige, ungesellig lebende Sandwespe, eine Grabwespenart, schwärmt im Sommer lebhaft. Das ♀ baut an einer der Sonne ausgesetzten Stelle, mit Vorliebe am Waldrand oder an einem Waldweg, sein Nest, welches aus einer wenige cm langen, schräg in den Boden hinabführenden Röhre mit einer kammerartigen Erweiterung am Ende besteht. In dieses Nest trägt es, rückwärts kriechend, unter sich das durch einen Stich gelähmte Opfer, eine unbehaarte Raupe, vorzugsweise Eulenraupe, auch Blattwespenafterraupe ein, um ein Ei daran abzulegen und anschließend die Zelle zu verschließen. Die auskommende Wespenlarve verzehrt die Raupe und verpuppt sich sodann in der Nesthöhle. – Forstnützlich.

Die echten Wespen (Faltenwespen)

Véspidae

Mittelgroße bis große, meist schwarz und gelb gezeichnete Wespen mit geknieten Fühlern, in der Ruhe längsgefalteten Vorderflügeln und geschmeidigem, sehr beweglichem, bei den ♀♀(♀♀) mit kräftigem Giftstachel bewehrtem Hinterleib. Eier keulenförmig. Larven gelblichweiß, beinlos, mit bräunlichem, deutlich abgesetztem Kopf.

Die echten Wespen leben teils einsam, meist aber gesellig in einjährigen, oft volkreichen Staaten, die neben den ♂♂ (Drohnen) und großen ♀♀ (Königinnen) auch noch kleine ♀♀ (Arbeiterinnen) enthalten. Der Staat wird im Frühjahr durch ein befruchtetes, überwintertes großes ♀ gegründet, das als Königin alsbald mit dem Nestbau beginnt und Eier absetzt, aus denen sich das Volk entwickelt, das im Herbst allmählich abstirbt mit Ausnahme einiger befruchteter großer Jungweibchen, die nach Überwinterung an geschützten Orten im nächsten Frühjahr als Königinnen neue Staaten gründen. Das graue oder bräunliche Nest, aus zerkauten, holzpapierähnlich verarbeiteten Pflanzenfasern gebaut, besteht aus stockwerkartig übereinanderliegenden Waben regelmäßiger, senkrecht stehender, nach unten offener, sechseckiger Zellen und ist meist von einer mehrschichtigen Hülle umgeben, die zum Ausfliegen nur eine oder wenige Öffnungen freiläßt.

Hornisse
Véspa crábro Linné

(50) **Hornisse**: Größte einheimische Wespe. Der gelbgezeichnete Kopf, die Brust und die beiden ersten Hinterleibsringe braunschwarz, die übrigen Hinterleibsringe gelb mit schwarzen Flecken; Körper bräunlich behaart, die Flügel namentlich am Vorderrand stark gelb getrübt.

Die scheuen, bei schönem Wetter sehr geschäftigen, wegen ihrer schmerzhaften Stiche oft gefürchteten, in ihrer „Gefährlichkeit" jedoch vielfach überschätzten Hornissen, vorwiegend Bewohner lichter Wälder, bauen gern in hohlen Bäumen, unter Scheunendächern, mitunter auch in Erd- und Nisthöhlen bis reichlich mannskopfgroße, gelbbraune, stockwerkartig aufgebaute Wabennester mit brüchiger Hülle, in deren Nachbarschaft sie vor allem von August bis Oktober oft junge Laubholzstämmchen oder -zweige, besonders Eschen, auch Erlen und Birken, des austretenden süßen Saftes we-
(87) gen platzweise schälen oder spiralig ringeln. Sie lieben reife Früchte, in die sie sich tief einfressen, und jagen eifrig nach Fliegen und ähnlichen Kerfen, um sie zu verzehren oder in zerkautem Zustand für ihre Brut heimzutragen.

Gelegentlich forstschädlich, da bei Ringelung der über der Schälstelle liegende Stämmchen- oder Zweigteil abstirbt, andernfalls sich nur langsam überwallende Wunden bilden; andererseits machen Hornissen zur Aufzucht ihrer Larven reichlich Fliegenbeute, wodurch sie nützlich werden.

Der vorigen in der Lebensweise ähnlich sind mehrere wesentlich kleinere schwarz-gelb gezeichnete Wespen, deren brüchige Nester teils frei unter Dächern, an Bäumen und Sträuchern, teils – wie bei
(50) der **Gemeinen Wespe**, *Paravéspula vulgáris* Linné – unterirdisch, mit Vorliebe an Waldrändern unter Baumwurzeln oder Steinen, angelegt werden.

Die Bienen
Ápidae

Mittelgroße bis große, meist lang und pelzig behaarte Hautflügler mit geknieten Fühlern und äußerst kurz gestieltem Hinterleib, der bei den ♀♀(♀♀) meist nicht nur einen mit Giftblase versehenen kräftigen Wehrstachel, sondern meist auch besondere Einrichtungen zum Sammeln von Blütenstaub in der Mehrzahl an den Hinterbeinen (Beinsammler), oder auch auf der Unterseite des Hinterleibs (Bauchsammler) aufweist. Eier weißlich, walzig, schwach gekrümmt. Larven gelblichweiß, fußlos, mit deutlichem Kopf.

Die Bienen leben teils einsam, wobei es nur ♂♂ und ♀♀, aber noch keine Arbeiterinnen gibt, teils in hochentwickelten Staaten mit ♀ (Königin), ♂♂ (Drohnen) und hauptsächlich die Aufzucht und Pflege der Nachkommenschaft besorgenden ♀♀ (Arbeiterinnen = verkümmerte ♀♀). Sie leben von Nektar und Blütenstaub und tragen beides als Nahrung für ihre Larven ein.

Blaue Holzbiene

Xylócopa violácea Linné

(48) Biene: Auffallend groß, von hummelartigem Aussehen, Körper und Flügel schimmernd blauschwarz. Beinsammler.

Die prächtige, meist nur im warmen Weinklima vorkommende, einsam lebende Biene, deren ♂♂ und ♀♀ in Lößwänden, in hohlen Bäumen, in altem Gemäuer oder an anderen geschützten Orten überwintern, schwärmt im Frühling, worauf das ♀ in das trockene Holz morscher Bäume und Äste, alter Pfosten und dgl. eine senkrechte, oft über 30 cm lange Röhre nagt, die zur Aufnahme der länglichen, in einer Reihe hintereinanderliegenden Nestzellen dient. Auf den Boden jeder Zelle trägt es Honig vermischt mit etwas Blütenstaub ein und setzt ein Ei darauf.

Pelzbiene

Anthóphora acervórum Linné

(48) Biene: Mittelgroß, gedrungen, dicht pelzig gelblichgrau behaart, hintere Hinterleibsringe schwarz. Beinsammler.

Das ♀ der zeitig im Frühjahr im Laubwald die Blüten vieler Waldblumen besuchenden, an Hummeln erinnernden, einsam lebenden Pelzbiene legt sein Nest in Form einer mehrästigen geglätteten Röhre mit Vorliebe an Lehmwänden, auch an grasigen Böschungen an und gestaltet innerhalb der Röhre die Brutzellen derart, daß jeweils der Deckel einer Zelle den Boden für die folgende bildet.

Blattschneiderbiene

Megachíle centunculáris Linné

(48) Biene: Körper breit, Hinterleib oben etwas abgeflacht; schwarz, gelbbraun behaart, Ränder der Hinterleibsringe mit gelblichen Fransenbinden. ♀ stets viel größer als das ♂, mit schöner rotbrauner Bauchbürste (Bauchsammler), sticht nach oben.

Das ♀ der verbreitet vorkommenden, u. a. auf Disteln und Schmetterlingsblütlern anzutreffenden, einsam lebenden Biene schneidet im Hochsommer aus den Blättern meist eines bestimmten Rosenbusches vom Blattrand her große runde oder ovale Stücke aus, mit denen es in einem hohlen Pflanzenstengel, in verlassenen Käferfraßgängen oder in einem morschen Pfosten und dgl. Hohlräume austapeziert und hintereinander fingerhutförmige, zu einer walzigen Röhre vereinigte Nestzellen anlegt, deren jede es mit einem runden Deckel aus Blattstückchen schließt, nachdem es Blütenstaub eingetragen und ein Ei hinzugesetzt hat.

Honigbiene
Ápis mellífica (= Á. mellífera) Linné

(48) Biene: Braun bis schwarz. Die Königin (♀) ist durch ihre Größe ausgezeichnet; die Arbeiterinnen (♀♀) sind kleiner, haben dagegen einen langen Rüssel und besitzen eine kunstvolle, aus Körbchen und Bürste bestehende Einrichtung an den Hinterbeinen zum Sammeln von Blütenstaub sowie wohlentwickelte Wachsdrüsen auf der Bauchseite des Hinterleibs; die Drohnen (♂♂) sind plump gebaut und besitzen keine Sammeleinrichtungen. ♀ und ♀ mit Giftstachel.
Eier: Länglich, weiß.
Larve: Weiß, fußlos.

Die Urheimat der stacheltragenden, staatenbildenden Honigbiene ist der Wald, wo sie in einem hohlen Baum ihr Nest anlegt, das aus senkrecht gestellten, zweiseitigen Wachswaben besteht, die sich aus zahlreichen regelmäßigen sechseckigen, waagrecht angeordneten Zellen zusammensetzen. Das Nest beherbergt dauernd eine 4 bis 5 Jahre alt werdende, nur einmal begattete Königin, auch Weisel genannt, die mit Ausnahme der Wintermonate fast fortwährend Eier legt; ferner viele im Sommer 5 bis 6 Wochen, im Winter 6 bis 8 Monate lebende, aus befruchteten Eiern entstandene ♀♀, denen besonders der Nestbau, die Nahrungsbeschaffung und die Brutpflege obliegt; und schließlich während des Sommers die aus unbefruchteten Eiern hervorgegangenen Drohnen, die, am Ende der Fortpflanzungsperiode überflüssig geworden, vor dem Winter absterben oder in der Drohnenschlacht von den Arbeiterinnen aus dem Stock gezerrt oder getötet werden. Solange es die Witterung erlaubt, fliegen die über 3 Wochen alten ♀♀ tagsüber bis auf 6 bis 8 km Entfernung fleißig zu den Blumen und kehren von dort, den Kropf (Honigblase) mit Nektar, gelegentlich auch mit dem Honigtau der Blattläuse und süßen Pflanzensäften gefüllt und mit „Höschen" von Blütenstaub an den Hinterbeinen, zum Nest zurück, wo sie den Blütenstaub abstreifen und den Blütennektar in kaum veränderter Form wieder auswürgen. Die Larven bekommen einen Futterbrei ganz bestimmter Zusammensetzung eingeflößt und die Zellen, in denen sie einzeln leben, werden vor der Verpuppung mit einem Wachsdeckel verschlossen. In besonderen Brutzellen, den Weiselzellen, werden aus befruchteten Eiern durch Sonderfütterung mit einem bestimmten Drüsensekret neue Königinnen herangezogen. Die Völker vermehren sich durch das „Schwärmen", indem eine Königin, die keine zweite neben sich duldet, inmitten einer Vielzahl von Arbeitsbienen meist vor dem Schlüpfen der nächsten Königinnen den Stock brausend verläßt und in einem anderen Versteck dauernde Unterkunft nimmt. Im Winter ziehen sich Arbeiterinnen und Königin im Stock nächst dessen Ausflugloch zur „Wintertraube" zusammen und zehren von den aufgespeicherten Honigvorräten.

Die Honigbiene, wegen ihrer Honig- und Wachserzeugung längst zum landwirtschaftlichen Nutztier geworden, vermittelt die Befruchtung zahlreicher Pflanzen, besonders auch der Obstbäume.

Erdhummel

Bómbus terréstris Linné

(48) Hummel: Groß und dick, dicht pelzig samtschwarz behaart, vorn an der Brust und am 2. Hinterleibsring je 1 querverlaufende, dunkelgelbe Binde, das Hinterende grauweiß. Farbvarietäten nicht selten. ♀ und ♀ mit Giftstachel.

Das mit tiefem Gebrumm fliegende, bereits im Sommer/Herbst des Vorjahres begattete ♀ der weitverbreiteten, staatenbildenden Erdhummel legt, von der ersten warmen Frühlingssonne nach der Überwinterung aus seinem Bodenversteck gelockt, als Hummelkönigin alsbald in der Erde bis 1½ m tief ein festes, dichtes Kugelnest mit nur einem oder wenigen Zugängen an, wobei verlassene Mäuse- und Maulwurfnester bevorzugt werden, weil in diesen Laub, Wurzeln, Moosbüschel und anderes für die Nestumhüllung benötigtes Material bereits vorrätig ist. Im Nest fertigt die Königin, zunächst allein, runde aufrecht stehende Wachstönnchen als Honigvorratsbehälter an, trägt erste Nahrung ein und legt die herangereiften Eier zu mehreren in runde, meist haselnußgroße, mit Blütenstaub versehene Wachszellen (Einäpfchen), in denen die auskommenden Larven zunächst gemeinsam leben und versorgt werden bis sie sich einzeln in Kokons verpuppen, worauf neue Einäpfchen errichtet werden. Im Lauf des Herbstes geht das ganze Volk, die Drohnen (♂♂), die um Nestbau, Futterbeschaffung und Brutpflege besorgten Arbeiterinnen (♀♀) und die Hummelkönigin (♀) an Erschöpfung ein mit Ausnahme der jungen, bereits befruchteten, großen ♀♀, die in geeigneten Bodenverstecken überwintern und dann neue Nestkolonien gründen.

Die Ameisen
Formícidae

Schmucklos gefärbte, meist kleine Hautflügler mit geknieten, oft keulig verdickten Fühlern, der (eigentliche) Hinterleib durch ein Stielchen von der Brust getrennt und mit Ausnahme der ♂♂ mit einem die stechend sauer riechende „Ameisensäure" spritzenden Giftapparat ausgezeichnet, oft verbunden mit einem Wehrstachel. ♂♂ und ♀♀ geflügelt, erstere von schlankem, gestrecktem Körperbau, letztere, die Königinnen, nach der Paarung die Flügel verlierend, aber zu erkennen meist an der Größe, an den Flügelresten und der stark entwickelten Brust; ♀♀ flügellos, bei manchen Arten in Exemplaren mit besonders großem Kopf, sog. Soldaten, vorkommend. Eier winzig klein, länglich, gelblichweiß, meist in kleinen Häufchen beisammenliegend. Larven weißlich, gedrungen, etwas gekrümmt, leicht behaart, beinlos. Puppen weich, weiß, meist in seidenartigem, tonnenförmigem, bräunlichweißem Kokon, im Volksmund fälschlich als „Ameiseneier" bezeichnet.

Die besonders häufig an Waldrändern und auf Lichtungen vorkommenden Ameisen leben gesellig in Erd-, Holz- oder Kartonnestern oder in Haufen in oder über der Erde, oft durch offene oder versteckte Straßen mit einer Zweigniederlassung in der Nachbarschaft und mit den Nahrungsquellen verbunden. Sie sind bewundernswert empfindsam, fleißig, von ausgesprochenem Reinlichkeits- und Gemeinschaftssinn, infolge des Stielchens überlegen beweglich und gelenkig, und nähren sich von Kerfen und deren Larven, von tierischen und pflanzlichen Resten, von Süßigkeiten aus Blüten und Früchten und mit Vorliebe vom „Honigtau", der zuckerhaltigen Ausscheidung der Blattläuse, mit denen sie in ein enges Verhältnis kommen können. Den Winter verbringen die Ameisen in einer Art Schlafzustand. Im Frühjahr findet man in ihrem Nest neben Eiern und Larven eine, wenn nicht mehrere oder viele ungeflügelte Königinnen, welche sich auf das Eierlegen beschränken und bis 15 Jahre alt werden können, sowie massenhaft die bis 6 Jahre alt werdenden Arbeiterinnen, welche die Brut pflegen, das Futter einholen, den Nestbau besorgen und notfalls ihren Staat verteidigen. Ende Mai,

Anfang Juni schlüpft die neue Generation aus, bestehend aus ♂♂, ♀♀ und ⚥⚥. Von diesen verlassen im Hochsommer (Juli/August) die geflügelten ♂♂ und ♀♀ größtenteils das dunkle Nestinnere, um bei warmem, schwülem Wetter in Schwärmen sich zum Hochzeitsflug zu erheben, worauf die kurzlebigen ♂♂ eingehen, während die befruchteten ♀♀ ihre Flügel verlieren und oft weitab vom heimatlichen Nest und zumeist ohne fremde Hilfe einzeln neue Kolonien gründen.

Einige Arten können durch Ausfressen von Stämmen, Benagen von Pflanzen usw. schädlich werden. Die meisten im Wald lebenden Ameisen werden jedoch durch Bodenverbesserung und vor allem durch Vertilgen forstschädlicher Kerfe nützlich.

Rote Waldameise

Formíca rúfa Linné

(48) Ameise: Kräftig, gedrungen; Kopf braun, Brust gelbrot oder rotbraun, Hinterleibsstielchen mit großer aufrechter Schuppe, Hinterleib schwarzbraun, beim ⚥ glänzend. Stachellos, jedoch ♀ und ⚥ mit Giftapparat zum Spritzen.

(58) Eier: Klein, gelblichweiß.

(69) Larve: Weißlich, gedrungen.

(71) Puppe: In einem länglichen weißen oder bräunlichen Kokon, fälschlich „Ameisenei" genannt.

Die weitverbreitete, sehr häufige Rote Waldameise tritt in verschiedenen, äußerlich schwer zu unterscheidenden, aber in ihren Umweltbeziehungen recht unterschiedlichen Formen auf. Sie liebt mäßig feuchten Boden und baut vorzugsweise im Nadelwald oder wenigstens an dessen windgeschützten Rändern, auch im jüngeren Eichen- und Mischwald, kaum jedoch im meist zu feuchten und kalten Buchenwald ihr auffallendes, oft riesiges Nest mit dem aus zusammengetragenen Nadeln, Holzteilchen und dgl. aufgetürmten, oft über einem alten Baumstumpf errichteten „Ameisenhaufen" als Oberbau, der sich über dem in der Erde angelegten Unterbau mit seinen vielen Kammern und Verbindungsgängen erhebt; der Oberbau dient vor allem dem Schutz vor Niederschlägen und der Temperaturregelung und ist deshalb in Schattenlagen umso größer; oft sind über eine größere Fläche zerstreute Nester durch Straßen miteinander verbunden. Bei Störung und gar bei Nestbeschädigung stürmen die Ameisen scharenweise aus dem Nest hervor und spritzen in wildem Getümmel ihre scharfe „Ameisensäure" bis 60 cm weit nach allen Richtungen von sich oder nach einem Biß in die Bißwunde. Sie leben hauptsächlich vom Honigtau der Blattläuse, auch von ausfließenden Säften, sowie von Raupen, Afterraupen und anderen Kerfen, die sie am Boden und in den Baumkronen so eifrig jagen, daß bei Raupenkalamitäten die in der Nähe von Ameisenhaufen stehenden Waldbäume vom Fraß verschont bleiben können. Die Hochzeitsflüge erfolgen ohne Schwarmbildung und erstrecken sich über den ganzen Sommer. Die Völker vermehren sich meist durch Abspaltung von Tochterkolonien aus den Nestern, die mehrere hundert Königinnen enthalten können.

Die Rote Waldameise, besonders in der Form der **Kahlrückigen** oder **Kleinen Roten Waldameise,** *Formíca polýctena* Förster, welche sich durch hohe Vermehrungsfähigkeit auszeichnet, kann durch Vertilgen zahlreicher forstschädlicher Kerfe sehr nützlich werden.

Der vorigen äußerlich sehr ähnlich, jedoch kräftiger ist die kampflustige **Blutrote Raubameise,** *Raptifórmica sanguínea* Latreille, die vorzugsweise auf trockenen Böden an Waldrändern oder lichten Stellen im Wald in morschen Baumstümpfen oder in der Erde, unter Steinen usw. in kleinen, flachen Haufen nistet. Zur Erlangung fremder Hilfsameisen oder Sklaven raubt sie häufig im Hochsommer, entschlossen angreifend, aus dem unterirdischen, meist volkarmen Nest der schlankeren, zarten **Schwarzgrauen Sklavenameise,** *Servifórmica fúsca* Linné, Puppen und verschleppt sie in ihr Brutnest, wo sie aufgezogen werden und sich, das fremde Haus als ihr eigenes Heim betrachtend, an allen Arbeiten und Verrichtungen im Nest beteiligen und es notfalls auch zusammen mit ihren Herren verteidigen.

Riesenameise, Roßameise
Camponótus herculeánus Linné

(48) Ameise: Größte heimische Art. Hinterleibsstielchen mit großer aufrechter Schuppe; rotbraun, Hinterleib schwarz, stachellos, Flügel braungelb und gelblich getrübt. Tritt in 2 Formen auf:

Camponótus herculeánus herculeánus Linné: Vorderfläche des 1. Hinterleibsrings höchstens dicht um die Stielcheneinlenkung herum rotbraun. Meist dunkler gefärbt. Hinterleib matt.

Camponótus herculeánus lignipérdus Latreille: Vorderfläche des 1. Hinterleibsrings in größerer Ausdehnung rotbraun. Hinterleib glänzend.

(71) Puppe: Weich, weiß, in seidenartigem Kokon.

Die in Wäldern weitverbreitete sehr stattliche Riesenameise nistet in der mehr in der Ebene vorkommenden, wärmeliebenderen *herculeanus lignipérdus* Latreille-Form vorwiegend unter Steinen in der Erde mit geringer Ausdehnung des Nestes im Holz lebender

Bäume, auch in morschem Holz, während sie in der mehr im Gebirge vorkommenden *herculeanus herculeanus* Linné-Form mit Vorliebe stehendes Fichten-, Tannen-, auch Kiefernstammholz, seltener Laubholz (Weide, Pappel, Birke) befällt, wobei sie durch Beschädigungen an Wurzeln oder am Stamm eindringt und im Kern bis auf
(86) 10 m von unten her das weiche Frühjahrsholz der Jahrringe ausnagt unter Belassung der härteren Herbstholzmäntel und der eingewachsenen Äste, in Abständen Querböden aus Genagsel einziehend; auch liegendes, sogar bereits verarbeitetes Holz wird befallen. Im allgemeinen friedfertig, trotz ihrer Größe furchtsam, versucht sie kaum den Menschen zu beißen, während sie fremde in ihr Nest eindringende Ameisen unbarmherzig köpft. Sie nährt sich hauptsächlich von Blattlaushonig, beißt allerdings auch Knospen und frische Laubholztriebe an, um den Saft zu lecken. Der Hochzeitsflug der geflügelten ♂♂ und ♀♀ findet gewöhnlich Anfang Juni, nicht selten unter Schwarmbildung an hochgelegenen Punkten statt, worauf
(69) das ♀ die Flügel verliert und mit der Eiablage und Aufzucht der Larven beginnt, bis im nächsten Frühjahr die ersten ♀♀ schlüpfen und alsbald Nahrung herbeischaffen. – Überwinterung im Nest.

Die Anwesenheit der Riesenameise im stehenden Stamm, den sie gerade in seinem stärksten Teil technisch entwertet, wird verraten durch die bei ihrer Bautätigkeit unten herausgeschafften weißen flockigen Nagespäne sowie durch tiefgehende Einhiebe des Schwarzspechts. Da der wasserführende Splint im allgemeinen unversehrt bleibt, können die befallenen Bäume weiterleben. Nicht selten finden sich Roßameisennester auch im Holz am Waldrand stehender Blockhäuser und Jagdhütten.

Glänzendschwarze Holzameise

Lásius fuliginósus Latreille

(48) Ameise: Klein, tiefschwarz, stark glänzend; Hinterleibsstielchen mit aufrechter Schuppe; riecht eigenartig und kennzeichnend.

Die weitverbreitete, häufige Ameise fertigt an trockenen, schattigen Stellen meist in alten Baumstümpfen, oder am Grund hohler Bäume, besonders in Fichten, Pappeln und Weiden, aus zerkauten Holzteilchen ein schwarzbraunes, gekammertes, brüchiges, oft sehr
(86) großes und bis in die Erde hineinreichendes sog. Kartonnest, das in seinem Aussehen an einen Schwamm erinnert, und dessen Wandungen alsbald von Pilzfäden überzogen sind. Sie nährt sich unter anderem, ohne tierische Kost zu verschmähen, auch von Blattlaushonig, und steigt im Hochsommer, große Schwärme bildend, zum Hoch-

zeitsflug abends und auch nachts in die Lüfte. Einige begattete ♀♀ nisten sich zwecks Sklavenhaltung bei anderen Wegameisenarten ein.

Schwarze Wegameise
Lásius níger Linné

(48) Ameise: Klein, schwarzbraun oder schwarz; Hinterleibsstielchen mit aufrechter Schuppe; Königin dick, um ein Vielfaches an Körpergröße die ♀♀ überragend.

Die sehr häufige, in Gärten, Feldern, auf Wiesen und im Wald anzutreffende Ameise liebt feuchten, grasigen Untergrund und ist überaus anpassungsfähig im Bau des Nestes, das sie in der Erde, oft von einem locker aufgetürmten, bis 50 cm hohen Erdhaufen bedeckt, oder unter flachen Steinen, auch an oder in alten Baumstümpfen, sogar in den Städten zwischen den Pflastersteinen anlegt. Sie baut mit Erde gedeckte, in die Umgebung führende Gänge, züchtet ober- und unterirdisch Blattläuse und erhebt sich im Hochsommer in ganzen Scharen zum Hochzeitsflug.

Gelbe Wiesenameise
Lásius flávus Fabricius

(48) Ameise: Klein, blaßgelb; Hinterleibsstielchen mit aufrechter Schuppe.

Die weitverbreitete, besonders auf feuchten Wiesen, aber auch auf trockenem Boden und in Wäldern vorkommende Ameise baut ihr Nest in Schlupfwinkeln unter Steinen oder im Erdboden, im letzteren Fall mit einer oft von einer Grasnarbe überzogenen Erdkuppel ohne Eingangsöffnung bedeckt; bisweilen sind die Bauten in dichter Folge angelegt. Sie ist in ihren Bewegungen langsam, lebt fast ganz unterirdisch, und nährt sich vom Honigtau an Pflanzenwurzeln saugender Blattläuse, die sie bestmöglich pflegt. Der Hochzeitsflug findet unter Schwarmbildung zwischen Juli und Oktober in den Nachmittagsstunden statt.

Rote Knotenameise
Myrmíca rúbra Linné

(48) Ameise: Klein, glänzend rötlichgelb, am Hinterleibsrücken gewöhnlich dunkler; Hinterleibsstielchen mit knotiger Verdickung; ♀ und ♀ mit Giftstachel am Hinterleibsende.

Puppe: Erst weiß, dann bräunlich; nackt, d. h. nicht in einem Kokon eingeschlossen.

Die häufige Ameise legt ihr Nest in Wäldern unter Wurzeln, Steinen, Rasen, Baumrinde und an alten Baumstümpfen an. Sie beherbergt halbwüchsige Bläulingsraupen in ihrem Nest, deren süße Drüsenabsonderung sie schätzt. Allerdings halten sich die Gäste an der Ameisenbrut schadlos und wachsen auf diese Weise schnell heran. Der Hochzeitsflug dieser Ameise findet im Sommer unter Schwarmbildung statt.

※ ※ *

Zweiflügler

Díptera

Die sehr kleinen bis mittelgroßen Zweiflügler haben nur 1 Paar häutige Flügel, zu Schwingkölbchen *(Halteren)* umgebildete Hinterflügel, einen vorstehenden Saug- oder Stechrüssel, und treten hauptsächlich als schlanke, langbeinige, zarte Mücken und Schnaken oder als plumpe, kurzbeinige Fliegen auf. Ihre Larven, die meist weißlichen sog. Maden, sind fußlos und meist auch kopflos. Die Puppen sind hüllenlose Mumienpuppen oder sie sind Tönnchenpuppen, d. h. sie sind in die zu einem deutlich segmentierten Tönnchen umgewandelte letzte Larvenhaut eingeschlossen.

Die meist leichtbeschwingten flüchtigen Zweiflügler nähren sich in sehr mannigfaltiger Weise fast ausschließlich von pflanzlichen oder tierischen Säften. Einige leben als Larven parasitisch in anderen Kerfen. – Verwandlung vollkommen.

Heerwurm-Trauermücke

Lycória (Scíara) militáris Nowicki

(51) Mücke: Klein, schwarz, an den Beinen bräunlichgelb; Flügeldecken dunkel getrübt (daher Name).
(69) Made: Spindelförmig, glasig, weiß, schwarzköpfig.

Die ♀♀ der im August erscheinenden, nur wenige Tage lebenden Mücke legen ihre Eier haufenweise in den Waldboden, wo diese überwintern. Im Mai schlüpfen die Maden, nähren sich im Verborgenen von modernden Buchenblättern und Nadeln, scharen sich aber bisweilen in ungeheuren Massen zusammen und unternehmen bei regnerischem Wetter als oft mehrere Meter langer „Heerwurm" auf der Bodenoberfläche gemeinsame Wanderungen, zu abergläubischen Vorstellungen Anlaß gebend. Verpuppung in der Bodendecke, worauf nach 8- bis 12tägiger Puppenruhe im August die neue Mücke erscheint.

Märzfliege
Bíbio márci Linné

(51) Mücke: Schwarz, verhältnismäßig groß, kräftig, dicht behaart, von fast fliegenartigem Aussehen; Flügel glashell oder schwach getrübt, am Vorderrand braun gefärbt; ♂ mit riesigen, fast den ganzen Kopf einnehmenden Facettenaugen.

Die im April oder auch schon im März oft massenhaft in Laubwäldern und Gärten erscheinende Haarmücke sitzt träge auf dem Gesträuch oder am Boden oder schwebt auch langsam in die Luft empor, um sich mit herabhängenden Beinen bald wieder niederzulassen. Ihre Maden leben meist scharenweise in der Bodendecke und nähren sich von der zerfallenden Streu, fallen jedoch mitunter auch durch Wurzelfraß in Pflanzgärten auf.

Weidenholzgallmücke
Helicomýia (Cecidomýia) salicipérda Dufour

(51) Mücke: Sehr klein, Kopf und Mittelleib schwarz, Hinterleib rot; Flügel breit abgerundet, milchweiß, weißlich behaart, von wenigen Adern durchzogen; ♀ mit langer, teleskopartig ausstreckbarer Legeröhre.
(69) Made: Länglich-eiförmig, orangegelb.

Die im Mai fliegende Mücke legt ihre Eier kettenförmig an Äste und Stämmchen 2- bis 8jähriger breitblättriger Weiden und Silberpappeln, und zwar gern in die Nähe ihrer Ausflugslöcher. Die ausschlüpfenden Maden dringen in die Rinde ein und saugen in länglichen, in Längsrichtung angeordneten Kammern in der Wachstumsschicht, wodurch die befallenen Partien oft in weiter Ausdehnung durch Wucherungen der äußersten Teile des Holzkörpers anschwellen, sich später die Rinde in Fetzen ablöst und die wabenartig durch-
(87) löcherte, gebräunte Splintschicht sichtbar wird. Die Maden überwintern und verpuppen sich im April in ihren Kammern dicht unter der Rindenhaut. Ausschlüpfen der Mücken aus den in der Rinde steckenbleibenden Puppenhüllen im Mai. – Generation einjährig. – Ringsum befallene Stämmchen und Zweige gehen über der Befallstelle ein. Schaden besonders in Weidenhegern beträchtlich.

An diesjährigen Ruten verschiedener Weiden, besonders der Purpurweide, verursachen die rotgelben Maden der **Weidenrutengallmücke,** *Rhabdóphaga (Cecidomýia) sálicis* Schrank, vielkammerige, spindelförmige Auftreibungen und Krümmungen in brauner Masse, wodurch die Ruten als Flechtware unbrauchbar werden. Deshalb gallentragende Ruten vor dem Ausschwärmen der Mücken, d. i. bis spätestens Mitte April, abschneiden und verbrennen! –

(87)

Überall häufig sind die harten, glatten, kegelförmigen, anfangs grünen, später roten, zuletzt braunen Gallen, welche die **Große Buchenblattgallmücke,** *Mikíola (Cecidomýia) fági* Hartig, auf der Oberseite der Buchenblätter erzeugt. Die Gallen werden von je 1 rötlichen Made bewohnt und lösen sich im Oktober vor Laubabfall meist ab. Überwinterung und Verpuppung in der Gallenkammer. Ohne wesentliche Bedeutung! –

(87)

Niedrig, stumpfzylindrisch, erst weißlich, später rotbraun dicht behaart sind die weniger häufigen Gallen der **Kleinen Buchenblattgallmücke,** *Hartigíola (Cecidomýia) annúlipes* Hartig, auf der Oberseite der Buchenblätter, meist längs des Mittelnervs. –

(87)

Kurzbleibende, mitunter verdrehte, innerhalb der gallenförmig angeschwollenen Scheide miteinander verwachsene, später vertrocknete Kiefernnadeln verursacht an Maitrieben in allen Altersklassen, bevorzugt jedoch in jüngeren Beständen und besonders auf geringeren Bonitäten, die

Kiefernnadelscheidengallmücke

Thecodiplósis (Cecidomýia) brachýntera Schwägrichen,

deren orangerote Maden in den gallenförmigen Auftreibungen leben. Die erwachsene Larve verläßt die Galle, überwintert meist in einem weißgrauen Kokon und verpuppt sich im April. Das Schadensbild ist ganz ähnlich dem des Kiefernscheidenrüßlers.

Starkes Anschwellen der Lärchenknospen, die dann Harz ausscheiden und die Nadeln flach strahlenförmig auseinandertreiben, später meist vertrocknen und als schwarze, becherförmig geöffnete Zäpfchen an den Zweigen haften, verursachen, besonders in Gebirgslagen, die im Knospengrund der Kurztriebe wohnenden rötlichen Maden der **Lärchenknospengallmücke,** *Dasyneúra láricis* Löw (= *Cecidomýia kéllneri* Henschel), die im Spätherbst einen kalkweißen zähen Kokon bilden, in dem sie überwintern, um sich im folgenden Frühjahr zu verpuppen.

(69)

Gelbbindige Riesenschnake
Páles crocáta Linné

(51) Schnake: Groß, schlank, mit auffallend langen und zarten Beinen, glänzend schwarz mit gelben Flecken auf dem schnauzenförmigen Kopf und der Brust und 3 bis 4 gelben Ringen auf dem Hinterleib.
(69) Made: Grünlich-graubraun, langgestreckt, walzig, das abgestutzte Hinterende durch Fortsätze und 2 an Augen erinnernde Luftlöcher zur „Teufelsfratze" gestaltet.

Die Riesenschnake fliegt im Sommer und nährt sich hauptsächlich von Blütensäften, saugt jedoch niemals Blut. Ihre oft massenhaft auftretenden Maden leben im allgemeinen in der Bodendecke von verwesenden Pflanzenteilen, werden aber auch, besonders in Nadelholzpflanzgärten, Sämlingen und Jährlingen gefährlich, indem
(86) sie deren zarte Wurzeln befressen und nachts, bei feuchtem, trübem Wetter auch tagsüber, oberirdisch die Stämmchen ringeln oder abbeißen. – Generation 1jährig.

Raubfliege
Láphria gibbósa Linné

(51) Fliege: Groß, gestreckt, kräftig gebaut, mit kugelig vorquellenden Augen. Schwarz, am Untergesicht ein blaßgelber Bart; erste 3 Hinterleibsringe schwarz, die übrigen weißgelb befilzt; Beine kräftig und stark beborstet.

Die stattliche, an Holzschlägen und Waldrändern auf stark besonnten Stellen häufig in Lauerstellung anzutreffende, jedoch nie massenhaft auftretende Fliege fällt räuberisch über die verschiedensten anderen Kerfe her, um sie im Flug zu erhaschen, mit den Beinen festzuhalten und an einen Ruheplatz zu verschleppen und dort auszusaugen. Dabei fallen ihr auch zahlreiche forstschädliche Kerfe zum Opfer.

Gewürfelte Tanzfliege
Émpis tesseláta Fabricius

(51) Fliege: Bräunlichgrau, auf dem Rückenschild 3 schwarze Längsstreifen, Hinterleib mit würfelartigen, lichteren Flecken.

Die Tanzfliege, wegen ihrer kreisenden Flugbewegungen so genannt, ist im Sommer auf Buschwerk und Unterholz im Wald anzutreffen. Zur Hochzeit überbringt das ♂ dem von ihm stürmisch umworbenen ♀, um es zu gewinnen, einen Beutekerf, den dieses annimmt und aussaugt.

Trauerschweber
Hemipénthes (Ánthrax) mório Linné

(51) Fliege: Düster gefärbt (daher Name); Wurzelhälfte der Flügel dunkel, Spitzenteil glashell.

Die hübsche, auffallende, im Juni/Juli in lichten Wäldern mit trockenem Boden vorzugsweise an grell besonnten Stellen anzutreffende Fliege hält sich fast ausschließlich am Boden auf und begibt sich, aufgescheucht, gleich wieder auf diesen. Ihre gelegentlich stark auftretenden Maden schmarotzen in den Tönnchen bzw. Kokons von Raupenfliegen bzw. Schlupfwespen, die im Kampf gegen die forstlichen Großschädlinge Forleule und Nonne nützlich wären. Sie sind also Hyperparasiten, d. h. sie parasitieren Parasiten.

Schwebfliege
Sýrphus seleníticus Meigen

(51) Fliege: Gelbgefleckter, flacher Hinterleib, große Augen, glashelle Flügel.
Made: Grün, nach vorn zugespitzt, hinten verbreitert. Körper äußerst geschmeidig und dehnbar.

Die häufige, im hellen Sonnenschein lebhafte, vom Frühjahr bis zum Herbst eifrig Blumen und Doldengewächse im Wald besuchende Fliege „schwebt" gern sekundenlang freistehend in der Luft, an einer Stelle rüttelnd, um dann blitzschnell in lautlosem Flug wieder davonzuschießen. Ihre sich blutegelartig bewegenden Larven sind eifrige Vertilger von Pflanzenläusen, die sie aufspießen und aussaugen, und sind daher forstnützlich.

Die Raupenfliegen, Tachinen
Larvivóridae (Tachínidae)

Mittelgroße bis große, meist stuben- oder fleischfliegenähnliche, stark beborstete und daher struppig aussehende Fliegen. Larven typisch kopf- und fußlose weißliche Maden. Verpuppung in dem aus
(71) der letzten Madenhaut gebildeten dunkel gefärbten Tönnchen, das durch die Segmentierung und den stärkeren Glanz ohne weiteres von einem Schlupfwespenkokon zu unterscheiden ist.

Die Wärme und Sonnenschein liebenden, besonders im Hochsommer auf Blumen, vorzugsweise auf Dolden anzutreffenden sehr fruchtbaren Raupenfliegen legen ihre Eier meist an oder in der Nähe von Raupen, auch Afterraupen ab, in welche sich die ausschlüpfenden Maden einbohren, um darin zu leben. Später verläßt die Made die Raupe, welche stirbt, und verwandelt sich meist im Boden zur Tönnchenpuppe, aus der im gleichen oder nächsten Jahr die Fliege schlüpft. – Generation meist 1jährig, aber auch mehrfach. – Mit Eiern belegte Raupen bleiben gesund, wenn sie sich rechtzeitig häuten.

Die Raupenfliegen bilden ein wirksames Gegengewicht gegen die Massenvermehrung forstschädlicher Kerfe und sind deshalb außerordentlich nützlich. Besonders häufig sind u. a. die in den Raupen der Nonne, Forleule, des Schwammspinners und vieler anderer
(51) Schmetterlinge schmarotzende stachelborstige **„Igelfliege"**, *Echinomyia féra* Linné, deren durchscheinend rostgelber Hinterleib einen schwarzen Längsstreifen in der Rückenmitte aufweist, sowie
(51) die Raupenfliege *Ernéstia (Panzéria) rúdis* Fallén, welche in der Forleulenraupe schmarotzt. Hauptparasit der Nonnenraupe ist die
(69) **Nonnentachine,** *Parasetigéna segregáta* Roudani.

*

Hirschdasselfliege, Rotwild-Hautbremse
Hypodérma actaéon Brauer

Fliege: Ziemlich groß und plump, Hinterleib gelb behaart.
(69) Made: Feist, weißlich, sog. „Haut-Engerling" der Jägersprache.
Puppe: Braune Tönnchenpuppe.

Das ♀ der im Mai/Juni schwärmenden kurzlebigen Fliege klebt seine Eier an die Haare des Rothirsches, von wo sie abgeleckt werden und in die Schleimhäute des Äsers gelangen. Von dort wandern die ausschlüpfenden Maden durch die Körpergewebe hindurch und setzen sich längs des Ziemers in der Unterhaut fest, wo sie ab Januar in den mit Eiter gefüllten nuß- bis hühnereigroßen „Dasselbeulen" liegen, die zur Ermöglichung der Luftatmung der Maden nach außen durchbrechen und die umstehenden Haare auseinanderdrängen, so daß die Decke struppig aussieht. Im März oder April zwängen sich die ausgewachsenen Maden aus den Hautlöchern heraus, fallen zu Boden und verwandeln sich alsbald mehrere cm tief in der Waldbodendecke zu Tönnchenpuppen, aus denen etwa 4 Wochen später die Fliegen schlüpfen.

In manchen Revieren leidet das Rotwild arg unter diesen Plaggeistern, es kümmert, die Decke wird stark entwertet, das Wildbret sieht unappetitlich aus.

Der vorigen äußerlich und in der Lebensweise sehr ähnlich ist die
(51) das Rehwild, aber auch das Rotwild befallende **Rehdasselfliege,**
Rehwild-Hautbremse, *Hypodérma diána* Brauer.

Hirschrachenbremse, Rotwild-Rachenbremse
Cephenomýia rufibárbis Meigen

(51) Fliege: Eiförmig, schmeißfliegenähnlich, schwärzlich, mit fuchsrotem Bart.
(69) Made: Gelb, sog. „Engerling" der Jägersprache.
Puppe: Schwarze, rauhe Tonnenpuppe.

Das legereife ♀ der von Mai bis Juli besonders an hochgelegenen Punkten schwärmenden Fliege sucht seine Opfer vorzugsweise an Waldrändern und in lichten Beständen, umkreist das Hirschhaupt und spritzt die jungen Maden im Flug in den Windfang des die Gefahr instinktiv erkennenden und deshalb stark beunruhigten Wildes. Die Maden halten sich mit ihren Mundhaken in der Nasen- und Rachenhöhle fest, leben von den Absonderungen der Schleimhäute, erzeugen dort Entzündungen und verursachen beim Wild heftiges Niesen, Husten und Schnaufen, bis sie, reif geworden, etwa im März/April durch den Windfang oder Äser abgehen, zu Boden fallen und sich in der Bodendecke verpuppen, worauf nach etwa 4 Wochen die kurzlebigen Fliegen schlüpfen.

Das Rotwild, am schwersten das junge, erleidet durch diesen Peiniger Schluckbeschwerden und Atemnot, kümmert und erstickt bei schwerem Befall qualvoll. Kranke Stücke abschießen!

Ganz ähnlich wie die vorige lebt und schadet die kleinere, im Reh-
(69) wild schmarotzende **Rehrachenbremse,** *Cephenomýia stimulátor* Meigen, die durch die rötlichgelbe Behaarung des Hinterleibs gekennzeichnet ist.

Hirschlausfliege
Lipóptena cérvi Linné

(51) Fliege: Gelbbraun, flachgedrückt, von hornig-lederiger Beschaffenheit, zeitweise geflügelt, Beine weit auseinanderstehend und stark bekrallt.
Puppe: Kleine, samenkornähnliche, glänzend schwarze Tönnchenpuppe.

Die ungemein zähe, zwischen den Fingern nur mit einer gewissen Mühe zerdrückbare Hirschlausfliege befällt Hirsch-, Dam- und Rehwild, worauf die ♀♀ alsbald, die ♂♂ geraume Zeit später die Flügel verlieren. Sie lebt parasitisch, oft zu Hunderten, auf der

Haut der genannten Warmblüter, fliegt auch öfters im Wald den Menschen an, sich an dessen Haaren anklammernd. Die ♀♀ gebären verpuppungsreife Maden, die sich bald nach der Geburt in Tönnchenpuppen umwandeln. Diese liegen häufig zwischen den Haaren und sind besonders bei Schnee oft im Wildbett zu finden. – Lästig, aber meist harmlos.

Benutzte Literatur:

Bechyne: Welcher Käfer ist das? Stuttgart 1954. – *Bellmann:* Naturführer, Heuschrecken. Melsungen 1985. – *Brandt:* Insekten Deutschlands; I. u. II. Heidelberg 1953 und 1954. – *Brehms* Tierleben: Vielfüßler, Insekten und Spinnenkerfe. Leipzig und Wien 1915. – *Buckler:* Larvae of British Butterflies and Moths; Band I–VII. London 1886–1897. – *Eckstein:* Die Schmetterlinge Deutschlands; 1–5. Stuttgart 1913–1933. – *Escherich:* Die Ameise. Braunschweig 1906. – *Escherich:* Die Forstinsekten Mitteleuropas: Band I, II, III u. V. Berlin 1914, 1923, 1931 u. 1942. – *Gäbler:* Forstschutz gegen Tiere. Radebeul und Berlin 1955. – *Gäbler:* Schädliche und nützliche Insekten des Waldes. Radebeul und Berlin 1950. – *Gößwald:* Die Rote Waldameise im Dienste der Waldhygiene. Lüneburg. – *Gößwald:* Unsere Ameisen; I und II. Stuttgart 1954. – *Grasers* naturwissenschaftliche und landwirtschaftliche Tafeln Nr. 3: Einheimische Schmetterlinge. Eßlingen a. N. – *Grasers* naturwissenschaftliche und landwirtschaftliche Tafeln Nr. 4: Einheimische Käfer. München. – *Grasers* naturwissenschaftliche und landwirtschaftliche Tafel Nr. 36: Raupen mitteleuropäischer Groß-Schmetterlinge. München. – *Grosser:* Pflanzliche und tierische Bau- und Werkholzschädlinge. Leinfelden Echterdingen 1985. – *Grupe:* Naturkundliches Wanderbuch; 15. Aufl. Frankfurt a. M. u. Bonn. – *Guggisberg:* Käfer und andere Insekten. Bern. – *E. v. Hagen:* Naturführer, Hummeln. Melsungen 1986. – *Heß-Beck:* Forstschutz; Band I. Neudamm 1927. – *Kéler:* Entomologisches Wörterbuch. Berlin 1955. – *Manfred Koch:* Wir bestimmen Schmetterlinge; Band 1 u. 2. Radebeul und Berlin 1954 u. 1955. – *Rudolf Koch:* Bestimmungstabellen der Insekten an Fichte und Tanne nach den Fraßbeschädigungen. Berlin 1928. – *Rudolf Koch:* Tabellen zur Bestimmung schädlicher Insekten an Kiefer und Lärche nach den Fraßbeschädigungen. Berlin 1913. – *König:* Tierische und pflanzliche Holzschädlinge. Stuttgart 1957. – *Korb:* Die Schmetterlinge Mitteleuropas. Nürnberg. – *Lampert:* Die Großschmetterlinge und Raupen Mitteleuropas. Eßlingen und München 1907. – *Lampert:* Kleines Schmetterlingsbuch. Eßlingen und München 1912. – *Liesches* naturwissenschaftliche Taschenatlanten, Heft 5: Atlas der Käfer, Teil I. Annaberg i. Sachsen. – *Lutz:* Der Schmetterlingszüchter. Stuttgart 1892. – *Nemos:* Europas bekannteste Schmetterlinge. Berlin. – Neudammer Förster-Lehrbuch. Neudamm 1908. – *Nüßlin-Rhumbler:* Forstinsektenkunde. Berlin 1927. – *Rebel:* Berge's Schmetterlingsbuch. Stuttgart 1910. – *Reitter:* Fauna Germanica; Käfer I–V. Stuttgart 1908–1916. – *Rössler:* Die verbreitetsten Schmetterlinge Deutschlands. Leipzig

1896. – *Rubner:* Neudammer Forstliches Lehrbuch. Radebeul und Berlin 1951. – *Schaufuß:* Calwer's Käferbuch; I. u. II. Stuttgart 1916. – *Schimitschek:* Die Bestimmung von Insektenschäden im Walde. Hamburg und Berlin 1955. – *Schneider-Orelli:* Entomologisches Praktikum. Aarau 1947. – *Schreibers* kleine Atlanten: Der Bau der Schmetterlinge. Eßlingen a. Neckar und München. – *Schreibers* kleiner Atlas der Schmetterlinge und Raupen; Heft 1 u. 2. Eßlingen und München. – *Schröder:* Die Insekten Mitteleuropas; Band I, II und III. Stuttgart 1914 und 1926. – *Schwappach:* Illustriertes Forst-Wörterbuch. Neudamm 1924. – *Schwenke:* Die Forstschädlinge Europas; Band I–IV. Hamburg und Berlin 1972–1982. – *Schwerdtfeger:* Die Waldkrankheiten. Berlin 1944 u. 1957. – *Schwerdtfeger:* Grundriß der Forstpathologie. Berlin 1950. – *Speyer:* Schmetterlingskunde. Leipzig 1887. – *Vité:* Die holzzerstörenden Insekten Mitteleuropas. Göttingen 1952. – *Warne:* The Caterpillars of British Moths; Band I u. II. London u. New York 1948. – *Warne:* The Caterpillars of the British Butterflies. London u. New York 1944. – *Weber:* Grundriß der Insektenkunde. Jena 1949. – *Weidemann:* Naturführer, Tagfalter Band I. u. II. Melsungen 1986 und 1988. – *Will:* Die wichtigsten Forstinsekten. Neudamm 1933. – *Wünsche:* Die verbreitetsten Käfer Deutschlands. Leipzig 1895. – *Zahradnik:* Käfer Mittel- und Nordwesteuropas. Hamburg und Berlin 1985.

SYSTEMATISCHE ÜBERSICHT

Stamm	Klasse	Unterklasse	Ordnung	Unterordnung
Arthropoda = Gliederfüßler	*Hexapoda* = Insekten	*Entognatha* = Urinsekten *Ectognatha* = Fluginsekten	*Collembola* = Springschwänze *Coleoptera* = Käfer	*Adephaga* *Polyphaga*

Überfamilie	Familie	Gattung Art
	Entomobryidae	Entomobrya nivalis
	Sminthuridae	Sminthurus fuscus
aboidea	Cicindelidae = Sandlaufkäfer	Cicindela campestris
		Cicindela hybrida
		Cicindela silvatica
	Carabidae = Laufkäfer	Calosoma sycophanta
		Calosoma inquisitor
		Carabus coriaceus
		Carabus auronitens
		Carabus granulatus
		Carabus violaceus
		Carabus hortensis
		Harpalus pubescens
hylinoidea	Staphylinidae = Kurzflügler	Staphylinus caesareus
	Silphidae = Aaskäfer	Necrophorus vespillo
		Xylodrepa quadripunctata
abaeoidea	Lucanidae = Hirschkäfer	Lucanus cervus
		Dorcus parallelopipedus
		Platycerus caraboides
		Sinodendron cylindricum
	Geotrupidae = Mistkäfer	Geotrupes stercorosus
	Scarabaeidae = Blatthornkäfer	Aphodius fimetarius
		Melolontha melolontha
		Melolontha hippocastani
		Polyphylla fullo
		Amphimallon solstitiale
		Phyllopertha horticola
		Anomala dubia
		Cetonia aurata
		Potosia speciosissima
tharoidea	Cantharidae = Weichkäfer	Cantharis fusca
	Lampyridae = Leuchtkäfer	Lampyris noctiluca
oidea	Cleridae = Buntkäfer	Thanasimus formicarius
eroidea	Elateridae = Schnellkäfer	Ampedus sanguineus
		Adelocera murina
		Selatosomus aeneus
		Agriotes lineatus
restoidea	Buprestidae = Prachtkäfer	Chalcophora mariana
		Phaenops cyanea
		Anthaxia quadripunctata
		Lampra rutilans
		Chrysobothris affinis
		Coroebus bifasciatus
		Agrilus biguttatus
		Agrilus viridis
nexilonoidea	Lymexilonidae = Werftkäfer	Hylecoetus dermestoides
		Lymexilon navale

Stamm	Klasse	Unterklasse	Ordnung	Unterordnung
Arthropoda = Gliederfüßler	*Hexapoda* = Insekten	*Ectognatha* = Fluginsekten	*Coleoptera* = Käfer	*Polyphaga*

berfamilie	Familie	Gattung Art
ioidae	*Anobiidae* = Nagekäfer	*Dendrobium pertinax*
		Xestobium rufovillosum
ioidea	*Nitidulidae* = Glanzkäfer	*Glischrochilus*
		quadripunctatus
	Coccinellidae = Marienkäfer	*Coccinella septempunctata*
	Tenebrionidae = Dunkelkäfer	*Opatrum sabulosum*
	Meloidae = Ölkäfer	*Lytta vesicatoria*
	Pyrochroidae = Feuerkäfer	*Pyrochroa coccinea*
omeloidea	*Cerambycidae* = Bockkäfer	*Cerambyx cerdo*
		Cerambyx scopolii
		Aromia moschata
		Rosalia alpina
		Rhopalopus insubricus
		Plagionotus arcuatus
		Tetropium castaneum
		Tetropium fuscum
		Tetropium gabrieli
		Asemum striatum
		Hylotrupes bajulus
		Callidium violaceum
		Callidium aeneum
		Phymatodes testaceus
		Gracilia minuta
		Saperda carcharias
		Saperda populnea
		Oberea linearis
		Oberea oculata
		Lamia textor
		Monochamus sutor
		Monochamus sartor
		Monochamus
		galloprovincialis
		Pogonochaerus fasciculatus
		Rhagium inquisitor
		Rhagium bifasciatum
		Rhagium mordax
		Rhagium sycophanta
		Leptura rubra
		Ergates faber
		Prionus coriarius
		Acanthocinus aedilis
		Spondylis buprestoides
		Molorchus minor
		Necydalis major
	Chrysomelidae = Blattkäfer	*Melasoma populi*
		Melasoma tremulae
		Melasoma aenea
		Phyllodecta vitellinae
		Phyllodecta vulgatissima
		Lochmaea capreae

Stamm	Klasse	Unterklasse	Ordnung	Unterordnu
Arthropoda = Gliederfüßler	*Hexapoda* = Insekten	*Ectognatha* = Fluginsekten	*Coleoptera* = Käfer	*Polyphaga*

Überfamilie	Familie	Gattung Art
...someloidea	Chrysomelidae = Blattkäfer	*Galerucella lineola* *Galerucella luteola* *Agelastica alni* *Haltica erucae* *Luperus pinicola* *Cryptocephalus pini*
...ulionoidea	*Bruchidae* = Samenkäfer *Attelabidae* = Blattroller	*Bruchidius villosus* *Apoderus coryli* *Attelabus nitens* *Deporaus betulae* *Byctiscus populi* *Byctiscus betuleti*
	Curculionidae = Rüsselkäfer	*Hylobius abietis* *Cleonus glaucus* *Pissodes notatus* *Pissodes piniphilus* *Pissodes pini* *Pissodes validirostris* *Pissodes harcyniae* *Pissodes piceae* *Cryptorrhynchus lapathi* *Otiorrhynchus niger* *Otiorrhynchus ovatus* *Phyllobius arborator* *Polydrosus mollis* *Polydrosus atomarius* *Brachyderes incanus* *Philopedon plagiatus* *Strophosomus melanogrammus* *Strophosomus capitatus* *Magdalis violacea* *Rhynchaenus fagi* *Rhynchaenus quercus* *Stereonychus fraxini* *Brachonyx pineti* *Curculio nucum* *Curculio glandium*
...ytoidea	*Scolytidae* = Borkenkäfer	*Scolytus ratzeburgi* *Scolytus scolytus* *Scolytus multistriatus* *Scolytus intricatus* *Hylesinus fraxini* *Hylesinus crenatus* *Blastophagus piniperda* *Blastophagus minor* *Hylastes ater* *Hylastes cunicularius* *Dendroctonus micans* *Polygraphus poligraphus* *Ips typographus*

Stamm	Klasse	Unterklasse	Ordnung	Unterordnung
Arthropoda = Gliederfüßler	*Hexapoda* = Insekten	*Ectognatha* = Fluginsekten	*Coleoptera* = Käfer	*Polyphaga*
			Lepidoptera = Schmetterlinge	

Überfamilie	Familie	Gattung Art
lytoidea	Scolytidae = Borkenkäfer	*Ips sexdentatus*
		Ips cembrae
		Pityogenes chalcographus
		Pityogenes bidentatus
		Pityokteines curvidens
		Cryphalus piceae
		Trypodendron lineatum
		Trypodendron domesticum
		Xyleborus dispar
		Xyleborus monographus
	Platypodidae = Kernkäfer	*Platypus cylindrus*
palocera = agfalter	*Papilionidae* = Segelfalter	*Papilio machaon*
	Pieridae = Weißlinge	*Aporia crataegi*
		Anthocharis cardamines
		Leptidea sinapis
		Gonepteryx rhamni
	Nymphalidae = Edelfalter	*Apatura iris*
		Limenitis populi
		Vanessa atalanta
		Vanessa cardui
		Inachis io
		Aglais urticae
		Nymphalis polychloros
		Nymphalis antiopa
		Polygonia c-album
		Araschnia levana
		Euphydryas maturna
		Mellicta athalia
		Argynnis paphia
		Mesoacidalia aglaia
		Clossiana dia
	Satyridae = Augenfalter	*Melanargia galathea*
		Erebia medusa
		Brintesia circe
		Hipparchia semele
		Minois dryas
		Pararge aegeria
		Maniola jurtina
		Coenonympha arcania
	Riodinidae	*Haemaris lucina*
	Lycaenidae = Bläulinge	*Quercusia quercus*
		Heodes virgaureae
		Maculinea arion
	Hesperiidae = Dickkopffalter	*Erynnis tages*
		Carterocephalus palaemon
hingoidea	*Sphingidae* = Schwärmer	*Hyloicus pinastri*
		Smerinthus ocellatus
ctuoidea	*Thaumetopoeidae* = Prozessionsspinner	*Thaumetopoea processionea*
		Thaumetopoea pinivora

Stamm	Klasse	Unterklasse	Ordnung	Unterordnung
Arthropoda = Gliederfüßler	*Hexapoda* = Insekten	*Ectognatha* = Fluginsekten	*Lepidoptera* = Schmetterlinge	

Überfamilie	Familie	Gattung Art
~uoidea	Lymantriidae = Trägspinner	Lymantria monacha
		Lymantria dispar
		Leucoma salicis
		Euproctis chrysorrhoea
		Dasychira pudibunda
		Orgyia recens
	Arctiidae = Bärenspinner	Lithosia quadra
	Notodontidae = Zahnspinner	Phalera bucephala
		Lophopterix camelina
		Cerura vinula
		Stauropus fagi
	Noctuidae = Eulen	Panolis flammea
		Panthea coenobita
		Acronycta aceris
		Colocasia coryli
		Diloba caeruleocephala
		Gortyna ochracea
		Dichonia aprilina
		Calymnia trapezina
		Catocala sponsa
		Catocala fraxini
		Catocala fulminea
		Agrotis vestigialis
		Agrotis segetum
		Autographa gamma
		Pseudophia lunaris
		Mamestra pisi
		Earias chlorana
		Bena fagana
bycoidea	Lasiocampidae = Glucken	Dendrolimus pini
		Malacosoma neustria
		Eriogaster lanestris
		Lasiocampa quercus
	Saturniidae = Augenspinner	Aglia tau
~netroidea	Drepanidae = Sichelflügler	Drepana falcataria
	Geometridae = Spanner	Bupalus piniarius
		Hylaea fasciaria
		Semiothisa liturata
		Ematurga atomaria
		Eupithecia abietaria
		Operophthera brumata
		Operophthera fagata
		Erannis defoliaria
		Ennomos quercinaria
		Biston betularia
~rioidea	Sesiidae = Glasschwärmer	Aegeria apiformis
		Sesia spheciformis
~oidea	Cossidae = Holzbohrer	Cossus cossus
		Zeuzera pyrina
~enoidea	Zygaenidae = Widderchen	Zygaena filipendulae

Stamm	Klasse	Unterklasse	Ordnung	Unterordnung
Arthropoda Gliederfüßler	*Hexapoda* Insekten	*Ectognatha* = Fluginsekten	*Lepidoptera* = Schmetterlinge	
			Planipennia = Netzflügler	
			Raphidioptera = Kamelhalsfliegen	
			Mecoptera = Schnabelfliegen	
			Odonata = Libellen	*Zygoptera* = Kleinlibellen

Überfamilie	Familie	Gattung Art
aloidea	Pyralidae = Zünsler	Ephestia elutella
		Dioryctria abietella
		Dioryctria splendidella
		Acrobasis zelleri
tricoidea	Tortricidae = Wickler	Epinotia tedella
		Epinotia nigricana
		Asthenia pygmaeana
		Parasyndemis histrionana
		Laspeyresia pactolana
		Laspeyresia strobilella
		Laspeyresia zebeana
		Laspeyresia splendana
		Laspeyresia grossana
		Archips piceana
		Rhyacionia duplana
		Rhyacionia buoliana
		Blastethia turionella
		Petrova resinella
		Choristoneura murinana
		Zeiraphera diniana
		Tortrix viridana
		Acleris ferrugana
melloidea	Stigmellidae = Zwergmotten	Stigmella sericopeza
ırvarioidea	Adelidae = Langhornmotten	Adela reaumurella
herioidea	Tischeriidae = Schopfstirnmotten	Tischeria complanella
eoidea	Gracilariidae = Blatt-Tütenmotten	Gracilaria syringella
echioidea	Gelechiidae = Palpenmotten	Exoteleia dodecella
eophoroidea	Coleophoridae = Sackträgermotten	Coleophora laricella
		Coleophora serratella
		Coleophora lutipennell
nomeutoidea	Yponomeutidae = Gespinstmotten	Ocnerostoma piniariella
		Hyponomeuta padella
	Plutellidae	Prays curtisellus
	Argyresthiidae = Silbermotten	Blastotere laevigatella
		Argyresthia fundella
	Myrmeleonidae = Ameisenlöwen	Myrmeleon formicarius
	Chrysopidae = Goldaugen	Chrysopa carnea
	Raphidiidae	Raphidia notata
	Panorpidae = Skorpionsfliegen	Panorpa communis
	Calopterygidae = Prachtlibellen	Calopterix virgo

Stamm	Klasse	Unterklasse	Ordnung	Unterordnung
Arthropoda = Gliederfüßler	*Hexapoda* = Insekten	*Ectognatha* = Insekten	*Odonata* = Libellen	*Anisoptera* = Großlibellen
			Saltatoria = Schrecken	*Ensifera* = Langfühlerschrecken
				Caelifera = Kurzfühlerschrecken
			Dermaptera = Ohrwürmer	
			Thysanoptera = Fransenflügler	*Terebrantia* = Bohr-Fransen
			Blattodea = Schaben	
			Heteroptera = Wanzen	
			Homoptera = Pflanzensauger	*Cicadina* = Zikaden
				Psyllina = Blattflöhe *Aphidina* = Blattläuse

Überfamilie	Familie	Gattung Art
	Aeshnidae = Edellibellen	Aeshna grandis
	Libellulidae = Kurzlibellen	Libellula quadrimaculata
	Tettigoniidae = Laubheuschrecken	Decticus verrucivorus Tettigonia viridissima Barbitistes constrictus Meconema thalassinum Ephippiger ephippiger
	Gryllotalpidae = Maulwurfsgrillen	Gryllotalpa gryllotalpa
	Gryllidae = Grillen	Nemobius sylvestris
	Acrididae = Feldheuschrecken	Oedipoda caerulescens
	Tetrigidae = Dornschrecken	Tetrix subulata
	Forficulidae	Forficula auricularia
	Thripidae = Echte Thripse	Taeniothrips laricivorus
	Blattidae	Ectobius lapponicus
	Aradidae = Rindenwanzen	Aradus cinnamomeus
	Pyrrhocoridae = Feuerwanzen	Pyrrhocoris apterus
	Pentatomidae = Schildwanzen	Pentatoma rufipes Dolycoris baccarum
	Coreidae = Lederwanzen	Coreus marginatus
adoidea	Membracidae = Buckelzikaden	Centrotus cornutus
	Cercopidae = Schaumzikaden	Philaenus spumarius Aphrophora alni
	Cicadidae = Singzikaden	Cicadetta montana
	Jassidae = Zwergzikaden	Ledra aurita
	Psyllidae	Psylla alni
hidoidea	Callaphididae = Zierläuse	Phyllaphis fagi
	Lachnidae = Baumläuse	Pterochlorus exsiccator
nphigoidea	Thelaxidae = Maskenläuse	Mindarus abietinus
	Pemphigidae = Blasenläuse	Schizoneura lanuginosa Schizoneura ulmi Byrsocrypta ulmi Prociphilus fraxini
ylloxeroidea	Adelgidae = Fichtengallenläuse	Eopineus strobus Sacchiphantes viridis Sacchiphantes abietis

Stamm	Klasse	Unterklasse	Ordnung	Unterordnung
Arthropoda = Gliederfüßler	*Hexapoda* = Insekten	*Ectognatha* = Fluginsekten	*Homoptera* = Pflanzensauger	*Aphidina* = Blattläuse *Coccina* = Schildläuse
			Hymenoptera = Hautflügler	*Symphyta* = Pflanzenwesp
				Apocrita = Taillenwespe – *Terebrantia* = Legwespen

Überfamilie	Familie	Gattung Art
Phylloxeroidea	Adelgidae = Fichtengallenläuse	Adelges laricis Dreyfusia nordmannianae
Coccoidea	Coccidae = Napfschildläuse	Parthenolecanium corni Physokermes piceae
	Asterolecaniidae = Pockenläuse	Asterolecanium variolosum
	Eriococcidae	Cryptococcus fagisuga
	Diaspididae = Deckelschildläuse	Mytilococcus ulmi
Megalodontoidea	Pamphilidae = Gespinstblattwespen	Acantholyda posticalis Acantholyda erythrocephala Acantholyda hieroglyphica Cephalcia abietis
Tenthredinoidea	Diprionidae = Buschhornblattwespen	Diprion pini Diprion rufiventris Neodiprion sertifer Microdiprion pallipes
	Tenthredinidae = Echte Blattwespen	Pristiphora abietina Pristiphora erichsonii Pristiphora laricis Pteronidea salicis Croesus septentrionalis Trichiocampus viminalis Eriocampa ovata Caliroa annulipes
	Argidae = Bürstenhornblattwespen	Arge pullata
	Cimbicidae = Knopfhornblattwespen	Cimbex femorata Trichiosoma lucorum Pseudoclavellaria amerinae
Siricoidea	Siricidae = Holzwespen	Urocerus gigas Sirex juvencus Xeris spectrum
Cynipoidea	Cynipidae = Gallwespen	Cynips quercus-folii Cynips longiventris Neuroterus quercus-baccarum Neuroterus numismalis Andricus foecundatrix Andricus inflator Andricus testaceipes Andricus quercuscalicis Trigonaspis megaptera Biorrhiza pallida Diplolepis rosae
	Ibaliidae	Ibalia leucospoides
Ichneumonoidea	Ichneumonidae = Schlupfwespen	Rhyssa persuasoria Ephialtes manifestator

Stamm	Klasse	Unterklasse	Ordnung	Unterordnung
Arthro-poda = Gliederfüßler	*Hexa-poda* = Insekten	*Ectognatha* = Fluginsekten	*Hymenoptera* = Hautflügler	*Apocrita* = Taillenwespen – *Terebrantia* = Legwespen
				– *Aculeata* = Stechwespen
			Diptera = Zweiflügler	*Nematocera* = Mücken
				Brachycera = Fliegen

304

Überfamilie	Familie	Gattung Art
eumonoidea	*Ichneumonidae* = Schlupfwespen	*Pimpla instigator*
		Therion circumflexum
		Cratichneumon nigritarius
	Braconidae = Brackwespen	*Microgaster gastropachae*
:totrupoidea = ehrwespen	*Scelionidae*	*Teleas laeviusculus*
cidoidea =	*Pteromalidae*	*Pteromalus puparum*
zwespen	*Torymidae*	*Megastigmus strobilobius*
coidea	*Sphecidae* = Grabwespen	*Ammophila sabulosa*
oidea	*Vespidae* = Faltenwespen	*Vespa crabro*
		Paravespula vulgaris
oidea	*Apidae* = Echte Bienen	*Xylocopa violacea*
		Anthophora acervorum
		Apis mellifica
		Bombus terrestris
		Megachile centuncularis
nicoidea	*Formicidae* = Ameisen	*Formica rufa*
		Formica polyctena
		Raptiformica sanguinea
		Serviformica fusca
		Camponotus herculeanus
		Lasius fuliginosus
		Lasius niger
		Lasius flavus
		Myrmica rubra
	Lycoriidae = Trauermücken	*Lycoria militaris*
	Bibionidae = Haarmücken	*Bibio marci*
	Cecidomyiidae = Gallmücken	*Helicomyia saliciperda*
		Rhabdophaga salicis
		Mikiola fagi
		Hartigiola annulipes
		Thecodiplosis brachyntera
		Dasyneura laricis
	Tipulidae = Riesenschnaken	*Pales crocata*
	Asilidae = Raubfliegen	*Laphria gibbosa*
	Empididae = Tanzfliegen	*Empis tesselata*
	Bombyliidae = Wollschweber	*Hemipenthes morio*
	Syrphidae = Schwebfliegen	*Syrphus seleniticus*
	Larvivoridae = Raupenfliegen	*Echinomyia fera*
		Ernestia rudis
		Parasetigena segregata
	Oestridae = Dasselfliegen	*Hypoderma actaeon*
		Hypoderma diana
		Cephenomyia rufibarbis
		Cephenomyia stimulator
	Hippoboscidae = Lausfliegen	*Lipoptena cervi*

NAMEN- UND SACHVERZEICHNIS

	Vollkerfe	Eier	Larven	Puppen	Fraßbilder	Text
Aaskäfer, Vierpunkt-	21		60			95
Abdomen						7
Abendpfauenauge	34					174
abietaria, Eupithecia	39		67			197
abietella, Dioryctria	43				83	205
abietina, Pristiphora	46		69			253
abietinus, Mindarus					85	238
abietis, Cephalcia	46	58	69			249
—, *Hylobius*	14		60		76	132
—, *Megastigmus = Megast. strobilobius*	46					266
—, *Sacchiphantes (Chermes)*					85	242
Acalla ferrugana = Acleris ferrugana	43					215
Acanthocinus aedilis	18		60	70		124
Acantholyda erythrocephala	46	58	69			248
— *hieroglyphica*	46	58	69		87	249
— *nemoralis = Acantholyda posticalis* } — *posticalis*	46		69			247
aceris, Acronycta	41		67			184
acervorum, Anthophora	48					269
Acleris ferrugana	43					215
Acrobasis zelleri	43					206
Acronycta aceris	41		67			184
Acrydium subulatum = Tetrix subulata	55					230
actaeon, Hypoderma			69			282
Adela reaumurella } — *viridella = Adela reaumurella*	43					221
Adelges laricis	52				85	243
Adelocera murina	23		60			103
Admiral	30		62			163
aedilis, Acanthocinus	18		60	70		124
Aegeria apiformis	43		67	71		200
aegeria ssp. *egerides, Pararge*	33					170
aenea, Anomala = A. dubia	27					100
—, *Melasoma*	23					128

	Vollkerfe	Eier	Larven	Puppen	Fraßbilder	Text
aeneum, Callidium	16					118
aeneus, Selatosomus	23					103
Aeshna grandis	55		68			226
affinis, Chrysobothris	23		60			105
Afterraupe						8
Agelastica alni	23	58	60			127
aglaia, Mesoacidalia (Argynnis)	30		62			168
Aglia tau	36		64	70		194
Aglais urticae	30		62			164
Agrilus biguttatus	23					106
— viridis	23		60		74	106
Agriopis aprilina = Dichonia aprilina	41					186
Agriotes lineatus	23					103
Agrotis segetum	41					188
— vestigialis	41		67			188
Ahornbock	18					115
Ahorneule	41		67			184
Ahornminiermotte	43					220
alni, Agelastica	23	58	60			127
—, Aphrophora	53					235
—, Psylla						236
Alpenbock	16					115
alpina, Rosalia						
Ambrosia						144
Ameisen						272
Ameisenbuntkäfer	21		60			102
Ameisenjungfer („Ameisenlöwe")	55		69			223
amerinae, Pseudoclavellaria	46					257
Ammophila sabulosa	48					266
Ampedus sanguineus	23					103
Amphidasis betularia = Biston betularia	39					199
Amphimallon solstitiale	27		60			99
Andricus cerri =						
Andricus quercuscalicis	46				87	263
— foecundatrix					87	261
— inflator					87	262
— quercuscalicis	46				87	263
— testaceipes					87	262
Anisandrus dispar =						
Xyleborus dispar	26				79	156
annulipes, Caliroa	46					256
—, Hartigiola (Cecidomyia)					87	279
Anomala dubia	27					100
Anthaxia quadripunctata	23				75	105

	Vollkerfe	Eier	Larven	Puppen	Fraßbilder	Text
Anthocharis cardamines	32					161
Anthophora acervorum	48					269
Anthrax morio = Hemipenthes morio	51					281
antiopa, Nymphalis (Vanessa)	30		62	71		165
antiqua, Orgyia = Orgyia recens	37		64			180
Apatura iris	30		62	71		162
Aphodius fimetarius	27					97
Aphrophora alni	53					235
apiformis, Aegeria (Trochilium)	43		67	71		200
Apis mellifera = Apis mellifica *— mellifica*	48					270
Apoderus coryli	14				76	130
Aporia crataegi	33	58	62	71	81	160
Aprileule *aprilina, Dichonia (Agriopis)*	41					186
apterus, Pyrrhocoris	53					233
Aradus cinnamomeus	53				84	232
Araschnia levana	31					166
arborator, Phyllobius	14					138
arcania, Coenonympha	32		62			171
Archips piceana	43					209
arcuatus, Plagionotus	20		60			116
Arge pullata	46		69			256
Argynnis aglaia = Mesoacidalia aglaia	30		62			168
— dia = Clossiana dia	31					168
— paphia	30		62	71		167
Argyresthia fundella	43			71		216
arion, Maculinea (Lycaena)	32					173
Aromia moschata	18					115
Asemum striatum	16					117
Aspenblattkäfer	23					126
Aspenbock, Kleiner	18				74	119
Asterolecanium variolosum	53					246
Asthenia pygmaeana	43					207
atalanta, Vanessa (Pyrameis)	30		62			163
ater, Hylastes	24				78	150
athalia, Mellicta (Melitaea)	31					167
atomaria, Ematurga	39		67			196
atomarius, Polydrosus	14					139
Attelabus nitens	14				76	130
aurata, Cetonia	27					100
auricularia, Forficula	55					230
aurita, Ledra (Tetigonia)	53					236
auronitens, Carabus	25		60			92

	Vollkerfe	Eier	Larven	Puppen	Fraßbilder	Text
Aurorafalter	32					161
Autographa gamma	41		67			189
baccarum, Dolycoris	53					233
Bäckerbock	16					121
bajulus, Hylotrupes	20				75	117
Balaninus glandium =						
Curculio glandium	14				76	142
— *nucum* = *Curculio nucum*	14				76	142
Balkenschröter	27					96
Barbitistes constrictus	55					228
Bastkäfer						147
Baumschröter = Kopfhornschröter	27					96
Baumwanze, Rotbeinige	53					233
Baumweißling	33	58	62	71	81	160
Beerenwanze	53					233
Bena fagana	41		67			191
Bergzikade	53					235
Besenginster-Samenkäfer	23					129
betulae, Deporaus	14				76	131
betularia, Biston (Amphidasis)	39					199
betuleti, Byctiscus	14				76	132
Bibio marci	51					278
bidentatus, Pityogenes	26				78	154
Bienen						268
bifasciatum, Rhagium	18					122
bifasciatus, Coroebus	23				75	105
biguttatus, Agrilus	23					106
Biorrhiza pallida					87	262
Birkenblattroller	14				76	131
Birkenblattwespe, Blauschwarze	46		69			256
—, Breitfüßige	46		69			255
Birkenknopfhornblattwespe	46		69	71	86	257
Birkennestspinner = Wollafter	37	58	64	71		193
Birkennestwickler	43					215
Birkenspanner	39					199
Birkensplintkäfer	25				78	146
Birnenblutlaus = Ulmenbeutelgallenlaus					85	238
Biston betularia	39					199
Bläuling, Schwarzgefleckter	32					173
Blastethia turionella	43					210
Blastophagus minor	24				80	149
— *piniperda*	25				80	148
Blastotere laevigatella	43					218

	Vollkerfe	Eier	Larven	Puppen	Fraßbilder	Text
Blatthornkäfer						95
Blattkäfer						125
Blattläuse						236
„Blattlauslöwe"			69			223
Blattroller						130
Blattschneiderbiene	48					269
Blattwespen						250
Blauauge	32					170
Blauflügel-Prachtlibelle	54		68			225
Blaukopf	40		67			185
Blausieb	43		67	71		202
Bockkäfer						113
Bohrkäfer	23		60		74	107
Bombus terrestris	48					271
boreata, Cheimatobia = *Operophthera fagata*						198
Borkenkäfer						143
Brachkäfer = Junikäfer	27		60			99
Brachonyx pineti	14					142
Brachyderes incanus	14				77	139
brachyntera, Thecodiplosis (Cecidomyia)						279
Brettspiel = Damenbrett	32		62	71		168
Brintesia circe	32		62	71		169
Bruchidius villosus	23					129
brumata, Operophthera (Cheimatobia)	39		67	70		197
bucephala, Phalera	36		64			180
Buchdrucker	25		60	71	80	152
Buchelwickler						215
Buchenblattbaumlaus	53					237
Buchenblattgallmücke, Große					87	279
—, Kleine					87	279
Buchenbock	16					115
Buchenfrostspanner						198
Buchenkahneule (Buchenkahnspinner)	41		67			191
Buchenkrebsbaumlaus	53					237
Buchennutzholzbohrer	26					156
Buchenprachtkäfer = Laubholzprachtkäfer	23		60		74	106
Buchenspinner	35		65			182
Buchenspringrüßler	14				76	141
Buchenwollaus	52					246
Buchenzierlaus = Buchenblattbaumlaus	53					237
buoliana, Rhyacionia (Tortrix)	43				82	209

	Vollkerfe	Eier	Larven	Puppen	Fraßbilder	Text
Bupalus piniarius	39	58	67	71		195
buprestoides, Spondylis	20		60			124
Byctiscus betuleti	14				76	132
—*populi*	14				76	131
Byrsocrypta ulmi					85	239
C, Weißes = C-Falter	30					165
Cacoecia histrionana =						
Parasyndemis histrionana	43					207
—*murinana = Choristoneura murinana*	43					211
—*piceana = Archips piceana*	43					209
Caenoptera minor = Molorchus minor	20					124
caeruleocephala, Diloba	40		67			185
caerulescens, Oedipoda	54					230
caesareus, Staphylinus	21					94
c-album, Polygonia	30					165
Caliroa annulipes	46					256
Callidium aeneum	16					118
—*violaceum*	16				75	118
Calopteryx virgo	54		68			225
Calosoma inquisitor	25					91
—*sycophanta*	25		60			91
Calymnia trapezina	40		67			186
camelina, Lophopteryx	37		65			181
campestris, Cicindela	25		60			89
Camponotus herculeanus	48		69	71	86	274
Cantharis fusca	21					101
capitatus, Strophosomus	14					140
capreae, Lochmaea	23					127
caraboides, Platycerus	27					96
Carabus auronitens	25		60			92
—*coriaceus*	25					92
—*granulatus*	25					92
—*hortensis*	25					93
—*violaceus*	25					92
carcharias, Saperda	18		60	70	74	118
cardamines, Anthocharis	32					161
cardui, Vanessa (Pyrameis)	30		62			163
carnea, Chrysopa	55	58	69			223
Carterocephalus palaemon	33					173
castaneum, Tetropium	16				74	116
Catocala fraxini	40		67	70		187
—*fulminea*	41					187
—*sponsa*	41					187

	Vollkerfe	Eier	Larven	Puppen	Fraßbilder	Text
Cecidomyia annulipes = Hartigiola ann.					87	279
— brachyntera =						
Thecodiplosis brachyntera						279
— fagi = Mikiola fagi					87	279
— kellneri = Dasyneura laricis			69			279
— saliciperda = Helicomyia saliciperda	51		69		87	278
— salicis = Rhabdophaga salicis					87	279
cembrae, Ips	26					155
Centrotus cornutus	53					234
centuncularis, Megachile	48					269
Cephalcia abietis	46	58	69			249
Cephenomyia rufibarbis	51		69			283
— stimulator			69			283
Cerambyx cerdo	16		60	70	74	114
— scopolii	16					115
cerdo, Cerambyx	16		60	70	74	114
cerri, Andricus =						
Andricus quercuscalicis	46				87	263
Cerura vinula	35		65			181
cervi, Lipoptena	51					283
cervus, Lucanus	27	58	61	70		95
Cetonia aurata	27					100
C-Falter	30					165
chalcographus, Pityogenes	25				78	153
Chalcophora mariana	23					104
Cheimatobia boreata =						
Operophthera fagata						198
— brumata = Operophthera brumata . .	39		67	70		197
Chermes abietis =						
Sacchiphantes abietis					85	242
— viridis = Sacchiphantes viridis	53				85	241
chlorana, Earias	41		67	70	82	190
Choristoneura murinana	43					211
Chrysobothris affinis	23		60			105
Chrysopa carnea	55	58	69			223
Chrysophanus virgaureae =						
Heodes virgaureae	32		62			172
chrysorrhoea, Euproctis	37	58	65	71	81	178
Cicadetta montana	53					235
Cicindela campestris	25		60			89
— hybrida	25					90
— silvatica	25					90
Cimbex femorata	46		69	71	86	257
cinnamomeus, Aradus	53				84	232

	Vollkerfe	Eier	Larven	Puppen	Fraßbilder	Text
circe, Brintesia (Satyrus) Circe = Waldportier	32		62	71		169
circumflexum, Therion (Exochilum)	48					265
Cleonus glaucus	14					133
Clossiana dia	31					168
coccinea, Pyrochroa	21					113
Coccinella septempunctata	21		60	71		111
coenobita, Panthea	40					184
Coenonympha arcania	32		62			171
Coleophora fuscedinella =						
Coleophora serratella	43					219
—laricella	43				83	217
—lutipennella	43					219
—serratella	43					219
Colocasia coryli	40		67			185
communis, Panorpa	55		69			224
complanella, Tischeria	43		67		81	219
Coniocleonus glaucus =						
Cleonus glaucus	14					133
constrictus, Barbitistes	55					228
Coreus marginatus	53					233
coriaceus, Carabus	25					92
coriarius, Prionus	16	58	60			123
corni, Parthenolecanium	53					245
cornutus, Centrotus	53					234
Coroebus bifasciatus	23				75	105
coryli, Apoderus	14				76	130
—, Colocasia	40		67			185
—, Strophosomus =						
Strophosomus melanogrammus	14					140
Cosmia trapezina = Calymnia trapezina	40		67			186
Cossus cossus	43		67	71		201
crabro, Vespa	50				87	268
crataegi, Aporia	33	58	62	71	81	160
Cratichneumon nigritarius						265
crenatus, Hylesinus	24				78	148
crocata, Pales	51		69		86	280
Croesus septentrionalis	46		69			255
Cryphalus piceae	26				79	155
Cryptocephalus pini	23					129
Cryptococcus fagi = Cryptoc. fagisuga —fagisuga	52					246
Cryptorrhynchus lapathi	14				76	137
cunicularius, Hylastes	24					150

	Vollkerfe	Eier	Larven	Puppen	Fraßbilder	Text
Curculio glandium	14				76	142
— nucum	14				76	142
curtisellus, Prays	43				83	220
curvidens, Pityokteines	26				78	154
cyanea, Phaenops						104
cylindricum, Sinodendron	27					96
cylindrus, Platypus	26				79	158
Cynips longiventris					87	261
— quercus-folii	46				87	260
Damenbrett	32		62	71		168
Dasselbeulen						282
Dasychira pudibunda	34		65			179
Dasyneura laricis			69			279
Decticus verrucivorus	54					227
defoliaria, Erannis (Hybernia)	39		67			198
Dendrobium pertinax	23		60		75	109
Dendroctonus micans	25				78	150
Dendrolimus pini	34	58	64	71		191
Deporaus betulae	14				76	131
dermestoides, Hylecoetus	23		60		74	107
dia, Clossiana (Argynnis)	31					168
diana, Hypoderma	51					283
Dichonia aprilina	41					186
Dickkopffalter, Dunkler	32		62			173
—, Gelbwürfeliger	33					173
Dicranura vinula = Cerura vinula	35		65			181
Diloba caeruleocephala	40		67			185
diniana, Zeiraphera (Semasia)	43				83	213
Dioryctria abietella	43				83	205
— splendidella	43					205
Diplolepis longiventris =						
Cynips longiventris					87	261
— quercus-folii = Cynips quercus-folii .	46				87	260
— rosae	46				87	263
Diprion pini	46	58	69	71		251
— rufiventris	46					252
dispar, Lymantria	34	58	64	71		177
—, Xyleborus (Anisandrus)	26				79	156
Distelfalter	30		62			163
dodecella, Exoteleia (Heringia)	43					216
Dolycoris baccarum	53					233
domesticum, Trypodendron (Xyloterus) .	26					156
Dorcus parallelopipedus	27					96

315

	Vollkerfe	Eier	Larven	Puppen	Fraßbilder	Text
Dornschrecke	55					230
Dornzikade	53					234
Drahtwurm			60			102
Drepana falcataria	37		65			194
Dreyfusia nordmannianae	53				85	243
dryas, Minois (Satyrus)	32					170
dubia, Anomala	27					100
Düsterbock	16					117
Dukatenfalter	32		62			172
Dungkäfer	27					97
Dunkelkäfer						111
duplana, Rhyacionia	43					209
Earias chlorana	41		67	70	82	190
Eccoptogaster siehe Scolytus						146
Echinomyia fera	51					282
Ectobius lapponicus	55					231
egerides, Pararge aegeria ssp.	33					170
Eichelbohrer	14				76	142
Eichelwickler	43					215
Eichenblattroller	14				76	130
Eichenbock, Großer	16		60	70	74	114
Eichenerdfloh	23					128
Eichengallwespe, Gemeine	46				87	260
Eichenholzbohrer	26				79	157
Eichenkarmin	41					187
Eichenkernkäfer	26				79	158
Eichenknospenmotte	43					219
Eichenlinsengallwespe					87	261
Eichenminiermotte	43		67		81	219
Eichenpockenschildlaus	53					246
Eichenprachtkäfer, Zweibindiger	23				75	105
—, Zweipunktiger	23					106
Eichenprozessionsspinner	36	58	65	71		175
„Eichenrose"					87	261
Eichenschillerchen	32		62			172
Eichenschrecke	55					228
Eichenschwammgallwespe					87	262
Eichenspanner	39		67			199
Eichenspinner	36		64	70		193
Eichensplintkäfer	24				79	147
Eichenspringrüßler	14				77	141
Eichentriebzünsler	43					206
Eichenwickler, Grüner	43		67		83	214

	Vollkerfe	Eier	Larven	Puppen	Fraßbilder	Text
Eichenwidderbock	20		60			116
Eichenwurzelknotengallwespe					87	262
Eichenzipfelfalter = Eichenschillerchen	32		62			172
Eierwespchen	46					266
Eisvogel, Großer	30		62	71		162
Ellopia prosapiaria = Hylaea fasciaria	39		67			196
elutella, Ephestia	43					204
Elytren						89
Ematurga atomaria	39		67			196
Empis tesselata	51					280
Engerling						8
„Engerling, Haut-"			69			282
Ennomos quercinaria	39		67			199
Entomobrya nivalis	55					222
Eopineus strobus						241
Ephestia elutella	43					204
Ephialtes manifestator						265
Ephippiger ephippiger	54					228
Epiblema nigricana =						
Epinotia nigricana	43					212
— *tedella = Epinotia tedella*	43					207
Epinephele jurtina = Maniola jurtina	33					171
Epinotia nigricana	43					212
— *tedella*	43					207
Erannis defoliaria	39		67			198
Erbseneule	40					190
Erdhummel	48					271
Erebia medusa	32		62			169
Ergates faber	18					123
erichsonii, Pristiphora	46		69			254
Eriocampa ovata	46					256
Eriogaster lanestris	37	58	64	71		193
Erlenblattfloh						236
Erlenblattkäfer, Blauer	23	58	60			127
—, Erzfarbiger	23					128
Erlenblattwespe, Rotfleckige	46					256
Erlenglasschwärmer	43					201
Erlenknospenmotte	43					219
Erlenwürger	14				76	137
Erlenzikade	53					235
Ernestia rudis	51					282
erucae, Haltica	23					128
Erynnis tages	32		62			173
erythrocephala, Acantholyda	46	58	69			248

	Vollkerfe	Eier	Larven	Puppen	Fraßbilder	Text
Erzschnellkäfer	23					103
Eschenbastkäfer, Großer Schwarzer	24				78	148
—, Kleiner Bunter	24				78	147
Eschenblattnestlaus = Tannenwurzellaus					84	239
Eschenrüßler	14					142
Eschenscheckenfalter = Maivogel	30		62			166
Eschenzwieselmotte	43				83	220
Eulen						182
Euphydryas maturna	30		62			166
Eupithecia abietaria	39		67			197
Euproctis chrysorrhoea	37	58	65	71	81	178
Exochilum circumflexum = *Therion circumflexum*	48					265
Exoteleia dodecella	43					216
exsiccator, Pterochlorus (Lachnus)	53					237
faber, Ergates	18					123
fagana, Bena	41		67			191
fagata, Operophthera						198
fagi, Cecidomyia = Mikiola fagi					87	279
—, *Cryptococcus* = *Cryptococcus fagisuga*	52					246
—, *Mikiola*					87	279
—, *Phyllaphis*	53					237
—, *Rhynchaenus*	14				76	141
—, *Stauropus*	35		65			182
fagiglandana, Laspeyresia						215
fagisuga, Cryptococcus	52					246
falcataria, Drepana	37		65			194
fasciaria, Hylaea	39		67			196
fasciculatus, Pogonochaerus	20				75	122
Feldmaikäfer	27	58	60	71	74	97
Feldsandläufer	25		60			89
femorata, Cimbex	46		69	71	86	257
fera, Echinomyia	51					282
ferrugana, Acleris (Acalla)	43					215
Feuerkäfer, Scharlachroter	21					113
Feuerwanze	53					233
Fichtenbastkäfer, Doppeläugiger	24				78	151
—, Schwarzer	24					150
Fichtenblattwespe, Kleine	46		69			253
Fichtenbock	16				74	116
Fichtengallenläuse						240
Fichtengespinstblattwespe	46	58	69			249

	Vollkerfe	Eier	Larven	Puppen	Fraßbilder	Text
Fichtengroßgallenlaus, Gelbe					85	242
—, Grüne	53				85	241
Fichtenholzwespe, Schwarze	50					259
Fichtenkleingallenlaus	52				85	243
Fichtennadelmarkwickler, Kleiner	43					207
Fichtennestwickler	43					207
Fichtenquirlschildlaus	53					245
Fichtenrindenwickler	43					208
Fichtenrüßler, Großer Grüner	14					139
—, Kleiner Grüner	14					139
Fichtensamenwespe	46					266
Fichtentriebwickler	43					207
Fichtenzapfenwickler	43					208
Fichtenzapfenzünsler	43				83	205
filipendulae, Zygaena	43		67	70		204
fimetarius, Aphodius	27					97
flammea, Panolis	41	58	67	71		183
flavago, Gortyna = G. ochracea	40					185
flavus, Lasius	48					276
Flechtenspinner	35		65			180
Fliedermotte	43				82	220
Florfliege („Blattlauslöwe")	55	58	69			223
foecundatrix, Andricus					87	261
Folgeschädling						156
Forficula auricularia	55					230
Forleule	41	58	67	71		183
Formica polyctena						274
— rufa	48	58	69	71		273
formicarius, Myrmeleon	55		69			223
—, *Thanasimus*	21		60			102
fraxini, Catocala	40		67	70		187
—, *Hylesinus*	24				78	147
—, *Prociphilus* (= *Pemphigus poschingeri*)					84	239
—, *Stereonychus*	14					142
Frostspanner, Gemeiner	39		67	70		197
—, Großer	39		67			198
Fuchs, Großer	30		62			165
—, Kleiner	30		62			164
fuliginosus, Lasius	48				86	275
fullo, Polyphylla	27					99
fulminea, Catocala	41					187
Fundatrix, Fundatrices						236
fundella, Argyresthia	43			71		216

	Vollkerfe	Eier	Larven	Puppen	Fraßbilder	Text
fusca, Cantharis	21					101
—, *Serviformica*						274
fuscedinella, Coleophora =						
Coleophora serratella	43					219
fuscum, Tetropium						117
fuscus, Sminthurus						222
Gabelschwanz, Großer	35		65			181
gabrieli, Tetropium						117
galathea, Melanargia	32		62	71		168
Galerucella lineola	23					127
— *luteola*	23					128
Galläpfel					87	260
galloprovincialis, Monochamus	16					121
Gallwespen						260
gamma, Autographa (Plusia) ⎫	41		67			189
Gammaeule ⎭						
Gartenlaubkäfer	27					99
Gartenlaufkäfer = Hohlpunkt	25					93
gastropachae, Microgaster						265
Generation						10
Geotrupes stercorosus	27					97
Gerber = Sägebock	16	58	60			123
Geschwisterbruten						149
Gespinstblattwespen						247
Gespinstmotte	43					218
gibbosa, Laphria	51					280
gigas, Urocerus (Sirex)	50		69	71	87	258
glandium, Curculio (Balaninus)	14				76	142
Glanzkäfer						110
Glasschwärmer						199
glaucus, Cleonus (Coniocleonus)	14					133
Gliederfüßler						7
Glischrochilus quadripunctatus	23					110
Glühwürmchen = Leuchtkäfer	21					101
Goldafter	37	58	65	71	81	178
Goldgrubenprachtkäfer	23		60			105
Goldkäfer, Gemeiner	27					100
—, Großer	27					100
Goldleiste	25					92
Gonepteryx rhamni	32		62	71		161
Gortyna flavago = G. ochracea ⎫	40					185
— *ochracea* ⎭						
Gracilaria syringella	43				82	220

	Vollkerfe	Eier	Larven	Puppen	Fraßbilder	Text
Gracilia minuta	20					118
grandis, Aeshna	55		68			226
granulatus, Carabus	25					92
Graurüßler, Dichtschuppiger	14					140
—, Gestreifter	14					140
—, Kahlnahtiger	14					140
grossana, Laspeyresia =						
Laspeyresia fagiglandana						215
Grünrüßler	14					138
Gryllotalpa gryllotalpa	55					229
Haemaris lucina	32					171
Hämolymphe						7
Halsschild						7
Haltica erucae (quercetorum)	23					128
harcyniae, Pissodes	14				77	136
Harpalus pubescens	25					93
Hartigiola annulipes					87	279
Harzrüßler	14				77	136
Harzzünsler	43					205
Haselblattroller	14				76	130
Haselbock	18		60			120
Haseleule = Spinnereule	40		67			185
Hausbock	20				75	117
„Haut-Engerling"				69		282
Hautflügler						247
Heerwurm-Trauermücke	51		69			277
Heidekrautspanner	39		67			196
Heldbock = Großer Eichenbock	16		60	70	74	114
Helicomyia saliciperda	51		69		87	278
Hemipenthes morio	51					281
Heodes virgaureae	32		62			172
herculeanus, Camponotus	48		69	71	86	274
—,— *herculeanus*	48					274
Heringia dodecella =						
Exoteleia dodecella	43					216
Heupferd, Grünes	55		68			227
hieroglyphica, Acantholyda	46	58	69		87	249
Hipparchia semele	32					169
hippocastani, Melolontha	27				74	97
Hirschdasselfliege				69		282
Hirschkäfer	27	58	61	70		95
Hirschlausfliege	51					283
Hirschrachenbremse	51		69			283

	Vollkerfe	Eier	Larven	Puppen	Fraßbilder	Text
histrionana, Parasyndemis (Cacoecia)	43					207
Hohlpunkt	25					93
Holzameise, Glänzendschwarze	48				86	275
Holzbiene, Blaue	48					269
Holzbohrer						201
—, Ungleicher	26				79	156
Holzwespen						258
„Holzwürmer"						109
Honigbiene	48					270
„Honigtau"						236
Hornisse	50				87	268
Hornissenschwärmer	43		67	71		200
hortensis, Carabus	25					93
horticola, Phyllopertha	27					99
Hybernia defoliaria = *Erannis defoliaria*	39		67			198
hybrida, Cicindela	25					90
Hylaea fasciaria	39		67			196
Hylastes ater	24				78	150
— cunicularius	24					150
Hylecoetus dermestoides	23		60		74	107
Hylesinus crenatus	24				78	148
—fraxini	24				78	147
Hylobius abietis	14		60		76	132
Hyloicus pinastri	34	58	64	71		174
Hylophila prasinana = *Bena fagana*	41		67			191
Hylotrupes bajulus	20				75	117
Hyperparasiten						281
Hypoderma actaeon			69			282
— diana	51					283
Hyponomeuta padella	43					218
Ibalia leucospoides						263
„Igelfliege"	51					282
Imago = Vollkerf						9
Inachis io	30		62	71		164
incanus, Brachyderes	14				77	139
inflator, Andricus					87	262
inquisitor, Calosoma	25					91
—, Rhagium	18			70	75	122
Insekt						7
instigator, Pimpla	48					265
insubricus, Rhopalopus	18					115
intricatus, Scolytus (Eccoptogaster)	24				79	147

	Vollkerfe	Eier	Larven	Puppen	Fraßbilder	Text
io, Inachis (Vanessa)	30		62	71		164
Ips cembrae	26					155
— sexdentatus	26					153
— typographus	25		60	71	80	152
iris, Apatura	30		62	71		162
Johanniswürmchen = Leuchtkäfer	21					101
Julikäfer	27					100
Jungfernzeugung						10
Junikäfer	27		60			99
jurtina, Maniola (Epinephele)	33					171
juvencus, Sirex (Paururus)	50					259
Kahlfraß						11
Kaisermantel	30		62	71		167
Kamelhalsfliege	55		69			224
Kamelspinner	37		65			181
kellneri, Cecidomyia =						
Dasyneura laricis			69			279
Kerbtier = Kerf						7
Kiefernbastkäfer, Schwarzer	24				78	150
Kiefernbestandsrüßler	14			70		135
Kiefernblattkäfer, Gelber	23					129
—, Schwarzbrauner	23					129
Kiefernbock = Bäckerbock	16					121
Kiefernborkenkäfer, Großer	26					153
—, Zweizähniger	26				78	154
Kiefernbuschhornblattwespe, Blaßgelbe	46					252
—, Gemeine	46	58	69	71		251
—, Hellfüßige	46		69			253
—, Rotgelbe	46					252
Kieferneule = Forleule	41	58	67	71		183
Kieferngespinstblattwespe, Große	46		69			247
—, Stahlblaue	46	58	69			248
Kiefernharzgallenwickler	43		67		81	211
Kiefernholzwespe, Blaue	50					259
Kiefernknospentriebmotte	43					216
Kiefernknospenwickler	43					210
Kiefernkotsackblattwespe	46	58	69		87	249
Kiefernkulturrüßler	14		60		76	134
Kiefernnadelmotte	43					217
Kiefernnadelrüßler, Grauer	14				77	139
Kiefernnadelscheidengallmücke						279
Kiefernnadelwickler	43					209

	Vollkerfe	Eier	Larven	Puppen	Fraßbilder	Text
Kiefernprachtkäfer, Blauer						104
—, Großer	23					104
Kiefernprozessionsspinner			58			176
Kiefernquirlwickler	43					209
Kiefernrindenwanze	53				84	232
Kiefernsaateule	41		67			188
Kiefernsamenzünsler	43					204
Kiefernscheidenrüßler	14					142
Kiefernschwärmer	34	58	64	71		174
Kiefernspanner	39	58	67	71		195
—, Gebänderter	39		67			196
—, Veilgrauer	39					196
Kiefernspinner	34	58	64	71		191
Kiefernstangenrüßler	14				77	134
Kieferntriebwickler	43				82	209
Kiefernzapfenrüßler	14				77	135
Kiefernzweigbock	20				75	122
Kletterlaufkäfer, Kleiner	25					91
Klosterfrau = Mönch	40					184
Knopperngallwespe	46				87	263
Knotenameise, Rote	48					276
„Kohlrübengalle"					87	262
Kokon						9
Kommaschildlaus	53					246
Kopfhornschröter	27					96
Korbweidenblattkäfer	23	58	60			126
„Kuckucksspeichel"					84	234
Kugelspringer						222
Kuhauge	32		62			169
Kulturfolger						117
Kupferstecher	25				78	153
Kurzdeckenbock = Kleiner Wespenbock	20					124
Kurzflügler, Großer	21					94
Lachnus exsiccator = *Pterochlorus exsiccator*	53					237
Lärchenblasenfuß	55					231
Lärchenblattwespe, Große	46		69			254
—, Kleine	46		69			254
Lärchenbock						117
Lärchenborkenkäfer, Großer	26					155
Lärchenknospengallmücke			69			279
Lärchenminiermotte	43				83	217
Lärchenrindenwickler	43				83	213

	Vollkerfe	Eier	Larven	Puppen	Fraßbilder	Text
Lärchentriebmotte	43					218
Lärchenwickler, Grauer	43				83	213
laevigatella, Blastotere	43					218
laeviusculus, Teleas	46					266
Lamia textor	16		60			120
Lampra rutilans	23					105
Lampyris noctiluca	21					101
Landkärtchen	31					166
lanestris, Eriogaster	37	58	64	71		193
Langfühler, Grüner	43					221
lanuginosa, Schizoneura					85	238
lapathi, Cryptorrhynchus	14				76	137
Laphria gibbosa	51					280
lapponicus, Ectobius	55					231
laricella, Coleophora	43				83	217
laricis, Adelges	52				85	243
—, Dasyneura			69			279
—, Pristiphora	46		69			254
laricivorus, Taeniothrips	55					231
Larve						8
Lasiocampa quercus	36		64	70		193
Lasius flavus	48					276
—fuliginosus	48				86	275
—niger	48					276
Laspeyresia fagiglandana — grossana = L. fagiglandana						215
—pactolana	43					208
—splendana	43					215
—strobilella	43					208
—zebeana	43				83	213
Laubholzprachtkäfer	23		60		74	106
Laufkäfer						90
—, Gekörnter	25					92
—, Goldglänzender	25		60			92
Lederlaufkäfer	25					92
Ledra aurita	53					236
Leitergang						145
lenticularis, Neuroterus = Neuroterus quercus-baccarum					87	261
Leptidea sinapis	32		62			161
Leptura rubra	20				75	123
Leuchtkäfer, Großer	21					101
Leucoma salicis	37	58	64			178
leucospoides, Ibalia						263

325

	Vollkerfe	Eier	Larven	Puppen	Fraßbilder	Text
levana, Araschnia	31					166
Libellen						225
Libellula quadrimaculata	54					226
Lichtfraß						11
ligniperdus, Camponotus herculeanus .	48					274
Limenitis populi	30		62	71		162
Lindenblattwespe, Kleine	46					256
Lindenprachtkäfer	23					105
linearis, Oberea	18		60			120
lineatum, Trypodendron (Xyloterus) ..	26				78	155
lineatus, Agriotes	23					103
lineola, Galerucella	23					127
Lipoptena cervi	51					283
Lithosia quadra	35		65			180
liturata, Semiothisa	39					196
Lochmaea capreae	23					127
Locusta viridissima = Tettigonia virid. .	55		68			227
longiventris, Cynips (Diplolepis)					87	261
Lophopteryx camelina	37		65			181
Lotgang = Längsgang						144
Lucanus cervus	27	58	61	70		95
lucina, Haemaris (Nemeobius)	32					171
lucorum, Trichiosoma	46					257
lunaris, Pseudophia	41		67			189
Luperus pinicola	23					129
luteola, Galerucella	23					128
lutipennella, Coleophora	43					219
Lycaena arion = Maculinea arion	32					173
Lycoria militaris	51		69			277
Lymantria dispar	34	58	64	71		177
— *monacha*	34	58	65	71		176
Lymexylon navale	23		60		74	108
Lytta vesicatoria	21					112
machaon, Papilio	33		62			160
Maculinea arion	32					173
Made						8
Märzfliege	51					278
Magdalis violacea	14				77	140
Maikäfer, Gemeiner = Feldmaikäfer ..	27	58	60	71	74	97
Maivogel	30		62			166
major, Necydalis	18					125
Malacosoma neustria	36	58	65	71		192
Mamestra pisi	40					190

326

	Vollkerfe	Eier	Larven	Puppen	Fraßbilder	Text
manifestator, Ephialtes						265
Maniola jurtina	33					171
marci, Bibio	51					278
marginatus, Coreus	53					233
mariana, Chalcophora	23					104
Marienkäfer, Siebenpunkt-	21		60	71		111
Markeule, Gemeine	40					185
maturna, Euphydryas (Melitaea)	30		62			166
Maulwurfsgrille	55					229
Meconema thalassinum	55					228
medusa, Erebia	32		62			169
Megachile centuncularis	48					269
megaptera, Trigonaspis						262
Megastigmus strobilobius (abietis) . . .	46					266
Melanargia galathea	32		62	71		168
melanogrammus, Strophosomus	14					140
Melasoma aenea	23					128
— populi	23	58	60	71		125
— tremulae	23					126
Melitaea athalia = Mellicta athalia . . .	31					167
— maturna = Euphydryas maturna . . .	30		62			166
Mellicta athalia	31					167
mellifera, Apis = Apis mellifica . . . . } *mellifica, Apis* . . . . }	48					270
Melolontha hippocastani	27				74	97
— melolontha (vulgaris)	27	58	60	71	74	97
Mesoacidalia aglaia	30		62			168
Metamorphose = Verwandlung						8
micans, Dendroctonus	25				78	150
Microdiprion pallipes	46		69			253
Microgaster gastropachae						265
Mikiola fagi					87	279
militaris, Lycoria (Sciara)	51		69			277
Mindarus abietinus					85	238
Minois dryas	32					170
minor, Blastophagus	24				80	149
—, Molorchus (Caenoptera)	20					124
minuta, Gracilia	20					118
Mönch	40					184
Mohrenfalter, Rundaugen- = Kuhauge .	32		62			169
mollis, Polydrosus	14					139
Molorchus minor	20					124
monacha, Lymantria	34	58	65	71		176
Mondeule = Braunes Ordensband . . .	41		67			189

	Vollkerfe	Eier	Larven	Puppen	Fraßbilder	Text
Mondvogel	36		64			180
Monochamus galloprovincialis	16					121
— sartor	16					121
— sutor	16		60			121
monographus, Xyleborus	26				79	157
monophag						10
montana, Cicadetta	53					235
mordax, Rhagium	18					122
morio, Hemipenthes (Anthrax)	51					281
Mosaikjungfer, Braune	55		68			226
moschata, Aromia } Moschusbock }	18					115
Motten						216
Mulmbock	18					123
multistriatus, Scolytus (Eccoptogaster)	24					146
murina, Adelocera	23		60			103
murinana, Choristoneura (Cacoecia)	43					211
Muttergang						143
Myrmeleon formicarius	55		69			223
Myrmica rubra	48					276
Mytilococcus ulmi	53					246
Nadelholz-Säbelschrecke	55					228
Nadelnutzholzbohrer	26				78	155
Nagekäfer						109
—, Bunter						109
Nagelfleck	36		64	70		194
Napfschildlaus, Gemeine	53					245
Naschfraß						11
navale, Lymexylon	23		60		74	108
Necrophorus vespillo	21					94
Necydalis major	18					125
Nemeobius lucina = Haemaris lucina	32					171
Nemobius sylvestris	55					230
nemoralis, Acantholyda = Acantholyda posticalis	46		69			247
Neodiprion sertifer	46					252
Nepticula sericopeza = Stigmella sericopeza	43					220
Nesselfalter = Kleiner Fuchs	30		62			164
Netzfalter = Landkärtchen	31					166
Netzflügler						223
Neuroterus lenticularis = Neuroterus quercus-baccarum					87	261

	Vollkerfe	Eier	Larven	Puppen	Fraßbilder	Text
Neuroterus numismalis					87	261
— *quercus-baccarum*					87	261
neustria, Malacosoma	36	58	65	71		192
niger, Lasius	48					276
—, *Otiorrhynchus*	14					138
nigricana, Epinotia (Epiblema)	43					212
nigritarius, Cratichneumon						265
nitens, Attelabus	14				76	130
nivalis, Entomobrya	55					222
noctiluca, Lampyris	21					101
Nonne	34	58	65	71		176
Nonnentachine			69			282
nordmannianae, Dreyfusia	53				85	243
notata, Raphidia	55		69			224
notatus, Pissodes	14		60		76	134
nucum, Curculio (Balaninus)	14				76	142
numismalis, Neuroterus					87	261
Nußbohrer	14				76	142
Nymphalis antiopa	30		62	71		165
— *polychloros*	30		62			165
Oberea linearis	18		60			120
— *oculata*	20					120
obesus, Strophosomus = Str. capitatus .	14					140
ocellatus, Smerinthus	34					174
ochracea, Gortyna	40					185
Ochsenauge	33					171
Ocnerostoma piniariella	43					217
oculata, Oberea	20					120
Oedipoda caerulescens . . . . }						
Ödlandschrecke, Blauflügelige . . . . }	54					230
Ölkäfer = Pflasterkäfer						112
Oenistis quadra = Lithosia quadra . . .	35		65			180
Ohrwurm, Gemeiner	55					230
Ohrzikade	53					236
Olethreutes turionana	43					210
Opatrum sabulosum	23					111
Operophthera brumata	39		67	70		197
— *fagata*						198
Ordensband, Blaues	40		67	70		187
—, Braunes	41		67			189
—, Gelbes	41					187
Orgyia antiqua = Orgyia recens . . . }						
— *recens* . . . . }	37		64			180

	Vollkerfe	Eier	Larven	Puppen	Fraßbilder	Text
Otiorrhynchus niger	14					138
—, *ovatus*	14					138
ovata, Eriocampa	46					256
ovatus, Otiorrhynchus	14					138
pactolana, Laspeyresia	43					208
padella, Hyponomeuta	43					218
palaemon, Carterocephalus (Pamphila)	33					173
Pales crocata	51		69		86	280
pallida, Biorrhiza					87	262
pallipes, Microdiprion	46		69			253
Pamphila palaemon =						
Carterocephalus palaemon	33					173
Panolis flammea	41	58	67	71		183
Panorpa communis	55		69			224
Panthea coenobita	40					184
Panzeria rudis = Ernestia rudis	51					282
paphia, Argynnis	30		62	71		167
Papilio machaon	33		62			160
Pappelblattkäfer	23	58	60	71		125
Pappelblattroller	14				76	131
Pappelblattwespe, Gelbe	46		69			255
Pappelbock, Großer	18		60	70	74	118
—, Kleiner = Kleiner Aspenbock	18				74	119
parallelopipedus, Dorcus	27					96
Pararge aegeria ssp. *egerides*	33					170
Parasetigena segregata			69			282
Parasyndemis histrionana	43					207
Paravespula vulgaris	50					268
Parthenogenese						10
Parthenolecanium corni	53					245
Paururus juvencus = Sirex juvencus	50					259
Pelzbiene	48					269
Pelzblattwespe	46					257
Pemphigus poschingeri =						
Prociphilus fraxini					84	239
Pentatoma rufipes	53					233
Perlgrasfalter = Rostflügel	32		62			171
Perlmutterfalter, Großer	30		62			168
—, Kleiner Violetter	31					168
persuasoria, Rhyssa	48					264
pertinax, Dendrobium	23		60		75	109
Petrova resinella	43		67		81	211
Pfauenauge, Abend-	34					174

	Vollkerfe	Eier	Larven	Puppen	Fraßbilder	Text
Pfauenauge, Tag-	30		62	71		164
Pfeifenräumer = Riesenschlupfwespe	48					264
Pflasterkäfer						112
Phaenops cyanea						104
Phalera bucephala	36		64			180
Pheromone						156
Philaenus spumarius	53				84	234
Philopedon plagiatus	14					140
Phyllaphis fagi	53					237
Phyllobius arborator (psittacinus)	14					138
Phyllodecta vitellinae	23					126
— vulgatissima	23	58	60			126
Phyllopertha horticola	27					99
Phymatodes testaceus	16					118
Physokermes piceae	53					245
piceae, Cryphalus	26				79	155
—, Physokermes	53					245
—, Pissodes	14					136
piceana, Archips (Cacoecia)	43					209
Pimpla instigator	48					265
pinastri, Hyloicus (Sphinx)	34	58	64	71		174
pineti, Brachonyx	14					142
Pineus strobi = Eopineus strobus						241
pini, Cryptocephalus	23					129
—, Dendrolimus	34	58	64	71		191
—, Diprion	46	58	69	71		251
—, Eupithecia = Eu. abietaria	39		67			197
—, Pissodes	14			70		135
piniariella, Ocnerostoma	43					217
piniarius, Bupalus	39	58	67	71		195
pinicola, Luperus	23					129
piniperda, Blastophagus	25				80	148
piniphilus, Pissodes	14				77	134
pinivora, Thaumetopoea		58				176
pisi, Mamestra	40					190
Pissodes harcyniae	14				77	136
— notatus	14		60		76	134
— piceae	14					136
— pini	14			70		135
— piniphilus	14				77	134
— validirostris	14				77	135
Pityogenes bidentatus	26				78	154
—, chalcographus	25				78	153
Pityokteines curvidens	26				78	154

	Vollkerfe	Eier	Larven	Puppen	Fraßbilder	Text
plagiatus, Philopedon	14					140
Plagionotus arcuatus	20		60			116
Platycerus caraboides	27					96
Platypus cylindrus	26				79	158
Platzgang						144
Plusia gamma = Autographa gamma	41		67			189
Pogonochaerus fasciculatus	20				75	122
poligraphus, Polygraphus	24				78	151
polychloros, Nymphalis (Vanessa)	30		62			165
polyctena, Formica						274
Polydrosus atomarius	14					139
— *mollis*	14					139
Polygonia c-album	30					165
Polygraphus poligraphus	24				78	151
polyphag						10
Polyphylla fullo	27					99
Populationsdynamik						98
populi, Byctiscus	14				76	131
—, *Limenitis*	30		62	71		162
—, *Melasoma*	23	58	60	71		125
populnea, Saperda	18				74	119
poschingeri, Pemphigus =						
Prociphilus fraxini					84	239
posticalis, Acantholyda	46		69			247
Potosia speciosissima	27					100
Prachtkäfer						103
Prachtlibelle, Blauflügel-	54		68			225
prasinana, Hylophila = Bena fagana	41		67			191
Prays curtisellus	43				83	220
Prionus coriarius	16	58	60			123
Pristiphora abietina	46		69			253
— *erichsonii*	46		69			254
— *laricis*	46		69			254
processionea, Thaumetopoea	36	58	65	71		175
Prociphilus fraxini					84	239
prosapiaria, Ellopia = Hylaea fasciaria	39		67			196
Pseudoclavellaria amerinae	46					257
Pseudofundatrix						242
Pseudophia lunaris	41		67			189
psittacinus, Phyllobius = Ph. arborator	14					138
Psylla alni						236
Pterochlorus exsiccator	53					237
Pteromalus puparum	46					266
Pteronidea salicis	46		69			255

	Vollkerfe	Eier	Larven	Puppen	Fraßbilder	Text
pubescens, Harpalus	25					93
pudibunda, Dasychira	34	65				179
pullata, Arge	46	69				256
puparum, Pteromalus	46					266
Puppe						9
Puppenauge						248
Puppenräuber	25		60			91
Puppenerzwespe	46					266
pygmaeana, Asthenia	43					207
Pyrameis atalanta = Vanessa atalanta	30		62			163
— *cardui = Vanessa cardui*	30		62			163
pyrina, Zeuzera	43		67	71		202
Pyrochroa coccinea	21					113
Pyrrhocoris apterus	53					233
quadra, Lithosia (Oenistis)	35		65			180
quadrimaculata, Libellula	54					226
quadripunctata, Anthaxia	23				75	105
—, *Xylodrepa (Silpha)*	21		60			95
quadripunctatus, Glischrochilus	23					110
quercetorum, Haltica = Haltica erucae	23					128
quercinaria, Ennomos	39		67			199
quercus, Lasiocampa	36		64	70		193
—, *Quercusia*	32		62			172
—, *Rhynchaenus*	14				77	141
quercus-baccarum, Neuroterus					87	261
quercuscalicis, Andricus	46				87	263
quercus-folii, Cynips (Diplolepis)	46				87	260
Quercusia quercus	32		62			172
Quittenvogel = Eichenspinner	36		64	70		193
Rachenbremse, Rotwild- =						
Hirschrachenbremse	51		69			283
Raphidia notata	55		69			224
Raptiformica sanguinea						274
ratzeburgi, Scolytus (Eccoptogaster)	25				78	146
Raubameise, Blutrote						274
Raubfliege	51					280
Raupe						8
„Raupeneier"					70	266
Raupenfliegen						281
reaumurella, Adela	43					221
Rebenstecher	14				76	132
recens, Orgyia = O. antiqua	37		64			180

	Vollkerfe	Eier	Larven	Puppen	Fraßbilder	Text
Regenerationsfraß						149
Rehdasselfliege	51					283
Rehrachenbremse			69			283
Rehschröter	27					96
Rehwild-Hautbremse = Rehdasselfliege	51					283
Reifefraß = Reifungsfraß						146
resinella, Petrova	43		67		81	211
Rhabdophaga salicis					87	279
Rhagium bifasciatum	18					122
— *inquisitor*	18			70	75	122
— *mordax*	18					122
— *sycophanta*	18					122
rhamni, Gonepteryx	32		62	71		161
Rhopalopus insubricus	18					115
Rhyacionia buoliana	43				82	209
— *duplana*	43					209
Rhynchaenus fagi	14				76	141
— *quercus*	14				77	141
Rhyssa persuasoria	48					264
Riesenameise	48		69	71	86	274
Riesenbastkäfer	25				78	150
Riesengallwespe						263
Riesenholzwespe	50		69	71	87	258
Riesenschlupfwespe	48					264
Riesenschnake, Gelbbindige	51		69		86	280
Rindenglanzkäfer, Vierpunktiger	23					110
Ringelspinner	36	58	65	71		192
rosae, Diplolepis	46				87	263
Rosalia alpina	16					115
Rosengallwespe	46				87	263
Rosenkäfer = Gemeiner Goldkäfer	27					100
—, Kleiner = Gartenlaubkäfer	27					99
Roßameise = Riesenameise	48		69	71	86	274
Roßkastanienmaikäfer = Waldmaikäfer	27				74	97
Rostbinde	32					169
Rostflügel	32		62			171
Rotbein = Gr. Schwarzer Rüsselkäfer	14					138
Rothalsbock = Roter Schmalbock	20				75	123
Rotschwanz	34		65			179
Rotwild-Hautbremse = Hirschdasselfliege			69			282
Rotwild-Rachenbremse = Hirschrachenbremse	51		69			283
rubra, Leptura	20				75	123

	Vollkerfe	Eier	Larven	Puppen	Fraßbilder	Text
rubra, Myrmica	48					276
rudis, Ernestia (Panzeria)	51					282
Rüsselkäfer						132
—, Großer Brauner	14		60		76	132
—, Großer Schwarzer	14					138
—, Großer Weißer	14					133
—, Kleiner Schwarzer	14					138
rufa, Formica	48	58	69	71		273
rufibarbis, Cephenomyia	51		69			283
rufipes, Pentatoma	53					233
rufiventris, Diprion	46					252
rufovillosum, Xestobium						109
Rundaugen-Mohrenfalter = Kuhauge	32		62			169
rutilans, Lampra	23					105
Saatschnellkäfer	23					103
sabulosa, Ammophila	48					266
sabulosum, Opatrum	23					111
Sacchiphantes, abietis					85	242
— viridis	53				85	241
Säbelschrecke, Nadelholz-	55					228
Sägebock	16	58	60			123
saliciperda, Helicomyia (Cecidomyia)	51		69		87	278
salicis, Cecidomyia =						
Rhabdophaga salicis					87	279
—, *Leucoma*	37	58	64			178
—, *Pteronidea*	46		69			255
—, *Rhabdophaga*					87	279
—, *Stilpnotia = Leucoma salicis*	37	58	64			178
Salweidenblattkäfer, Gelber	23					127
Samenkäfer, Besenginster-	23					129
Sandläufer, Sandlaufkäfer						89
—, Kupferbrauner	25					90
Sandstaubkäfer	23					111
Sandwespe	48					266
sanguinea, Raptiformica						274
sanguineus, Ampedus	23					103
Saperda carcharias	18		60	70	74	118
— populnea	18				74	119
sartor, Monochamus	16					121
Sattelschrecke	54					228
Satyrus circe = Brintesia circe	32		62	71		169
— dryas = Minois dryas	32					170
— semele = Hipparchia semele	32					169

	Vollkerfe	Eier	Larven	Puppen	Fraßbilder	Text
Saumwanze	53					233
Schaumzikade, Schaumzirpe	53				84	234
Scheckenfalter, Gemeiner (Wachtelweizen-Scheckenfalter)	31					167
Scheibenbock, Blauer	16				75	118
—, Metallischer	16					118
—, Veränderlicher	16					118
Schiffswerftkäfer	23		60		74	108
Schildläuse						244
Schillerfalter, Großer	30		62	71		162
Schizoneura lanuginosa					85	238
—*ulmi*					85	239
„Schlafapfel"					87	263
Schlehenspinner	37		64			180
Schlupfwespe, Schwarze	48					265
Schlupfwespen						264
Schmalbock, Roter	20				75	123
Schmerbauchrüßler = Kahlnahtiger Graurüßler	14					140
„Schmiede"						102
Schnabelkerfe						232
Schneefloh	55					222
„Schneewürmer"						101
„Schneider" = Gemeiner Weichkäfer	21					101
Schneiderbock	16					121
Schnellkäfer						102
—, Mausgrauer	23		60			103
—, Roter	23					103
Schnelläufer, Behaarter	25					93
Schrecken						227
Schrotbock = Spürender Zangenbock	18			70	75	122
Schusterbock	16		60			121
Schwärmer						174
Schwalbenschwanz	33		62			160
Schwammspinner	34	58	64	71		177
Schwarzkäfer = Dunkelkäfer						111
Schwebfliege	51					281
Schwingkölbchen *(Halteren)*						277
Sciara militaris = *Lycoria militaris*	51		69			277
scolytus, Eccoptogaster = *Scolytus scolytus*	24				79	146
Scolytus intricatus	24				79	147
—*multistriatus*	24					146
—*ratzeburgi*	25				78	146

	Vollkerfe	Eier	Larven	Puppen	Fraßbilder	Text
Scolytus scolytus	24				79	146
scopolii, Cerambyx	16					115
segetum, Agrotis	41					188
Segment = Körperring						7
segregata, Parasetigena			69			282
Selatosomus aeneus	23					103
seleniticus, Syrphus	51					281
Semasia diniana = Zeiraphera diniana	43				83	213
semele, Hipparchia (Satyrus)	32					169
Semiothisa liturata	39					196
Senfweißling	32		62			161
septempunctata, Coccinella	21		60	71		111
septentrionalis, Croesus	46		69			255
sericopeza, Stigmella (Nepticula)	43					220
serratella, Coleophora	43					219
sertifer, Neodiprion	46					252
Serviformica fusca						274
Sesia spheciformis	43					201
sexdentatus, Ips	26					153
Sichelflügel	37		65			194
Sichelwespe	48					265
Siebenpunkt-Marienkäfer	21		60	71		111
Silberstrich = Kaisermantel	30		62	71		167
silvatica, Cicindela	25					90
sinapis, Leptidea	32		62			161
Singzikade = Bergzikade	53					235
Sinodendron cylindricum	27					96
Sirex gigas = Urocerus gigas	50		69	71	87	258
—juvencus	50					259
Sklavenameise, Schwarzbraune						274
Skorpionsfliege	55		69			224
Smerinthus ocellatus	34					174
Sminthurus fuscus						222
solstitiale, Amphimallon Sonnwendkäfer = Junikäfer }	27		60			99
Spanische Fliege	21					112
Spanner						195
speciosissima, Potosia	27					100
spectrum, Xeris	50					259
spheciformis, Sesia (Synanthedon)	43					201
Sphinx pinastri = Hyloicus pinastri	34	58	64	71		174
Spinner						175
Spinnereule	40		67			185
splendana, Laspyresia	43					215

	Vollkerfe	Eier	Larven	Puppen	Fraßbilder	Text
splendidella, Dioryctria	43					205
Splintkäfer						145
Spondylis buprestoides	20		60			124
sponsa, Catocala	41					187
Springschwänze						222
spumarius, Philaenus	53				84	234
Staphylinus caesareus	21					94
Stauropus fagi	35		65			182
Steinbrechwidderchen	43		67	70		204
stercorosus, Geotrupes	27					97
Stereonychus fraxini	14					142
Sterngang						144
Stigmella sericopeza	43					220
Stigmen = Atemlöcher						7
Stilpnotia salicis = Leucoma salicis	37	58	64			178
stimulator, Cephenomyia			69			283
striatum, Asemum	16					117
Strobenwollaus						241
strobi, Pineus = Eopineus strobus						
strobilella, Laspeyresia	43					208
strobilobius, Megastigmus	46					266
strobus, Eopineus						241
Strophosomus capitatus (obesus)	14					140
— *melanogrammus (coryli)*	14					140
subulata, Tetrix (Acrydium)	55					230
sutor, Monochamus	16		60			121
sycophanta, Calosoma	25		60			91
—, *Rhagium*	18					122
sylvestris, Nemobius	55					230
Synanthedon spheciformis = Sesia spheciformis	43					201
syringella, Gracilaria (*Xanthospilapterix*)	43				82	220
Syrphus seleniticus	51					281
Systenocerus caraboides = Platycerus caraboides	27					96
Tachinen = Raupenfliegen						281
Taeniothrips laricivorus	55					231
tages, Erynnis (Thanaos)	32		62			173
Tagfalter						160
Tagpfauenauge	30		62	71		164
Tannenborkenkäfer, Kleiner	26				79	155
—, Krummzähniger	26				78	154

	Vollkerfe	Eier	Larven	Puppen	Fraßbilder	Text
Tannenknospenwickler	43					212
Tannennadelmotte	43			71		216
Tannenpfeil = Kiefernschwärmer	34	58	64	71		174
Tannenrüßler	14					136
Tannentrieblaus	53				85	243
Tannentriebwickler	43					211
Tannenwurzellaus = Eschenblattnestlaus					84	239
Tanzfliege, Gewürfelte	51					280
tau, Aglia	36		64	70		194
tedella, Epinotia (Epiblema)	43					207
Teleas laeviusculus	46					266
terrestris, Bombus	48					271
tesselata, Empis	51					280
testaceipes, Andricus					87	262
testaceus, Phymatodes	16					118
Tetigonia aurita = Ledra aurita	53					236
Tetraneura ulmi = Byrsocrypta ulmi					85	239
Tetrix subulata	55					230
Tetropium castaneum	16				74	116
— *fuscum*						117
— *gabrieli*						117
Tettigonia viridissima	55		68			227
textor, Lamia	16		60			120
thalassinum, Meconema	55					228
Thanaos tages = Erynnis tages	32		62			173
Thanasimus formicarius	21		60			102
Thaumetopoea pinivora		58				176
— *processionea*	36	58	65	71		175
Thecodiplosis brachyntera						279
Therion circumflexum	48					265
Thorax = Brust						7
Tischeria complanella	43		67		81	219
Tönnchen						9
Tortrix buoliana = Rhyacionia buoliana	43				82	209
— *viridana*	43		67		83	214
Totengräber	21					94
Totenuhr = Trotzkopf	23		60		75	109
Tracheen = Luftröhren						7
Trapezeule *trapezina, Calymnia (Cosmia)*	40		67			186
Trauermantel	30		62	71		165
Trauermücke, Heerwurm-	51		69			277
Trauerschweber	51					281

	Vollkerfe	Eier	Larven	Puppen	Fraßbilder	Text
tremulae, Melasoma	23					126
Trichiocampus viminalis	46		69			255
Trichiosoma lucorum	46					257
Triebrüßler	14				77	140
Trigonaspis megaptera						262
Trochilium apiformis	43		67	71		200
Trotzkopf	23		60		75	109
Trypodendron domesticum	26					156
— *lineatum*	26				78	155
turionana, Olethreutes = *Blastethia turionella* }	43					210
turionella, Blastethia						
typographus, Ips	25		60	71	80	152
überliegen						10
Ulmenbeutelgallenlaus					85	238
Ulmenblattgallenlaus					85	239
Ulmenblattkäfer	23					128
Ulmenblattrollenlaus					85	239
Ulmensplintkäfer, Großer	24				79	146
—, Kleiner	24					146
ulmi, Byrsocrypta (Tetraneura)					85	239
—, *Mytilococcus*	53					246
—, *Schizoneura*					85	239
Urocerus gigas	50		69	71	87	258
urticae, Aglais (Vanessa)	30		62			164
validirostris, Pissodes	14				77	135
Vanessa antiopa = Nymphalis antiopa	30		62	71		165
— *atalanta*	30		62			163
— *cardui*	30		62			163
— *io = Inachis io*	30		62	71		164
— *polychloros = Nymphalis polychloros*	30		62			165
— *urticae = Aglais urticae*	30		62			164
variolosum, Asterolecanium	53					246
verrucivorus, Decticus	54					227
Verwandlung, unvollkommene						10
—, vollkommene						8
vesicatoria, Lytta	21					112
Vespa crabro	50				87	268
vespillo, Necrophorus	21					94
vestigialis, Agrotis	41		67			188
Vierfleck	54					226
Vierpunkt-Aaskäfer	21		60			95

	Vollkerfe	Eier	Larven	Puppen	Fraßbilder	Text
Vierpunktprachtkäfer	23				75	105
villosus, Bruchidius	23					129
viminalis, Trichiocampus	46		69			255
vinula, Cerura (Dicranura)	35		65			181
violacea, Magdalis	14				77	140
—, Xylocopa	48					269
violaceum, Callidium	16				75	118
violaceus, Carabus	25					92
virgaureae, Heodes (Chrysophanus)	32		62			172
virgo, Calopteryx	54		68			225
viridana, Tortrix	43		67		83	214
viridella, Adela = Adela reaumurella	43					221
viridis, Agrilus	23		60		74	106
—, Sacchiphantes (Chermes)	53				85	241
viridissima, Tettigonia (Locusta)	55		68			227
vitellinae, Phyllodecta	23					126
Vollkerf						9
vulgaris, Melolontha = Melolontha melolontha	27	58	60	71	74	97
—, Paravespula	50					268
vulgatissima, Phyllodecta	23	58	60			126
Waagegang = Quergang						144
Wachtelweizen-Scheckenfalter = Gem. Scheckenfalter	31					167
Waldameise, Kahlrückige						
—, Kleine Rote = Kahlrückige Waldameise						274
—, Rote	48	58	69	71		273
Waldbock	20		60			124
Waldbrettspiel = Gefleckter Waldvogel	33					170
Waldgärtner, Großer	25				80	148
—, Kleiner	24				80	149
Waldgrille	55					230
Waldmaikäfer	27				74	97
Waldmistkäfer	27					97
Waldportier	32		62	71		169
Waldsandläufer	25					90
Waldschabe, Kleine	55					231
Waldvogel, Gefleckter	33					170
Walker	27					99
Wanzen						232
Warzenbeißer	54					227
Weberbock	16		60			120

	Vollkerfe	Eier	Larven	Puppen	Fraßbilder	Text
Wegameise, Schwarze	48					276
Weichkäfer, Gemeiner	21					101
Weidenblattkäfer, Behaarter	23					127
—, Kleiner	23					126
Weidenblattwespe, Braungelbe	46		69			255
Weidenbock, Rothalsiger	20					120
Weidenbohrer	43		67	71		201
Weidenholzgallmücke	51		69		87	278
Weidenkahneule (Weidenkahnspinner)	41		67	70	82	190
Weidenknopfhornblattwespe	46					257
Weidenrutengallmücke					87	279
Weidenspinner	37	58	64			178
Weißtannentrieblaus					85	238
Werftkäfer						107
Werre = Maulwurfsgrille	55					229
Wespe, Gemeine	50					268
Wespenbock, Großer	18					125
—, Kleiner	20					124
Wickler						206
Widderchen						203
Wiesenameise, Gelbe	48					276
Wintersaateule	41					188
Wollafter	37	58	64	71		193
Würfelfalter, Brauner	32					171
„Wurm, Großer schwarzer" = Großer Eichenbock	16		60	70	74	114
„—, Kleiner schwarzer" = Eichenholzbohrer	24				79	157
„Wurmtrocknis"						152
Xanthospilapterix syringella = *Gracilaria syringella*	43				82	220
Xeris spectrum	50					259
Xestobium rufovillosum						109
Xyleborus dispar	26				79	156
— monographus	26				79	157
Xylocopa violacea	48					269
Xylodrepa quadripunctata	21		60			95
Xyloterus domesticum = *Trypodendron domesticum*	26					156
— lineatum = *Trypodendron lineatum*	26				78	155
Zangenbock, Bissiger	18					122
—, Großer	18					122

	Vollkerfe	Eier	Larven	Puppen	Fraßbilder	Text
Zangenbock, Spürender	18			70	75	122
—, Zweibindiger	18					122
Zapfenspanner	39		67			197
zebeana, Laspeyresia	43				83	213
Zeiraphera diniana	43				83	213
zelleri, Acrobasis	43					206
Zeuzera pyrina	43		67	71		202
Zikaden						234
Zimmerbock	18		60	70		124
Zirpen = Zikaden						234
Zitronenfalter	32		62	71		161
Zünsler						204
Zweiflügler						277
Zwergböckchen	20					118
Zwerghirschkäfer = Balkenschröter	27					96
Zygaena filipendulae	43		67	70		204

Die
Amann-Bestimmungsbücher (6 Bände)
auf einen Blick

Pflanzen des Waldes:

Tiere des Waldes:

4P-